쩔쩔매시는 하나님

쩔쩔매시는 하나님
차정식 지음

1판 1쇄 인쇄 2013. 8. 12. | **1판 1쇄 발행** 2013. 8. 16. | **발행처** 포이에마 | **발행인** 김도완 | **등록번호** 제300-2006-190호 | **등록일자** 2006. 10. 16. | 서울특별시 종로구 가회동 17 우편번호110-260 | 마케팅부 02)3668-3246, 편집부 02)730-8648, 팩시밀리 02)745-4827

저작권자 ⓒ 차정식. 이 책의 저작권은 저자에게 있습니다. 저자와 출판사의 허락 없이 내용의 일부를 인용하거나 발췌하는 것을 금합니다.

값은 뒤표지에 있습니다. ISBN 978-89-97760-51-0 03230 | 독자의견 전화 02)730-8648 | 이메일 masterpiece@poiema.co.kr | 좋은 독자가 좋은 책을 만듭니다. | 포이에마는 독자 여러분의 의견에 항상 귀를 기울이고 있습니다.

이 도서의 국립중앙도서관 출판시도서목록(CIP)은 서지정보유통지원시스템 홈페이지(http://seoji.nl.go.kr)와 국가자료공동목록시스템(http://www.nl.go.kr/kolisnet)에서 이용하실 수 있습니다.(CIP제어번호: CIP2013014420)

쩔쩔매시는 하나님

차정식 산문집

포이에마

머리말

전능하신 하나님이 21세기 현대인의 꿈속에 쩔쩔매시게 된 사연은 자못 불길하다. 그 포스트모던한 신적 이미지는 개체 인간의 자폐적 탐욕이 신앙적 공통분모의 생성을 훼방하는 저주의 징후처럼 다가온다. 동시에, 갈 데까지 간 사람의 마을을 영영 포기할 수 없어 당혹스러워하는 하나님의 표정도 그 언저리에 투사되어 있다.

산책하듯 휘갈긴 잡다한 산문들을 또 한 묶음 엮어 소박한 식탁을 차려본다. 시절 인연 속에 엮인 모든 분들, 커피 한잔 곁들여 천천히, 맛있게 드시길….

차례

머리말 • 5

**1부
자전거 유랑자**

쩔쩔매시는 하나님 • 10 | 10년 동안의 긴 만남 • 18 | 햇볕의 기억 • 24 | 워십 서비스, 립 서비스 • 30 | 막내의 질주 또는 탈주 • 35 | 천천히 걷고 느리게 달리기 • 40 | 몸살의 신학적 의미 • 45 | 엘리베이터 속의 낯선 시선 • 51 | 신호 대기 1분간의 풍경 • 56 | 우발성의 신학적 의미 또는 무의미 • 61 | 실내형 인간의 현주소 • 68 | 떨어지는 사과에 대한 묵상 • 75 | 애완견 축복식과 김진숙 씨 생각 • 79 | 그늘의 미학, 음지의 신학 • 86 | 자전거 유랑자 • 95 | 고독 속에 들리는 소리 • 102

2부
말로 표현하지 못한 것들

그 시절, 골목의 풍경들 • 108 | 축제로서의 인생 • 111 | 섬세함을 위한 변명 • 114 | 목회자의 장소성 • 117 | 아카시아 꽃 잔상 • 122 | 수요 예배 예찬 • 127 | 태풍의 신학 • 132 | 글쓰기와 난해함에 대하여 • 135 | 언어와 신학 • 139 | 편집자에 대한 불인지심 • 144 | '잊히고'와 '잊혀지고'의 문제 • 148 | 말로 표현하지 못한 것들 • 153 | '세계적인'이라는 관형어의 허방 • 157 | 빈말마저 서늘하게 채우기 • 160 | 새벽길 단상 1 • 164 | 새벽길 단상 2 • 168 | 몽상의 미로와 열 개의 단편들 • 173 | 교회개혁 초록 • 182 | 뒷동산 산보길의 이삭들 • 186 | 천변에서 • 189 | 도랑에 대해서 • 193 | 가톨릭과의 추억+단상 • 198 | 잠재워주는 환대의 은혜 • 204 | 특이한 날, 특별한 장소의 추억 • 211 | 우정과 추억에 대하여 • 215 | '이기적 몸매'에서 이타적 공명으로 • 218 | 불우한 정치, 왜곡된 기억 • 224 | 복원된 책상에 대한 명상 • 227

3부
겹의 사유

경계를 지우는 물상 • 232 | 기독교 신앙인의 유형론 • 237 | 정공법의 출정 • 244 | 하나님을 놓아드리자 • 249 | '삶'이라는 이데아, '성경'이라는 우상 • 256 | 전공 자폐주의와 신앙적 영향사 • 262 | 새것 콤플렉스에 대하여 • 269 | 예수와 공부법 • 275 | 종강과 여유 • 282 | 신학적 자전기 • 286 | 작은 정의, 작은 종교 • 296 | 오미자차 • 302 | 인정욕구와 질투를 넘어서 • 307 | 겹의 사유 • 312 | 불화와 자업자득의 방정식 • 317 | 존재론적 겸손 • 322

1부
자전거 유랑자

쩔쩔매시는 하나님

꿈을 꾸었다.

예전 시카고에서 부교역자로 일하던 교회가 배경이었다. 가족 휴가를 다녀온 오후 늦은 시각, 수요 저녁 예배가 있어 서둘러 옷을 갈아입고 교회에 갔다. 교인들 10여 명이 듬성듬성 자리를 채우고 앉아 있었다. 예배 시작 시간이 지났는데도 인도자 겸 설교자가 강대상에 보이지 않았다. 다들 웅성거리면서 주변을 살피는데, 아뿔싸! 주보를 들춰보니 바로 내가 이날 설교 담당이었던 것! 무척 당혹스러웠다. 사전에 이 사실을 전달받지 못했던 것이다.

그래도 그동안의 실전 감각을 살려 1분 내에 성경 본문과 설교 제목을 뽑아나가려 하는데, 대타로 순서를 진행하는 팀이 강대상 앞에 나오더니 찬양과 함께 무슨 행사 보고로 설교를 대체하려는 듯했다. 나는 부랴부랴 당회장실로 가서 문을 열었다.

담임목사와 내 후배 부교역자가 소곤거리며 회의를 하고 있었는데 날 보고 놀라는 표정들이었다.

나는 다소 항의조로 가족 휴가에서 돌아오자마자 즉각 설교를 하라는 건 너무 심한 거 아니냐고 말했다. 미리 연락을 주셨다면 휴가 중에라도 설교를 준비했을 거 아니냐고 불만스런 말투가 튀어나왔다. 순식간 말씀의 영감을 얻어 그래도 해보려 했는데, 대타 프로그램은 또 뭐냐고 따지듯 물었다.

엄중한 표정의 담임목사는 이미 주보에 나와 있는데 알아서 감당할 것으로 예상했노라고 말했다. 또 예배 시간이 지났는데도 아무도 앞에 서지 않으니 자리를 뜨는 교인들이 있어 불가피하게 상의하여 대타를 보낸 것이라며 뻑뻑한 답변을 늘어놓았다.

다음 예배 설교 자리에서 나는 지난 일로 내 공적인 신용이 깎인 것을 변명 삼아, 이런 경우는 좀 억울한 게 아니냐고 간증처럼 이야기했다. 자세한 상황과 내막을 알리면 교우들의 오해와 불만을 해소할 수 있고, 내 깎인 신용도 회복할 수 있으려니 하는 심산이었을 것이다. 그러나 그걸로 만족하지 못한 나는 결국 하늘의 법정에 호소했는데 하나님의 답변이 궁금해서였다.

나는 하나님이 딱 부러진 판결을 내려 내 억울한 심령을 위로하고 내 편을 들어줄 걸로 믿어 의심치 않았다. 그런데 하나님은 이것저것 따지며 진땀을 흘리고 있었다. 내가 간파한 틈새의 메시지인즉, 네 사정을 듣고 보니 참 억울해 보이고 그 점을 인정할 수 있겠다만, 담임목사 입장에선 또 교회를 조직적으로 관리해야 하는 애로도 무시할 수 없겠구나. 더구나 힘들게 일하다가 저녁 예배까지 참석한 아무개 집사 부부의 실망도 배려하려니 참 골치가 아프네. 누구 한 사람 편에서 손을 들어주기가 힘드니 어이구, 난감하도다. 어쩌지? 하나님답지 않게 쩔쩔매시는 모습이 딱하게 여겨질 정도였다.

그 옆에서 한 구약 성서학자(내가 잘 아는 이 아무개 교수)는 전통적인 '신정론'의 문제를 거론하면서 하나님을 걸고넘어졌다. 왜 그토록 심한 자연재해로 애꿎은 생명을 그처럼 많이 죽이느냐고 따지며 대들었다. 그는 숨 쉴 틈도 주지 않고 그렇게 죽이고 살리는 데 공의의 분별이 있다고 보기 어렵지 않느냐고, 있다면 증거를 대라고 항변하였다. 이에 대해서 하나님은 뭔가를 답변하려고 우물쭈물하다가 결국 진땀만 흘리면서 쩔쩔매실 뿐, 딱 부러진 해답을 내놓지 못하셨다. 이 학자는 어느새 노트북 컴퓨터 앞에 앉더니 '하나님의 무기력증'이란 주제로 글을 쓰고 있었다.

갑자기 몰려든 하늘 법정의 고소·고발자들은 뜬금없이 그 쟁점을 무상급식 문제로 옮겨 갔다. 부자들의 자식한테까지 급식을 무상으로 주려는 게 가당키나 하냐고 한 카랑카랑한 목소리가 문제를 제기했다. 구체적인 체험으로 들이댄 증거는 그 잘난 미국 학교 얘기였다. 그처럼 잘사는 나라에서도 학부모의 연봉을 정직하게 써내면 그 기준으로 어떤 애는 무료, 어떤 애는 50센트, 어떤 애는 정가로 5불을 다 낸다고 하는데, 한국은 왜 이리 어설프게 막무가내로 몰아가느냐며 항의조로 따졌다. 이런 식으로 나가면 무상복지 포퓰리즘으로 나라 살림이 거덜난다며 그는 애타는 목소리로 하나님의 현명한 판단을 요구했다. 그 항의 사이로 서울의 유명한 몇몇 교회 모모 목사들의 침 튀기는 설교가 지지 세력으로 가세했다.

　이에 반대하는 목소리도 격렬했다. 미국은 다른 복지가 잘 되어 있으니 우리와 사정이 다르다고 했다. 서울 시장이 다른 전시성 토목공사, 디자인 사업 예산 낭비만 줄여도 무상급식이 가능하다고 주장했다. 그가 주민투표에 들이는 천문학적 비용만 아껴도 수많은 어린애들 급식을 도울 수 있다고, 또 자신은 한 끼에 10만 원이 넘는 식사를 숱하게 하면서도 몇 푼 안 되는 어린애들 밥값을 못 주겠다고 시장 직까지 걸고 눈물 짜내며 감정에 호소하는데 이런 캠페인을 하는 사람의 꼬락서니가 민망하지 않느냐며, 간절한 주장으로 하나님의 지지를 구했다.

　하나님은 강렬한 목소리가 밑에서 튀어나올 때마다 움찔거리며 "일리 있는 말인데요…" 하면서 무언가 답변을 내놓으려다가 다시 움츠러들고 누구 장단에 맞춰 춤을 춰야 할지 몰라 쩔쩔매는 형색이 역력했다. 어느새 관찰자로 변해 그 모든 사태를 살피면서 일부 기록하고 분석하던 나는 지금까지 하나님의 전능함을 강조하며 설교를 해온 터라 뜨악한 기분이 들었다. 그리고 내가 쓰고 만들 다음 책의 제목을 순식간에 머릿속에 기입했다. 그 제목은 《쩔쩔매시는 하나님》이었고, 이걸 제목으로 내 세 번째 신학수상집을 내면 대박을 터트릴지 모른다는 기대에 내심 들뜨기 시작했다.

꿈에서 깬 뒤, 나는 그 꿈의 골격을 되뇌고 그 여운과 잔상을 곱씹으면서 하나님의 쩔쩔매심에 담긴 메시지를 추적해본다. 무엇보다 꿈의 결에 공명하면서 떠오른 것은 '배려'라는 말이었다. 존재에의 배려. 시비곡직의 판결에 앞서 개별 생명의 존재에 대한 극진한 배려가 그 쩔쩔매시는 하나님의 인상에 박혀 있었던 것이다. 그 다음으로 쩔쩔매시는 하나님의 모습 가운데는 '에누리'의 메시지가 숨어 있었던 것 같다. 그 에누리는 한 사람을 보는 데 머물지 않고 그 사람과 다른 사람 사이에 깃들어 있는 관계의 여백과 틈새를 가리킨다.

사람들 사이의 욕망이 드러내는 세밀한 편차와 이해관계의 곡절은 평면이 아니라 입체이기에, 3차원의 역사적 구도와 사회적 가치를 아우르면서도 이로써 포착하지 못하는 에누리의 진정성까지 배려하고자 하나님은 그렇게 구질구질하게 진땀을 흘리고 있었던 것이다. 그것은 우리가 각종 인정 투쟁과 다양한 이해관계의 갈등선상에서 놓치기 쉬운 인간적 품위를 잃지 않으려는 모습이었다. 이는 또한 실질적인 문제 해결을 위한 대화의 자리에서 요청되는 경청과 존중의 미덕, 갈등과 투쟁의 까칠한 입장에서 서로 한 걸음 물러서서 타협의 절충점을 모색해보려는 인내와 양보의 자세 같은 것이었다.

어느덧 하나님의 법정은 강렬한 목소리의 주장으로 난무하고 서로 소란스레 부대끼면서 딱 부러진 판결을 내리지 못한 채 파국으로 치닫고 있었다. 그 마지막 순간, 하나님 앞에 손을 들어 묻고 싶은 게 한 가지 있었다. 아들 두 놈이 양말을 놓고 다투면서 불거진 문제로, 나는 아직 그 문제를 해결하지 못해 곤란한 상황이었다. 첫째가 아침에 학교 갈 때 둘째 양말을 신었는데, 둘째는 자기가 아끼는 거라며 돌려달라고 대들었다.

첫째는 관대한 형제애로 그것도 못 나눠 신느냐며 동생의 편협함을 타박했고, 둘째는 형이 그걸 신으면 자기가 내일 신을 양말이 없다고 반격했다. 애들 엄마는 오늘 신속히 빨래해서 여분을 마련하겠다고 약속했고, 나는 또 새 양말을 사 주겠다며 달랬지만, 애들은 오늘은 오늘, 내일은 내일이라며 각박하게 이 전투구를 이어나갔다. 아, 그러나 이미 퇴정하려고 등을 돌린 하나님의 뒷모습이 너무 쓸쓸해 보였다. 또 한 차례 쩔쩔매실 하나님의 모습을 상상하니 입속에 맴돌던 내 소청을 꿀꺽 삼킬 수밖에 없었다.

꿈을 깨고 샤워를 하다가 이 희한한 꿈의 막판에 2부 또는 후일담 격으로 꾼 또 다른 꿈의 파편이 떠올랐다. 그건 한 대학교의 후문에 여러 사람들이 몰려든 광경이었다. 모 의대 레지던트 여학생 하나가 머그잔을 들고 서성거렸다. 사는 게 너무 외로워 그곳의 노천카페에서 누구라도 붙잡고 모카커피 한잔 마시러 간다고 했다. 거기에는 그와 살인적인 적대관계에 있던 사람도 평소의 굳은 얼굴을 푼 채 함께 어울리고 있었다.

   자기 내면에 이른바 '히든카드' 없이, '정치적 복선과 음모' 없이, '사전 의도'나 '각본' 없이 몰려든 사람들이 대부분이었다. 다들 외롭고 추운 사람들, 벌거벗은 생명들이었다. 긴장과 이해관계의 짐을 다 벗어버린 사람들인 게 분명해 보였다. 서로 조심스레 입을 열며 다감한 시선으로 말을 건네고 나누더니 서로의 사연에 공명하면서 몸을 감싸주기 시작했다. 그동안 삶의 짐을 지느라 바친 노고를 위로하고 격려하는 조촐한 축제의 분위기가 무르익어갔다.

　그렇게 온정 어린 어울림의 자리 한 귀퉁이에 하늘 법정에서 쩔쩔매시던 하나님의 뒷모습도 얼핏 스쳤던 것 같다.

10년 동안의 긴 만남

내가 그를 만난 것은 아마 10년이 좀 더 되었을 것이다. 우리는 동네 미용실에서 머리를 깎는 미용사와 머리를 맡기는 손님으로 처음 만났다. 그냥 한자리에 앉아 10여 분 머리를 내맡기고 돌아오는 게 전부였다. 아니, 그의 긴 손가락에 머리를 맡기고 시원한 샴푸질도 받았으니 한자리는 아니었던 모양이다. 틈틈이 내 머리 외에 아이들 셋을 한꺼번에 데리고 가서 머리를 깎였는데, 그곳의 미용사 셋 중에 가장 말쑥하고 친절한 이가 바로 그였다. 나는 내 머리를 맡긴 그에게 내내 편한 마음이 되어 눈을 지그시 감고 묵상에 잠기곤 했다. 그때 얼핏 떠오른 영감으로 슐라이어마허의 '절대 의존의 감정'이란 문구에 의탁하여 "미용실에서 배운 것"이란 제목의 짧은 글을 쓴 적도 있었다.

그 뒤로도 계속 자라나는 머리를 손질하기 위해 별수 없이 내 미용실행은 꾸준히 이어졌다. 외국에 장기 체류하는 시간을 제

외하고 한 달 반 내지 적어도 두 달에 한 번씩 머리를 잘랐으니 1년에 여섯 번은 족히 그 미용실에서 그를 만났을 것이다. '만남'이란 유형이 워낙 무겁게 유통되는 터라 굳이 그것을 '만남'이라고까지 표현할 수 있을지 모르겠지만, 어쨌든 조금씩 말을 붙이면서 우리는 서로 무의식적 조심스러움을 더해 곁을 주기 시작했다. 나는 그의 집이 완주군 봉동의 어느 한적한 마을에 있고, 가족사항은 대강 어떠하며, 여름엔 미용실 언니들과 함께 태국 여행을 다녀오고, 가끔 쉬는 날 수영을 한다는 것 등등의 시시콜콜한 이야기를 주워들었다. 그런가 보다 했지만, 딴에는 이런 이야기가 그 미용사의 이미지 심화에 보탬이 되었다.

 내가 제일 좋아한 것은 미용사로서 그의 섬세한 손길과 천의무봉식의 자연스런 끝마무리였는데, 그 뒷맛은 늘 자신의 재주를 드러내는 촌스러운 자랑스러움이 배제된 겸양한 '시원시원함'이었다. 그는 그렇게 조용했고 다소곳하게 제 일에 충실했으며, 그 한가한 틈새의 시간을 비집고 내 발걸음도 몇 년 동안 계속되었다. 한번은 그가 미용실 건너편 검도장을 하는 젊은 사범과 마음이 통해 교제하고 있고 머잖아 결혼하리라는 소식도 전해 들었다. 손님에서 연인으로, 또 부부로 이어질 그 인연을 소중히 기리는 마음에서 나는 내 글의 끝부분에 혼인식 날짜가 잡히면 초청해달라고, 그동안의 인연에 화답하는 차원에서 하객으로 가겠노라는 뜻을 비쳤다. 물론 그 글이 들어 있는 내 첫 수상집 《발 밑의 명상, 길 위의 신학》 한 권이 그동안 머리를 다듬어준 은혜에 대한 선물로 그에게 건네졌다.

그 뒤로 내 분요한 일상에 눌리거나 해외 체류가 길어지는 틈새로 그는 어느 날 갑자기 증발하듯 사라졌다. 그 미용실의 가장 나이 많은 '언니'의 전언에 따르면 벌써 오래전 거길 그만두고 새로운 미용 기술을 배우러 서울로 올라갔다는 것이었다. 그 부재의 허전함이 깊었던지 나는 그 뒤로 그 미용실을 찾는 발걸음이 점점 더 뜸해졌다. 두 동생을 잃은 언니의 표정은 점점 더 어두워갔고, 그 고독하고 침침한 분위기에 눌려 나는 더 이상 그곳을 찾지 않게 되었다. 그러다 어느 날 그 '언니'의 근황이 궁금했는지, 갑자기 그 고독한 공간에 연민이 동했는지, 또 몇 년의 세월이 흘러 한차례 거기에 들렀다가 나는 그가 전주로 돌아와 멀리 떨어진 다른 곳에 새 미용실을 개업했다는 소식을 주워들었다. 반가운 마음에 흑석골 자그만 아파트 단지에 둥지를 튼 그의 새 일터에 개업 축하 화분까지 하나 사 들고 굳이 찾았다. 그의 성장과 발전을 내심 흔쾌히 축하해주고 싶었던 것이다.

이후 우리 동네에서 멀리 떨어져 있었지만 조금 길을 우회하여 들른 그 미용실에서 나는 두어 차례 근황을 묻고 머리를 맡겼던 것 같다. 내가 찾은 한가한 오후 시간이 여유를 제공하여 한두 잔 커피를 얻어 마시기도 했다. 그리고 또 한참의 세월이 흘러 2009년 어느 여름, 근처에 타이어 펑크 때우러 갔다가 기다리는 시간이 지루하던 참에 그의 미용실이 떠올라 머리를 깎을 겸, 흑석골의 그 조그만 공간을 다시 찾았다. 하도 오랜만이라 어떻게 사는지 궁금하기도 했던 것이다. 거의 1년 만에 역시 우발적인 계기로 내지른 방문이었다. 그는 깜짝 놀란 얼굴로 나를 맞았고, 오후의 미용실 공간은 고요했다. 예전의 수줍은 기운을 많이 털어낸 그는 말수가 꽤 늘어 활달한 포즈였고, 그동안 혼인식을 치르고 신혼살림을 몇 달이나 해온 아줌마가 되어 있었다.

   머리 깎고 샴푸하고 헹구는 작업이 일사천리로 진행되었다. 커피도 한잔 함께 나누었다. 아이는 아직 없다고 했다. 남편이 잘해주고 시부모님도 무난하신 분이라 했다. 이전에 찾았을 때는 온종일 서서 일하다 보면 다음 날 아침 두 다리가 퉁퉁 붓는다며 토닥거리던 모습이 안쓰러웠는데, 이젠 그런 피로조차 함께 살아가는 행복한 고난 속에 털어버렸는지 내색하지 않았다. 10여 년 세월을 관통하며 그는 여전히 껑충한 키에 긴 손가락, 변함없이 겸양한 시원시원함을 선보이고 있었다. 가위질 소리를 전혀 위협적이지 않은 자장가로 들리게 만드는 그 손의 마술 앞에 나 역시 일관되게 '절대 의존의 감정'에 깃든 신앙적 비의를 곱씹었을 터였다.

 그는 앞으로 조금씩 눈주름도 더해갈 것이고, 아이를 낳고 키우면서 몸매도 펑퍼짐한 구조로 변해갈지 모른다. 또 미용실 사업에 재정 여유가 생겨 종업원으로 더 어린 수련미용사를 두어 자신의 둔해지는 손가락 감각을 그에게 주는 월급으로 메워나갈 가능성도 있다. 집 안에 들면 더러 남편과 아이 앞에 성미를 돋우어 앵앵거리며 토닥거릴 수도 있을 것이다. 세월의 더께에 그는 이십 대 초반의 싱싱한 이미지가 많이 풀어져 구질구질한 속세의 현실로 더 깊숙이 진입해갈 공산도 크다. 그러나 그게 뭐 대수랴. 끈끈하고 질척거리는 만남이 있으면 듬성듬성 서늘한 만남도 있지 않겠는가. 혹은 불과 같이 뜨겁게 끌고 가는 열정의 만남이 있다면, 이렇게 개울물처럼 밋밋하면서도 담백하게 2퍼센트의 소박한 관심에 우발적인 양 이어지는 반달의 만남도 나름대로 아름다움의 엷은 아우라를 간직한 채 흘러갈 수 있는 것이다.

 커피잔 건너편으로 나는 조금 너스레를 떨며 피천득 선생의 "인연" 이야기를 들려주었다. 이렇게 듬성듬성 이어온 미용사와 고객의 인연 역시 내가 "10년 동안의 긴 만남"이란 제목의 글을 만들면 소박하나마 그것 못지않은 풍경 아니겠냐며 우스꽝스런 농을 건넸다. 나는 가장 강력한 진실은 그 '농'의 이면에 스멀거리는 것이라는 신념에 충실하여 버릇처럼 오래 삭혀두다가 어느 날 아침 문득, 회복기의 환자 같은 막연한 시선으로, 아니면 뒤늦게 숙제하는 어린 초등학생의 황망한 심정으로 거의 뜬금없이 이 글을 만들고 있다.

햇볕의 기억

1

아파트 잔디밭 바위 위에 잠자리 한 마리가 앉아 햇볕을 쬐고 있다. 간밤의 어둔 기억을 털어내며, 아침 이슬을 말리고 있다. 평온하다. 조는 듯, 명상하는 듯, 그 잠자리 한 마리의 포즈에 내 시선이 오래 머물렀다. 생각 없이 가벼운 날개 위에 햇볕을 받는 순간은 얼마나 행복한가. 바위는 아침 햇살 아래 충분히 달구어져 있다. 그의 가느다란 다리도 발바닥에 달라붙은 섬세한 솜털도 그 따스한 온기에 깊이 머무는 듯, 미동이 없다. 모시망사보다 더 얇고 섬세한 날개는 양옆으로 펴져 이슬에 젖은 축축한 내면을 휘발시키고 있다. 고요하다. 이 다사로운 아침 풍경은 왜 그리도 경건하게 내 시선을 떨리게 하는가. 이 시월 한복판의 아침 햇살은 왜 그리도 서럽게 고맙고 정겨운 것인가.

돌이켜보면 햇볕의 기억은 계절마다 다르게 내 감각을 자극했다. 봄날의 햇볕은 웅크렸던 겨울철의 쌀쌀함에 대한 간절한 보상으로 찾아오기 일쑤였다. 마치 굶주린 짐승이 사위로 좌충우돌 먹잇감을 찾듯 햇볕은 일용할 양식으로 쟁취해야 할 대상 같았다. 동네 초가의 처마 밑에 고드름 녹은 물이 떨어질 즈음, 소년은 환한 햇살이 물방울에 부서지는 장면을 물끄러미 치어다보며 쪼그려 앉곤 하였다. 질척거리는 주변의 땅바닥을 피해 간신히 마른 땅 한구석을 찾으면 영락없이 햇살이 모여들었다. 칙칙한 몰골이 호사를 누리는 짧은 순간이었다. 울울한 기억과 적빈의 휑한 가슴이 부요해지는 은총의 모서리였다. 딱딱한 고드름이 부드럽게 풀어져 지푸라기 냄새를 싣고 내릴라치면 햇살은 그 아롱지는 물방울을 보듬으며 앞으로 디뎌나가야 할 지상의 여정을 안내했다. 내 시선은 그 포획된 풍경 아래 소박하게 행복했을 터이다.

여름의 쨍쨍거리는 더운 볕은 차라리 망각의 대상이었다. 땀에 전 내 몸은 전전긍긍하며 그늘을 탐했던 것으로 기억한다. 수풀 속에, 시냇물 아래, 심지어 동굴 속으로 숨어 햇볕은 이별해야 할 애증의 연인 같았다. 그렇게 작별의 망각이 길어질 때면 대낮의 햇살은 그 대신 들판의 곡식들을 향해 무구한 성장의 에너지를 선사하고 있었다. 무성하게 자라는 그 초록의 들판과 풍요한 산하의 물상들에게 햇볕은 보너스처럼, 보름달처럼, 늘

여분의 생명을 부여했다. 더울수록 더 바지런한 노동으로 그들의 생명을 살찌우는 신진대사는 그 여분에 대한 감격의 답례였을 것이다.

 가을이 들판을 익게 만들 때부터 햇볕은 아침과 저녁나절 아쉬운 그대의 추억처럼 몸을 불러냈다. 황혼이 왜 황홀할 수밖에 없는지, 아침 햇살이 왜 이별 너머 재회의 신호인지 관념의 추상에 앞서 몸의 구체가 그 전갈을 받아 먼저 알아챘다. 낙엽이 다 내리기 전, 또다시 고드름의 계절로 잠입하기 전, 햇살은 몸을 알맞게 달구고 나서 사념마저 익게 만들곤 했다. 괜스레 더 긴 걸음으로 멀리 걷다 보면 햇볕과 몸은 한 덩어리로 어우러져 우주의 저편으로 날아갈 만큼 가벼워져 있었다. 일과를 망각에 묻고 언어를 잃어버려도 햇볕 한 가닥만으로도 하루의 여행은 충분히 아름다울 수 있었던 것이다.

 이제 또 그 계절의 바퀴가 한 바탕을 다시 돌아 햇볕의 은총을 끌고 내 공허한 등판에 머문다. 고추잠자리 두 날개에도 머물며 고졸한 이미지 한 컷을 선사한다. 조용히 속삭이며 전한다. 너의 '쇠도끼'는 '나뭇가지'로 띄워 찾아낼 수 있다고. 몸을 가볍게 하듯 정신을 줄이고 이제 보송보송한 날갯짓으로 저 햇살을 좇아 무상한 여행을 떠나보라고. 잠자리는 내 손바닥 그늘에 당황했을까. 날개를 쫑긋거리며, 장난은 순전히 장난으로 화답된다. 아, 아직 따스하게 살아 움직일 수 있다. 그 사실을 되뇌며 걷는 대지가 다시 정겨워진다. 내 등짝의 메마른 고독을 달구는 햇볕의 동선은 오래 묵은 자유의 한량이다. 그 헛헛한 소요의 틈새다. 더 유쾌하게 놀고 싶은 에누리의 생명이다. 오로지 그 틈새와 에누리의 힘으로 계시의 순정을 회복시키는 저 둥근 햇볕의 다독임이여!

2

추운 밤을 보내고 따뜻한 물로 샤워를 하면서 몸과 함께 무뎌진 의식을 깨운다. 세례를 재사건화하듯, 그 의미를 갱신하듯, 다시 옷 입고 나오니 거실에 환한 햇살이 밀려온다. 느린 동작으로 햇살 받는 바닥을 찬찬히 둘러본다. 간밤에 내려앉은 먼지, 곳곳에 뾰족하게 홈 파인 흠집 난 마룻바닥이 선명하게 시선에 포착된다. 아, 언제 생긴 상처인지. 물방울 튀어 남몰래 젖은 종이가 뒤틀려 마른 모습으로 불현듯 다가올 때의 감정을 아는가. 감춰지고 묵혀졌다 화들짝 출현하는 상처의 기억은 또 다른 계시의 시발점이다.

   햇살의 여백을 길게 더듬다 보면 겨울철 초가지붕 아래 쭈그려 앉은 한 소년이 떠오른다. 그는 졸린 눈으로 맑은 햇살에 고드름 녹아내리는 물방울을 응시하곤 했다. 팔짱 낀 채 두 손은 겨드랑이에 숨기고 햇살의 환한 빛에 온몸을 맡기듯 고요하게 젖은 땅을 쳐다보는 소년. 얼어붙은 흙길이 햇살에 조금씩 녹아가면 질퍽거리는 감촉이 퍽 구질구질한 느낌을 주었다. 메마른 땅을 골라 디뎌가면서 찾은 그 햇살 명소는 연탄가게 아줌마 집의 처마였다. 동편으로 탁 트인 논과 밭이 개활지로 연결되어 있었고 멀리 무심천을 지나 우암산까지 보이는 자리였다. 그 너머로는 어떤 세상이 씩씩거리고 있을까.

그 시절 겨우내 비치는 따스한 햇살은 아무리 먹어도 배고픈 올챙이배의 식욕을 달래는 간식거리처럼 반가운 측근이었다. 무연한 은총처럼 처마 밑에 쏟아져 내리는 그 햇살의 은총은 화살처럼 여전히 기세등등한 찬 기운을 뚫고 무른 상상의 틈새로 꿈의 영양분을 공급해주었다. 찬바람이 햇살의 틈입을 위협할 때면 소년은 가끔 돋보기를 들고 까만 습자지를 태우면서 불과 연기와 열을 만드는 심심풀이 오락으로 버티곤 했다.

뽀송뽀송한 햇볕을 피해 그늘로 깊이 도피하던 계절을 지나 이제 슬금한 햇살이 고파지는 시절이 도래하고 있다. 내가 가장 기쁘고 고맙게 맞이했던 햇살의 기억을 수집하여 불을 지펴본다. 돋보기의 초점에 타격을 받아 타들어가는 종이의 열기로 젖은 기억을 말리듯, 뒤틀린 상처의 울퉁불퉁한 흔적을 끄집어내어 한기를 증발시키듯, 아침나절 환하게 밀려오는 햇살은 존재만으로 기쁠 수 있는 삶의 여백을 상기시켜준다. 축축하고 어둔 그늘에 눌려 살아온 시간을 건조시켜 침전된 삶의 잉여를 비워 내는 자리도 그 언저리에 있다.

독한 회의를 구하는 지식이 표백되는 순간, 예찬해야 할 그 무엇이 아직 남아 있다는 게 신기하고 감격스럽다. 내 직관의 날개는 싱싱한 아침 햇살과 함께 비상과 약동의 조짐으로 안달한다. 부르지 않아도 아무도 모르는 자리에 내리는 한 줄기 햇살의 은총은 어둔 밤을 길게 헤쳐온 꿈을 발화시키는 자연산 에너지다.

워십 서비스, 립 서비스

한 교수님이 은퇴를 기념하는 자리에서 자신을 과분하게 칭송하는 말에 겸양의 어조로 은근히 나무라셨다. 제발 립 서비스 좀 하지 말라고. 이에 반응하여 한 젊은 교수가 멀뚱한 표정으로 말했다. 자신은 립 서비스 예찬론자라고. 이성복이라는 시인이 어느 글에서 사랑은 빈말이라도 따스하게 하는 것이라고 말했다면서 그 인용구를 음미하며 그는 대뜸 맥락을 바꾸어 선언했다. 결국 우리의 워십 서비스라는 게 따지고 보면 대부분 립 서비스 아니냐고.

이 에피소드의 여운에 침잠하며 나는 다시 숙고해본다. 인간의 언어활동에 방점을 찍어 이른바 '언어적 전회linguistic turn'를 이룬 지난 세기 이래, 언어를 매개로, 언어 안에서, 언어에 대하여 토해낸 숱한 담론들의 서비스 기능이 어떠했는지 문득 궁금해진다. 물론 그 궁금증의 이면에는 일말의 수상한 의구심과 호기심이 뒤엉켜 있다.

'언어는 존재의 집'이라는 하이데거의 명제는 얼마나 우리 시대의 제반 존재들 가운데 집이라는 구체와 실상을 획득했는가. 결국 그 집 안에서 우리의 존재는 우리의 언어로 말미암아 충분히 풍요해졌던가. 그것을 따져보려면 언어가 얼마나 순정한 입술(립)을 통해 성실하게 존재의 삶에 서비스되어왔는지를 따져봐야 할 텐데, 예의 언어 형이상학은 거기까지 착지하지 못한 채 공소한 추상적 울림만을 즐겨온 감이 없지 않다.

우리의 공공 모임은 언어를 서비스하면서 소통 공간을 확보한다. 특히 나름의 형식을 갖춘 자리에서 유통되는 언어는 일정한 패턴을 따라 상투화된 인습을 추구하는 것이 상례라서 참신한 계몽이나 기상천외한 창조 활동보다는 상호 간 공통분모를 재확인하고 피차 가려운 데를 조금씩 긁어주는 서비스 기능이 압도한다. 그런데 그조차 넉넉하지 못할 경우 우리의 립 서비스는 불통의 갑갑함을 대책 없이 인내해야 하는 비논리의 극치를 달리거나 심지어 언어폭력의 수위를 넘나들기도 한다.

공공 모임 가운데 예배는 그리스도인들에게 매주 정기적인 서비스의 장이 된다. 그것이 주일 예배든, 특별한 행사와 결부된 비정기적 예배든, 모임의 인도자와 기도자, 설교자, 그 밖에 다양한 반응으로 참여하는 찬양대와 회중의 존재는 곧 입술의 언어로 하나님과 상호 간에 서비스하는 행위의 주체임을 암시한다. 그런데 그중 많은 시간을 차지하는 설교의 경우, 그 언어가 예배를 매개로 서비스되지 못할 때 명민한 청중은 이내 선포된 '하나님 말씀'의 진정성을 기대하는 수준을 낮추어 최소한의 소통이 발생하는 립 서비스를 갈망한다.

역설적 현실이지만, 설교의 진정성을 큰 목청으로 호소할수록, 그런 설교의 언어, 예찬의 외교적 언어가 관성화된 예배일수록 서비스의 질은 저하된다. 마찬가지의 아이러니한 실상이지만, 단순화된 논리적 계선系線을 타고 상투화된 메시지의 간절한 외침이 서툰 형식으로 그 내용의 진정성을 호소할수록, 그 진정성은 하나님 앞에서나 회중 앞에서 빛을 잃는다. 진정성은 목에 잔뜩 힘을 주어 엉성함을 순수함인 양 호소함으로써 강변되는 것이 아니라, 전혀 예기치 않은 순간 은근하고도 자연스럽게 감지되는 미덕이기 때문이다.

이는 약간의 관찰력과 민감한 성찰적 자의식만 있어도 포착 가능한 예배 언어의 립 서비스 현장인데도 오로지 맹렬한 예배의 주동자들과 강고한 확신의 설교자들만이 눈치채지 못하는 모양이다. 오늘날 신앙과 그것에 터한 생활의 잉여는 립 서비스의 빈말조차 조리 있게 수행하지 못하는 주된 장애물이다. 그 장애물의 구성 요소를 세밀하게 분해해보면 그 속내의 서글픈 메뉴는 사유의 빈곤이고 분석에 대한 공포이며, 해석의 모험을 도발하지 못하는 화석화된 전통의 강박이다.

오늘날 립 서비스의 최소치를 수행하지 못하는 워십 서비스는 그리스도인들의 흔들리는 터전과 함께 새롭게 개척해야 할 신학적 지평을 지시한다. 무슨 거창한 명패로 분식된 직위가 명석한 사유를 대체할 수도, 능가할 수도 없다. 막무가내로 악다구니를 늘어놓는 위대한 제 목회 경험의 구차한 깜냥도 비평과 분석의 메스를 비껴갈 수 없다. 초월은 이 모든 것을 아우르며 넘어갈 때 유의미한 것이지 그것을 촌스런 제 권위로 괄호 치고 눙친다고 그 빛이 저절로 환해지지 않는다.

알짬 없이 남발되는 사탕발림의 립 서비스를 타박하는 정서야 별도의 것으로 수긍할 만한 것일 터이다. 하지만 그 말의 또 다른 국면에서 우리는 세련된 립 서비스조차도 없는 각종 공적 삶의 서비스, 특히 그리스도인들에게 가장 중요한 신앙 표현의 현장인 워십 서비스의 현실을 반성하는 계기를 포착해야 한다. 어차피 정형화된 예전의 틀을 화끈하게 벗어날 수 없다면 그 틀 안에서 전통의 미덕을 재발견하여 잘 조형된 언어의 구성체로 겸손한 입술을 놀려 다감하게 서비스하는 현실적 목표가 최상인 듯싶다. 립 서비스가 워십 서비스의 불가피한 본질이라면 나는 그런 공공의 거룩한 자리에서도 따스하든 서늘하든 양질의 립 서비스를 발견하고 싶은 것이다.

  그 틀 안에 전달되는 진정성의 유무나 강약의 정도는 서비스 받는 하나님이나 회중에게 침묵 가운데 유보될 뿐이다. 그 소극적 자세가 외려 진정성의 가능성을 높일 수 있고, 예배를 통한 겸손과 순종의 희망을 열어놓을 수 있다. 립 서비스의 질이 열악한 오늘날 예배의 현실 가운데 불 인두로 지져야 할 입술은 거짓을 일삼는 부정한 입술만이 아니다. 부정하다며 허벌나게 탄식하고 회개하지만 그 입술로 다시 기고만장한 비언어의 난장을 벌여놓는 행태, 그것을 하나님의 말씀으로 강변하는 악다구니의 외침! 불 인두의 화력을 좀 낮추어도 좋으니 그걸 누가 좀 은근히 지져줄 수 없겠는가.

막내의 질주 또는 탈주

아홉 살의 막내는 대체로 무표정하다. 아빠가 불러도 뚱한 표정으로 반응이 굼뜨다. 음식을 잘 먹지 않아 빼빼 마른 몸뚱이는 우울한 표정과 잘 어울려 어린애답지 않은 데카당스의 분위기를 풍긴다. 가끔 엉뚱한 행동으로 아빠를 당혹케 하는 막내는 제 형들과 비교해도 특이한 기질을 가진 듯하다. 완벽주의 기질에 결벽증까지 있어 내내 아빠를 애먹일 때면 이 작은 생명 안에 무엇이 들어 있을까 의아해지기도 한다. 시험 점수로 100점을 받지 못할 때, 성경 퀴즈에 정답을 대지 못할 때, 제 기대에 맞추어 숙제를 완결하지 못할 때, 그는 공책을 연필로 박박 긋거나 세상이 푹 꺼질 듯한 비통한 표정을 짓거나 자정이 가까이 오도록 책상 앞에서 닭똥 같은 눈물을 흘리며 울기 일쑤다.

한번은 막내와 함께 동네 놀이터에 자전거를 타고 나갔다. 자전거를 한구석에 받쳐놓더니 막내는 놀이터의 빈 운동장을 따라 길게 원을 그리며 죽어라 달리기 시작했다. 그 돌발적인 행동에 나는 뜨악한 표정으로 아이의 몸짓을 꽤 정밀하게 관찰해보았다. 무엇이 이 느린 녀석의 발에 저리 잽싼 엔진을 달아놓았을까. 뱅글뱅글 몇 바퀴 돌았을까. 숨을 고르는 막내에게 나는 조용히 물었다. 왜 갑자기 그렇게 달린 것이냐고. 막내답게 대답으로 돌아온 말은 '그냥'이란, 그저 그런 심심하고 무덤덤한 반응이었다. 나는 버릇처럼 속으로 그 상황을 오래 곱씹으며 상상해보았다. 무어 그리 무거운 생의 짐을 졌기에 저 아이는 그렇게 날듯이 달리고 싶었을까. 등허리의 책가방이, 선생의 억압적인 훈시가, 조직 내에서 벌써부터 경쟁해야 하는 그 초조한 심리가, 때로 부모의 호령과 회초리가 이 아이의 마음에 돋은 날개를 꺾어버린 것일까. 그래서 날개를 살리려 그렇게 쌩쌩 바람을 만들었던 것일까.

또 한번은 자전거 대신 함께 보행의 길에 나섰다. 아중천변에 깔아놓은 보도 위로 한참을 걷다가 돌이켜야 할 지점에서 징검다리를 건넜다. 막내는 징검다리에서 잠시 멈추었고 내가 제지할 틈도 없이 주저앉더니 그 물을 손으로 훔쳐 제 얼굴의 땀을 닦는 것이 아닌가. 추운 겨울 날씨였고, 흐르는 물은 아중지에서 고였다가 복개된 수렁을 타고 내려온 오염된 물이었다. 오래

지속된 겨울 가뭄 등쌀에 유속이 별로 없는 더러운 물이었다. 아뿔싸, 속으로 탄식을 죽이며 나는 그때 잠깐 제지하는 한두 마디 내뱉고 이내 잠잠했다. 막내의 개성을 다치게 하고 싶지 않아서였을 것이다.

막내의 행동은 이렇듯 즉흥적이었고 거침없었다. 예측불허의 제 욕동에 천연덕스럽게 몸을 맡기는 것이 자연스러웠다. 목욕탕의 샤워기 받침대를 비틀어 망가트린 것도 제 나름의 호기심이 작용했겠지만 전혀 거리낌 없는 질주의 연장이었다. 아빠와 단둘이 축구를 할 때는 지지 않기 위해 집요하였고 거의 필사적으로 대들었다. 말라깽이 몸으로 제 아빠의 발을 차면서 반칙을 했다. 제 쪽으로 골이 들어가면 기를 쓰고 우기면서 그 골에 나름의 사유를 붙여 무효로 만들었고, 내 쪽으로 골이 먹히면 자신의 반칙 따위는 아랑곳하지 않았다. 별의별 원칙과 기억을 들이대며 그것이 왜 정당한지 변증하려는 기세가 등등했다.

막내의 몸이 담고 표현하려는 욕망은 예의 집요한 승부근성과 뜬금없는 탈주의 축을 오락가락하는 듯 보인다. 축구하거나 숙제할 때는 전자가 발동하고, 갑자기 운동장을 바람처럼 달리며 빙빙 돌 때는 후자가 기승을 부린다. 그 균열을 버티기 어려운지 그는 구정물 하수도 물로 얼굴의 땀을 닦아내는 일탈을 아무렇지도 않게 감행한다. 막내의 이런 행동이 기이하게 느껴지는 나는 이미 충분히 사회화되어 규범의 잣대로 기어코 녀석의 기질과 욕망을 분석하고야 만다. 반면 그는 그러한 틀 밖에서 제 나름대로 몰두하거니 벗어나거니 하면서 우울한 듯 유쾌해 보인다.

이 막내의 이름은 가람이다. 강처럼 유유히 흐르듯 살라고 지어준 이름이다. 아직 유장한 강의 흐름을 만들고 있지 못하지만 쫑알거리며 흐르는 계류의 가벼운 촐랑거림이 그의 몸짓과 행태에 숨어 있다. 그는 그 계류가 지겨운지 때로 그 흐름을 틀 짓는 물의 경계를 벗어나고 싶어 하는 듯하다. 그래서 아빠의 지청구에 모른 척 한눈팔면서, 열 번 불러야 겨우 한 번 흘깃 시선을 준다. 그런 그의 덤덤함이 혹 하나님의 초연한 침묵에 유비될 수 있지 않을까. 그게 과장이라면 자연의 묵묵한 무위적 포즈를 조금 닮은 건 아닐까 하는 하릴없는 잡념이 생기기도 한다.

그 막내가 오늘은 흐르지 못하고 있다. 놀이터 운동장에서의 질주도 멈추고 개울물 앞에서 탈주하지도 못한 채 며칠째 몸을 사리고 있다. 독감이 들어 열이 나더니 오늘은 구토까지 하며 그 빼빼 마른 몸을 들썩이고 있다. 나는 그 작은 생명을 내 품에 안고 등을 토닥인다. 가엾은 녀석! 어려서부터 많은 짐을 지게 만들어 미안하구나. 다시 회복하여 그 기운찬 발로 아빠의 조인

트를 까더라도 그렇게 다시 다부지게 덤벼보려무나. 등허리에 이 봄바람이 선사하는 싱그러운 새싹 날개를 달고 비상하여 네 자유의 무늬를 맘껏 수놓아보려무나.

천천히 걷고 느리게 달리기

6월의 녹음은 짙푸른 품을 선사한다. 무수한 미로를 숨겨둔 그 품의 깊이는 판에 박힌 일상에 찌든 심령을 곧잘 초대하여 예기치 않은 '황홀한 실종'을 안겨준다. 나는 그 '황홀함'의 유혹과 '실종'의 두려움 사이에서 망설이곤 하지만, 여전히 그 '실종'을 무릅쓴 '황홀한' 모험을 즐기는 편이다.

자정 너머 늦은 밤까지 이런저런 글쓰기와 잡무로 취침이 늦어지더라도 다음 날 하루의 리듬은 그동안 그럭저럭 순탄하게 흘렀다. 그런데 언젠가부터 에너지의 공백이 길어지면서 대낮에 졸려 무턱대고 눕는 일이 잦아졌다. 나이 탓이려니 하지만, 왠지 그 대낮의 비실거리는 몸이 밉상스러워져 어제는 오랜만에 건조한 실내 공간을 벗어나고 싶은 심사로 기린봉의 골짜기를 찾았다.

내가 '현빈지곡 玄牝之谷'이란 이름을 붙여준 이 계곡엔 이제

가재 잡는 아이들이 보이지 않는다. 물줄기는 말라 골짜기는 컴컴하고 깊은 심연 속으로 푹 꺼져버린 인상이다. 그래도 땅속에 숨은 수분을 안간힘으로 빨아올린 나무와 풀마다 제 몸집을 최대한 무성하게 부풀려 둥근 동굴처럼 내 지친 도심의 몸을 맞아준다. 한걸음씩 극진하게 동선을 만들 때마다 주변의 풀과 덤불, 이름 모를 꽃과 나무들이 나지막한 목소리로 환호하듯 생명이란 공감대에 터하여 웅웅거리며 공명통을 열어준다.

행복감을 느낀 몸에 시선까지 맑아졌는지 곳곳에 숨은 틈새로 산딸기가 보인다. 농익은 열매는 작지만 부드럽고 달콤하다. 굽이굽이 비틀린 오솔길 좌우로 계곡도 깊어지고 깊이 구불거리는 몸부림 덕분에 해발 300미터 남짓한 이 산봉우리에 이렇게 계류가 생긴 것이리라. 잔 바윗돌이 수북이 모인 널따란 한 구석에는 후백제 병사들의 원혼이 깃든 까닭인지 여전히 강한 음기가 느껴지는 게 내내 침침하고 서늘하다.

약수터에서 세면을 하고 바람에 얼굴을 말리며 시선은 땀 흘린 만큼 혼탁한 기운을 털어낸다. 편의시설이 만들어지고 점점 더 많은 사람들이 꼬이면서 이 약수터의 물은 '부적합' 판정을 받았다. 예전에 암에 걸린 한 환자가 이곳에 텐트 치고 한동안 기거하면서 그 물을 받아 마신 결과, 깨끗하게 치료되었다는 전설이 깃든 장소인데, 이제는 그 원시적 기운이 문명의 발자국에 눌려 소진한 듯, 대장균을 걱정해야 할 만큼 오염된 것이다. 이렇듯, 창조의 은총도 마모되고 인간이 만든 문명의 땟국물에 오염된다. 천천히, 드문드문 걷지 못하고 한꺼번에 후다닥 걷는 그 무게와 시끄러움 속에 자연이 그렇게 시달린 만큼 은연중 세균도 번식하는 것일 테다.

기린봉이 선사한 그 가느다란 계류와 구불거리는 오솔길의 미덕을 한아름 안고 잠시 집에 들렀다가 해가 기울 무렵 자전거를 끌고 아중천으로 나갔다. 온종일 아파트 앞의 아스팔트에 구멍 뚫는 기계음으로 요란했던 터라 조금이라도 더 그 소음을 피해 탈주하고픈 욕동이 자꾸 내 몸을 바깥으로 떠민다.

아중천을 벗어나 소양천 둑을 달리는 자전거의 두 바퀴 위에 실린 내 몸은 호젓한 포즈로 좌우의 툭 트인 평지와 천변에 무성한 풀숲의 짙은 색감을 조망하며 고요한 충일감에 젖는다. 왜가리 몇 마리가 먹이를 찾느라 물속에 두 발을 담그고 깊은 묵상에 빠져 있다. 모내기를 막 끝낸 논의 평온한 안식과 수확 중인 양파밭의 분주한 저녁 일손들의 몸놀림이 성실하다. 한참을 달려 인적이 드문 만경강 상류에 다다르니 고즈넉한 저녁의 대기 속으로 주변의 사물들이 신성한 빛의 아우라 한 점씩 풀어내듯 숙연한 표정으로 제 하루의 시간을 단속하고 있다.

공사 중인 우람한 다리는 콘크리트 근육 속에 감춘 철근의 무게로 진중하니 버티고 있고, 잔잔한 물살은 굽이치는 여울 속에 알 수 없는 무늬를 피우며 스러져간다. 둑방길 옆에 낮게 자란 개복숭나무는 밤톨만 한 열매 두어 개 매달고 제 노동의 하루를 마무리한다. 천변 너머 야산의 키 작은 나무들, 그 앞에 늘어선 전봇대들, 그 위로 펼쳐진 희끄무레한 하늘도 일회적인 제 존재의 신비에 작별을 고한다.

  그 모든 사물의 소멸에 푸석거리던 내 중년의 몸이 간신히 생기를 회복한다. 하루의 소멸은 하루만의 위안으로 수렴되고, 그 심리적 변곡점은 기대와 갈등과 번뇌와 고통을 견디며 쟁여온 하루의 희망을 내일로 이월한다. 천천히 걷고 또 달리는 길 위에서 나는 문득 내 하나님이 오래 침묵하는 뜻을 새겨본다. 그것은 아무래도 불우한 생명들이 애써 키운 희망을 산통 깨지 않으려는 배려가 아닐까. 그 침묵을 깬 신의 목소리는 심판이고 종말일 것이기에 이 땅의 가녀린 존재들과 함께 당신은 묵묵히 견디는 것이리라.

  온갖 추악함이 지나면 아름다운 시절이 오리라는 천진한 낭만의 꿈이 그 묵묵한 포즈와 함께 희미한 저녁 햇살에 아롱진다. 팍팍한 더위와 함께 자라는 나무와 풀의 안간힘이 안쓰러워 하나님은 오늘도 이 우주에 숨겨진 눈빛으로만 말씀하신다. 더러운 먼지를 뒤집어쓰고 흘리는 땀방울의 표정에 마음 약해져

당신은 저물녘의 파장국면에 내일이란 희망의 어음을 끊어주시는 것이리라.

 돌아오는 길, 둑방 옆에 조립식 상자 같은 공간에서 어느 청년 밴드의 연주와 제법 폼 나는 노랫가락이 삐져나온다. 그 앞으로 황구 일곱 마리가 대열을 지어 어슬렁거리더니 내 접근이 마땅찮다는 듯 컹컹 짖는다. 하루가 저무는 시간에는 그 개 짖는 풍경조차 신령하고 가상하게 보인다. 천천히 걷고 달리는 길에서는 이 모든 마주침이 인연이 되고 고백이 되고 또 구원이 된다. 종말의 징후를 머금은 채 존재를 비워내는 그 컴컴한 자연의 길목에는 이 모든 것들이 선명한 윤곽을 띠고 비로소 그 속살까지 내비치기 시작한다.

몸살의 신학적 의미

사흘째 혼곤하게 앓았다. 오한이 나고 몸이 지옥의 심연으로 가라앉는 듯 까마득한 감각의 사각지대를 통과해야 했다. 맨 처음 깔깔한 후두부의 이상 증세로 시작된 몸살은 올해에도 어김없이 2월의 환절기를 겨냥했다. 매년 이맘때면 거의 예외 없이 찾아드는 이 몸살의 증세는 아무리 그 상황의 연계적 특수성을 분석해도 그 규칙성이 신기할 정도다.

  이번에도 사정은 있었다. 일 주간 두 나라를 연속 여행하면서 빠듯한 일정을 보냈고 잘 정돈되었던 일상의 리듬이 이완되면서 낯선 외지의 분위기에 들떠 나사가 좀 풀린 탓도 있었을 것이다. 아니, 그보다는 일 주간의 노동 공백을 메우며 밀린 일을 부랴부랴 처리하느라 또 다른 일 주간의 과도한 노동을 감당해야 했기에 무리가 되었을 가능성이 더 크다. 초기 증세에 민감하게 반응하여 찾은 동네 이비인후과 의사는 몸살은 초기에 약을 써도 잘 안 잡힌다며 약간 시큰둥한 반응이었다.

땀이 많이, 자주 났다. 열은 별로 없었는데 몸의 전체가 기묘한 통증으로 쑤셔댔다. 가래가 많이 들끓진 않았지만 목구멍 언저리가 불편했고 무엇보다 콧물이 빗물처럼 줄줄 흘러내렸다. 억센 재채기 한 번이면 콧구멍은 홍수가 나듯 물을 토해냈다. 수많은 화장지를 낭비하고 서너 개의 손수건이 축축이 젖을 정도로 이번 몸살에서 콧물의 득세는 뚜렷했다. 심야의 기침은 한 이틀간 불면의 시간을 만들었는데 누운 자세를 바꾸어 앉은 포즈로 지친 몸을 달래야 했다.

이 당혹스런 환경에 몸은 부산하게 대응해나갔다. 뜨거운 물을 마시고 동물적인 본능으로 따뜻한 국물과 함께 밥도 억척스레 먹어댔다. 감기몸살은 잘 먹어야 금세 넘어간다는 주변의 말이 무의식적으로 각인되어 즉각적인 순발력을 발휘한 셈이었다. 한 지인과 잡아둔 내장산 등산 계획은 아쉽게 며칠 뒤로 연기해야 했다. 그 와중에도 전투력은 기죽지 않았는지 나는 컴퓨터 앞에서 해야 할 일을 줄기차게 처리해나갔다. 연구계획서를 세 건이나 완성하여 신청하였고, 회의 자리에 나가 허스키한 목소리로 대화를 나누었으며, 바지런히 인터넷 신문을 읽으면서 이메일 답신도 하고 수시로 걸려오는 전화에 나지막하게 대꾸했다. 아비의 고통에 아랑곳없이 난장판을 치는 아이들의 장난에도 종종 간섭하며 최대한 짧고 굵게 잔소리를 해댔다.

그렇게 몸살과 치고받으면서 대치한 지 나흘째, 콧물은 그치고 목구멍의 형편도 한결 부드러워졌다. 이틀 전 따스한 대낮에는 여유 있게 아중천변을 따라 봄 햇살을 쐬며 산보도 했다. 몸살 후유증으로 몸의 몇 군데가 다시 결리고 쑤셔대며 기력이 쇠해진 것은 분명한데 이제 회복의 징후는 뚜렷하다. 슬슬 여유가 생기는지 몸살과 신학의 상관관계에 골몰하여 샤워하는 중 상상력이 발동하기 시작했다.

이 세상이 병들었기에 나도 그 병든 세상과 잠시 한몸으로 뒤엉켜 아파야 할 운명적인 궤적으로 이렇게 1년에 한두 차례 몸살을 겪는 것일까. 이 세상에 잔뜩 낀 불길한 저주의 액운을 내 몸의 '살煞'로 전이시켜 더불어 앓으면서 그 살을 풀어내려는 공감각적 증상이었을까. 몸살의 신학적 의미는 이제 그 몸이 제정신을 차리기 시작하는 이 무렵 슬슬 그 내용을 증폭시켜간다.

리비아의 그 이름도 지랄 같은 카다피라는 작자가 저지르고 있는 살기등등한 폭력 사태와 '크라이스트처치'라는 이름의 후광만으로도 전혀 살기와 무관할 듯한 곳에서 발생한 지진으로 인한 우발적인 떼죽음의 현장, 무엇보다 340만 마리의 소 돼지들이 비명횡사하듯 송두리째 죽어간 이 땅의 구제역 파동에서, 내 몸은 그 공포스런 살의와 살기를 풀어내는 진통을 좁쌀만큼

이라도 감당하려 무의식의 구멍을 만들고 의식의 틈새를 낸 것일까. 검증하지 않아도 분명한 사실 한 가지는 아무리 적어도 이번 몸살이 게걸스레 먹어대며 몸에 불필요한 무게를 부풀린 비곗덩어리 살肉의 일부를 제거해주었으리라는 것이다.

2월 말의 시간적 위치는 몸살의 발생 기미에 적절히 감응하면서 순환하는 생명이 거쳐야 할 정신적 통과의례의 의미를 깨우쳐주기도 한다. 한 해의 고된 노동이 그 막바지인 12월까지도 마무리되지 못한 채 부분적인 과욕과 부분적인 결핍으로 겨울의 끝자락으로 몰려난 지점이 바로 2월 말이기 때문이다. 그 시점은 또한 겨울과 봄이 분수령을 이루는 계절의 전환점이고, 긴 겨울 방학이 끝나고 새 학기가 시작되는 갱신의 접점이다. 교회력으로는 주현절의 환상적인 만남이 스며들면서 머잖아 사순절의 고난을 준비해야 할 근신의 점이지대이기도 하다. 거기서 내 몸의 온갖 사연과 곡절은 그 이야기의 마디마디를 밖으로 돌려 조근조근 표현하지 못한 채 한꺼번에 밀려 압사당할 듯한 기세로 그 눌린 살의 기운을(그것이 煞이든, 殺이든, 肉이든) 치열한 앓음의 몸짓으로 풀어내고야 마는 것이다.

몸살의 가장 절박한 신학적 의미는 이 세상의 총체적인 타락을 몸의 감각으로 앓아내는 일이다. 사람살이의 타락과 병증이 심각함을 제 몸의 가장 깊은 고통으로 체현하는 자리에 불현듯 몸살이 찾아온다. 제 몸의 탐욕이 제어되지 못한 채, 이 사회의 체계에 순치된 기계처럼 살아온 자의 불가피한 반성의 끝자락에 꾸역꾸역 몸살은 그 살기를 풍기며 밀려온다. 또한 교회 역사를 통틀어 가장 타락했다는 이즈음의 한국 교회가 탄식과 신음으로 개차반의 몰골을 감당하기 어려운 순간의 징후들이 신자와 교인이란 명패를 붙인 생명의 불우한 얼굴 속으로 스미어 몸의 살煞을 조성하는 것이리라. 이제는 유행처럼 되어버린 죽음과 죽임의 시대에 그 살의와 살기를 제 한몸에 되먹여 죽은 이들을 애도하라는 하나님의 지엄한 명령이 익명의 몸살 기운으로, 이 순환하는 계절의 구석구석에 번성할 법도 하다.

'이 세상이 온통 병들었는데 내 어찌 이 병든 세상과 함께 아프지 않을 수 있겠는가!' 〈유마경〉에 나오는 유마힐 거사의 이 한마디 전언은 이기적인 욕망의 숙주일 수밖에 없는 개체로서의 생명이 떠올려야 할 공감의 윤리적 마지노선이다. 이런 견지에서 욥의 고난은 그 숱한 후일담과 함께 개인의 실존적 심연을 넘어 시대의 고통을 품고 거기서 공동의 운명을 내다보는 신학적 안목으로 승화되어야 했다.

나는 이번 몸살의 터널을 통과하면서 영문도 모른 채 졸지에 죽어간 이 땅의 수많은 생명들의 분노와 한을 내 몸살의 통증한 틈새로 진혼하고자 한 것일까. 하여 그들과 함께 그 모순의 한구석이라도 함께 앓고 싶어 한 것은 아니었을까. 내가 흘린 땀과 콧물, 내가 부대낀 내 몸의 각종 살들은 보이지 않는 끈으로 연계되어 우리가 철저히 개인이면서도 결국 함께 짐 져야 할 이 공명의 세상살이에 서푼어치의 이타심을 부활시켜보려는 생래적인 안간힘의 발로는 아니었을까. 그것은 혹 '영원을 사모하는 마음'의 제각각 푼수대로 이 세대에 만연한 고통의 불감증을 치유하려는 악다구니의 몸부림은 아니었을까.

엘리베이터 속의 낯선 시선

한 달 전쯤 내가 사는 아파트의 엘리베이터 천장 모서리에 낯선 화면이 하나 설치되었다. 이 물건을 전문용어로 뭐라 부르는지 잘 모르겠는데, 컴퓨터 모니터 크기의 화면 속에는 오늘과 내일의 날씨, 주식과 환율 시세, 오늘의 주요 뉴스와 이런저런 광고 등이 흘러 다니고 있었다. 거기에 등장하는 관능적인 표정의 어느 여자 모델은 매일 바뀌는 날씨나 주식시세의 자료와 달리 지속적으로 등장하여 고혹적인 눈빛을 종종 쏘아대면서 그 화면을 쳐다보는 사람들에게 뭔가를 강렬하게 호소하는 느낌을 준다. 그 야릇한 느낌을 즐기면서 나 역시 다른 사람들과 별반 다르지 않게 엘리베이터를 탈 때마다 습관처럼 그 화면을 흘깃 쳐다보곤 한다. 그렇게 세상의 근황을 챙기고 내가 내리는 층까지 10초가 채 못 되는 짧은 시간의 무료를 달래곤 하는 것이다.

사람들은 함께 엘리베이터에 타면서 서로 친밀감을 나누고 소통하면서 문안을 주고받거나 의례적인 인사치레를 할 수도 있을 것이다. 그 제한된 공간의 짧은 시간은 뭔가를 이드거니 나누고 대화하기엔 썩 넉넉하고 편리한 환경은 아니다. 그래서 뭘 함께 나누기도 부적절하고 그렇다고 아무런 말 없이 침묵으로 서로의 시선을 퉁겨내기도 어색한 노릇이다. 다들 아는 사실이지만, 사람들은 지하철을 타고서도 낯선 타자의 시선이 불편하여 꼭 졸리지 않아도 눈을 감고 명상하는 돌부처가 되거나, 대수롭지 않은 신문지면 같은 곳에 시선을 박곤 하지 않는가. 물론 아파트의 엘리베이터는 이웃하며 사는 사람들이라 친소관계에 따라 인사의 메시지가 길어질 수도, 전혀 모른 척 한눈을 팔며 딴청을 부릴 수도 있을 테다.

그런데 엘리베이터의 전자 공간이 만들어놓는 화면이 그 어색한 시선을 받아주는 천장의 구원 공간으로 매달리면서부터, 우리는 이제 서로 마주 서거나 엇비슷하게 몸의 거리를 좁히면서도 아무도 없는 것처럼 처신하는 불편함을 해소하게 된 것이다.

눈이 마음의 창으로 시적인 형이상학을 대변해온 내력은 매우 장구하다. 그러나 근대 이후 시선이 담아내는 억압적 폭력성이 보편화되면서 사람들은 아주 애틋한 연인이 아니고서는 눈빛으로 교감하는 즐거움을 덮어버렸다. 아니, 그것은 즐거움은 커녕 견디기 힘든 고문처럼 되어버린 것이다. 인간 내면의 억압된 심리를 절묘하게 조형해내는 데 장기가 있는 작가 최수철은 언젠가 중편소설 〈시선고〉를 통해 바로 이런 억압된 인간의 심리가 어떻게 뜨악한 시선의 충격과 함께 폭력성으로 전이되는가 하는 점을 보여주었다.

신학자 본회퍼는 그의 미완성 유고 한 페이지에서 인간의 시선이 상대방의 시선을 곱게 받아내지 못한 채 그 눈의 아래 부위로 처지는 현상과 관련하여, 인간의 원초적 죄의식을 상기시켜준 바 있다. 그 죄악의 무의식적 기억과 함께 자기 내면의 온갖 감추고 싶은 욕망을 이 마음의 창을 통해 드러내어 들키지 않으려는 동기가 그 어긋나는 시선 속에 나름의 사연을 형성하고 있다는 것이리라.

이러한 사연을 알고서 그러는지 언젠가부터 아파트 엘리베이터 모서리에 매달린 인공 화면의 시선은 그런 미묘한 사람의 시선과 달리 부담 없이 얼마든지 우리의 시선을 받아준다. 유익한 일상의 정보와 함께 매혹적인 여자 모델의 고정된 시선을 통해 우리가 가상공간에서 아름다운 사람과 가볍게 눈 맞춤의 연애를 은밀히 즐길 수 있는 배려도 제공해준다. 이는 사실 전혀 새로운 경험이 아니다. 대중들은 이미 많은 시간을 제 휴대전화에 소비하는 것이 일상이 되어버렸다. 요즘은 여기서 한층 더 진화한 스마트폰의 액정화면에 시선을 꽂고 살아가면서 저만의 환상적인 유희 공간을 만들어내고 있다.

　이처럼 익숙한 것들의 동일성을 통해 우리 시선의 부담은 한층 완화되고 굳이 마음에도 없는 인사치레로 주변 사람에게 고개를 숙이지 않아도 무방하다. 그만큼 우리의 한눈팔기는 성공적으로 자리매김되고 있다. 그 가운데 우리는 제 눈으로 응시하는 모니터와의 교감 빈도와 강도가 높아짐에 따라 더 편리한 허공의 안식처를 갖게 되었는지 모른다. 그 와중에 잃게 된 것은 낯선 타자의 세계를 모험하려는 용기이며, 낯선 시선의 억압적 부담을 무릅쓰고 살아 있는 인간과 소통하려는 섬세한 타자의식이다. 그리하여 우리가 익숙한 경계 안에서 편안함을 느끼듯이, 그 경계를 넘어서면서 창조적 불화의 비용을 지불하면서까지 새로운 삶의 가능성을 제 것으로 실현하려는 믿음이 점차 둔화되거나 무력해지는 것이다.

　아파트 엘리베이터 안에서 바깥의 세속을 환기시켜주는 모니터의 얼굴과 그 화면 속 여자 모델의 은근한 시선은 가공된 낯섦의 연출이 어떻게 상투적인 친밀감으로 전이되는지 잘 보여준다. 그리고 우리가 추구하는 새로움이 어떻게 박제된 화면의 시선 속에 순치되는지, 또 어떻게 그 기계 문명에 접속된 인간을 위로하는지도 엉큼하게 암시한다. 그 모니터 속의 낯선 시선은 기술 문명의 미덕을 살려 우리가 겪는 각종 시선의 폭력을 제거하는 척하면서, 생동하고자 하는 의식을 마비시킨다. 그 위장된 시선의 장막 뒤에는 아무것도 꿈틀거리지 않는다.

결국 자기 동일성의 반복과 회귀를 통해 마비되는 의식 가운데 이 시대의 나르시스적 시선들은 제 울타리 안의 질서에 순응하면서 조용히 산다. 그렇게 서로를 적당히 외면하며 감추고 기만하는 것이 최선이라는 분장된 유아론의 복음을 일상 가운데 선포하며 또 그 꾸며놓은 진정성을 스스로 확인하며 사는 것이다. 이런 삶이 은총일 수 있을까? 나는 무심코 묻지만 냉큼 긍정의 답을 내놓기 어렵다. 그 인간의 미래가 얼굴 없는 괴물처럼 떠오르는 환상이 모니터의 천연덕스런 정보와 이미지 위로 그로테스크하게 겹쳐지기 때문이리라.

신호 대기 1분간의 풍경

자동차로 거의 매일, 매우 자주 이동한다. 자전거나 도보로 이동하는 경우도 있지만 직장과 교회, 그 밖에 시내를 나갈 때도 나는 자동차를 타고 움직인다. 멀리 출타할 때 기차나 버스를 탈 때도 있지만 그것은 예외적인 상황이다. 언젠가부터 자동차는 내 일상에서 빼놓기 어려운 일부가 되었다. 여럿이 함께 탈 때도 있지만 혼자 타고 다닐 때가 훨씬 더 많다. 그렇게 자동차로 거의 매일 나갔다 들어오면서 운전대를 잡는 내 손의 동작은 거의 본능처럼 공간을 휘젓곤 한다. 더러 흥분하여 그 동작이 거칠어지기도 하고 권태감에 시달릴 때면 운전대가 변덕스런 파격의 리듬을 타기도 한다. 그러나 더 많은 경우, 일상 가운데 운전대와 나의 만남은 차분한 사색의 공간을 제공하면서 직진의 나른한 시선을 변주하며 틈틈이 여운 어린 틈새를 빚어낸다.

그 여운이 성찰의 표정과 만나는 것은 꼭 신호 대기를 할 때이다. 급할 때는 그 적색 신호등을 뚫어져라 쳐다본다. 아주 정신없이 달려야 할 때는 아예 무시하며 무법자처럼 폭주한 적도 전혀 없지 않다. 그러나 대부분의 자동차 운전 시에 나는 꽤 많이 정지한다. 신호 대기 1분 안팎의 그 짧은 시간은 더러 무슨 아득한 기억의 저편에 꼼지락거리는 우화처럼 내 긴장된 몸의 포즈를 자주 바꾸어준다. 발바닥으로 브레이크를 밟게 하는 붉은 신호등은 내가 자동차와 만드는 급한 속도를 제어하며 정면을 응시하는 꼿꼿한 시선의 뻣뻣한 직선을 해체하여 두리번거리는 곡선을 만들어준다.

기다리는 그 짧은 시간, 나는 고개를 돌려 비로소 창밖의 풍경에 주목한다. 중절모자를 쓴 할아버지들이 지나가고, 상큼한 교복 차림의 여학생들도 까르르 웃거나 아이스크림을 입에 물고 지나간다. 자전거 타고 달리거나 멀리 뚱한 표정으로 달려오는 아줌마의 알 수 없는 성급한 질주에도 넌지시 시선을 던져본다. 앞과 옆의 창으로 고개를 돌리면서 나는 저 익명의 타자들이 섞여 움직이는 이 도시의 풍경들 앞에 고개를 갸웃거린다. 옷깃이 스친 것도 아니지만 창밖으로 내 시선이 풀어지며 비로소 주목하게 되는 그 낯선 군상은 얼굴 생김도, 표정도, 몸매도 제각각 모두 다르다. 그만큼 그들이 만들어온 생의 사연도 천양지차의 곡절을 담고 있으리라.

차창 밖의 움직이는 풍경화처럼 떠오르며 미끄러지는 그 군상은 창밖의 거울처럼 내 자신을 낯설게 만든다. 나 역시 그들이 들키지 않게 몰래 곁눈질해봤자 얼마나 사소한 타자일 뿐이런가. 이처럼 엇갈리는 시선 속에서 우리는, 짧은 신호 대기의 그 순간, 저만의 안온한 공간에서 긴장이 풀어지는 동작의 작은 변화와 함께 비로소 의식 내부의 풍경이 되는 세상의 한 토막을 관찰한다. 그 풍경은 무미건조한 물상이 꿈틀거리는 생명의 신기한 객체로 대상화되는 감각적 인식의 입구이다. 거기서 조금 더 의미를 부여하려는 생각의 꼬리는 이내 잘리고 만다. 다시 또 미끄러지며 속력을 내야 하기 때문이다. 그 미완과 결핍의 상념이 관계 맺기의 초입에서 유산되고 만다. 그 귀결은 대체로 관음의 자폐적 곰삭힘으로 흘러버리고 말지만, 그 여운과 함께 남는 가벼운 후유증의 생산성이란 것도 있다.
　그것은 다들 외롭게 개체로 살아가는 이웃 생명들이 익명의 낯선 공간에 교차되는 발걸음 속에서 무언가 절박한 자기만의 신호를 보내고 있다는 직관의 소산이다. 굳이 대면하여 말하지 않아도, 시선이 쨍하게 부대끼지 못해도, 옷깃이 묵직한 느낌으로 스치지 않아도, 이렇게 굴러가던 성급한 바퀴가 멈추는 신호 대기 1분의 늘어지는 자리에서 우리는 새삼 무의식이 번득이며 의식을 반성케 하는 묘미를 맛보는 것이다. 그 가운데 가끔 우리는 타인을 부르고 싶어 두리번거리는 느린 시선 속에서 말로 다 할 수 없는 간절함을 담아 신호를 보내기도 할 터이다. 마치 물고기가 물 밖의 세상이 궁금하여 가끔 제 몸을 획기적으로 퉁겨내어 일순간 화끈한 도약으로 세상을 힐끗 쳐다보듯이 말이다.

오늘도 자동차로 이동하며 나는 반드시 신호 대기에 걸리고야 만다. 거기서 나는 버릇처럼, 그 짧은 여분의 시간 위에 멈춰 서서 어제보다 조금 더 새롭게 자문한다. 나는 누구인가. 어디서 와서 어디로 가고 있는 것일까. 가장 단단한 신앙적 확신의 끝자리에 별수 없이 동어반복의 질문으로 남는 이러한 밑도 끝도 없는 사춘기식 질문과 함께 내 팽팽한 의식은 풀어지고 무의미한 옹알이 같은 '아…' 하는 언어의 틈새로 무의식이 다시 계면쩍게 고개를 든다. 이내 성찰의 여백이 또다시 제공되고 나는 그 순간 관찰하는 주체가 되어 창밖을 두리번거리며 다시 직선에서 곡선이 된다. 신호 대기의 강제를 무릅쓰고, 아니 그 신호에 전염이 되어, 나 역시 신호를 보낸다. 거기 걸어가는 분들, 누구세요? 어떻게 사시는가요? 넌 참 귀엽고 명랑한 아이 같구나. 당신은 정말 잘 어울리는 옷을 입었군요. 무슨 일인지 피곤해 보이시네요. 요즘 남북관계 아주 개판 아니에요? 아이고, 이번 학기 끝나고 하려는 계획이 왜 이리 꼬이는지 모르겠네요.

그래도 초여름의 저 푸르뎅뎅한 가로수, 이 거리의 자동차 매연에도 꿋꿋이 서서 대견하지 않나요? 담장에 늘어져 시들어가는 장미꽃의 애절한 저 빛깔도 소멸을 앞두고 잠시 아름답지 않던가요?

우발성의 신학적 의미 또는 무의미

아파트 유리창이 깨어졌다. 아니, 정확하게 말하면 금이 간 채 방치된 것이 어느 날 갑자기 내 눈에 띄었다. 아이들 방 뒤쪽 베란다의 커다란 바깥 유리였다. 겹으로 된 유리였는데, 손으로 문질러보니 안쪽은 매끈한데 바깥쪽으로 20센티미터 정도 불규칙한 금이 비뚤비뚤 난 것이다.

  이 금 간 창유리가 '갑자기' 눈에 띈 것은 우연에 속한다. 나는 어느 날 하릴없이 문득, 아이들 방 베란다 문을 연 것이고, 내 눈길이 별 의도 없이 그 창가의 균열에 머문 것이다. 이전에도 비슷한 동작으로 그 문을 열었지만, 내 시선이 엇갈려 눈에 띄지 않았었다. 아마 그때는 깨어지지 않았을지 모르겠다. 그러나 내 심증은 이미 깨어져 있었는데 내가 그걸 이전에 발견하지 못했으리라는 쪽으로 기운다. 그렇게 똑같이 베란다 문을 열었는데, 한번은 발견하지 못하고, 한번은 발견한 것도 사실 우발적인 해프닝의 결과일 테다.

　나는 그걸 발견한 뒤 잠시 가벼운 근심거리를 떠올려본다. 아파트 수리 계통을 잘 아는 한 건축업자는 이런 유리창은 교체하기가 어렵다고 했다. 워낙 크기 때문에 엘리베이터로 운반할 수 없고 크레인까지 빌려야 한다며 겁을 주었다. 그 심리적 부담감에 밀려, 이제 부질없는 짓이지만 '어째서?'를 따져 묻는다. 지난겨울 이 베란다 유리창에 금이 갈 만한 충격을 준 거센 폭풍이 있었던가. 한여름의 무슨 요상한 이름이 붙은 태풍을 거뜬히 견뎌낸 유리창이 아니었던가. 그렇다면 겨울의 차가운 바깥 온도와 실내의 따스한 온도 차이로 이 유리창이 견디기 어려워 우라질, 발끈하며 그 몸을 찢기라도 했단 말인가. 그게 사실이라면 모든 아파트의 창문은 매번 겨울마다 견뎌내기 어려울 것이다.

　아무래도 내 추리는 이 건물에서 이사 오거나 나간 이웃이 이 삿짐을 나르다가 뭔가 충격을 가해 이런 균열이 생겼으리라는 데 머문다. 그게 사실이라면 그 사태도 전혀 의도하거나 예상치 않은 우발적 해프닝의 결과였을 것이다. 저 정도의 손상이야 뭐, 하면서 아우성치는 양심을 무마했을 것이다. 의도하지 않은 실수이기에 관대하게 가해자 스스로 타협하며 넘어갔을 것이다.

　그 맨 처음의 균열 사고에서 내가 그것을 발견한 순간에 이르기까지, 그 연쇄적 우발성의 요소는 내 신학적 사고 저변의 의식을 갑갑하게 짓누른다. 이런 자잘한 일상의 물리적 균열이 내 심리적 균열을 유발하고, 이런저런 우발적 사태에 개입하는 신적인 에너지의 작용은 대뜸 수용하기도, 거부하기도 난감해진다. 신학의 입장에서는 굳이 모든 것이 하나님의 뜻이나 섭리의 작용이라고 말해야 그렇게 말하는 신학자 마음이 편하다.

또 인간의 자유의지가 개입할 여지가 있는 대목에서는 그것이 하나님의 역사와 만나 이루어가는 파트너십의 상호작용이란 개념에 방점을 찍는 편리한 선택이 남아 있다. 그러나 그런 상응하는 요소 없이 나의 의지와 무관하게 어쩌다 마주치는 우발적인 해프닝은 하나님을 개입시키기에는 너무 사소하고, 인간의 자유와 의지를 들먹이기에는 그 거리가 너무 아득하다.

그렇다면 그것은 신학적으로 무의미하고 그래서 무가치한 잡된 사유의 허방이란 말인가. 무의미의 의미란 역설이 가능하다면, 그 사소한 우발적 해프닝은 어떻게 해석해야 하는가. 그건 어쩌면 '해석'의 대상이 아니라 대뜸 '수용'해야 하는 외곬의 길, 그 위에 굴러가는 삶의 자연스런 일부일 것이다. 그러나 좀 더 부드럽게 수용하기 위해서라도 나는 굳이 이런 영역의 신학적 의미/무의미에 내포된 메타적 의미를 만들어보려 안달한다.

이런 사소한 해프닝이 큰 사건을 만들기 위한 예비 작업으로서의 비중과 무관한 독자적인 관심사가 된다면, 또 그 관심이 냉소적인 허무주의와 동떨어진 따스한 낙관주의에 정초한다면, 그것은 비규범적 삶의 여백에 대한 신적인 배려 같은 것이 아닐까 싶다. 그것은 아무 말 없이 고요히 하나님의 자유를 닮아가는 인간 삶의 범주적 의미 공간 같은 게 아닐까 싶은 것이다. 나는 이와 관련하여 어디선가 하나의 메타포로 '하나님의 에누리'란 말을 사용한 적이 있다. (사실 이 말을 처음 사용한 것은 시인 미당 서정주인데, 나는 그가 사용한 맥락과 달리, 좀 더 세부적인 정황을 염두에 두고 있다.)

다시 말하자면, 생명의 자연화를 위해 자유란 이름으로 던져진 보편적 생리에 부응하는 가장 인간적인 순간의 경험으로서, 그 여백이 우발성의 체험으로 현전한다는 생각이 든다. 이 체험의 순간은 특정한 공간이 관여하며, 별스럽지 않은 시간을 장소화한다. 사소한 것이 심오한 것으로 돌올하고, 미미한 것이 생동하는 감각 속에 각인되기도 한다. 대오각성까지야 말할 수 없겠지만, 우발성의 현묘한 감각은 우리 삶의 본질이 근원적으로 겸손한 자유의 향유에 있음을 직시하도록 만드는 것이다. 그러니까 하나님의 에누리로서 우발성은 우리의 자발적 의도로 선택한 것 바깥의 가능성, 그것 역시 우리의 실현되지 않은 자유로서 그 미지와 심연의 영역 속에 유의미하게 깃들어 있는 셈이다.

실제로 자연의 변하는 풍경을 조밀하게 살펴보면 그 모든 필연의 원리 속에 깃든 우연의 틈새들이 무성하다. 이럴 수도 있고 저럴 수도 있는 자연 세계의 생멸과 숱하게 얽힌 생명체들의 인연은 창조의 필연적 결과로 수렴된다. 그러나 그것이 진행되는 과정은 단 한 가지 법칙이 아니라 숱하게 변용되는 우발성의 순간들로 번득인다. 그것은 하나님이 만물에게 제각각 허용한 고유한 자유의 영역이고 가장 자연스럽게 한 존재의 행로가 굴절되는 여백의 양상이다. 자연이 하나님의 자유를 모사하면서 억압을 자유롭게 풀어주는 미덕을 지니고 있다면 바로 이러한 불규칙한 호흡의 틈새들에 빚지고 있지 않을까 싶다. 그래서 자연은 그 품에서 멀리 떠나면서 그 품을 그리워하는 인간을 억압하지 않는 대신 이 쟁쟁한 세속에서 얻은 억압의 상처를 생각나게 하고 반성하도록 도와준다. 거기서 더러 치유의 은총이 선사되기도 하는 것이니 이 역시 하나님이 지친 인간들에게 베푼 에누리의 은총이 아니라면 무엇이겠는가. 하나님의 필연성이 이 땅에 성육화된 삶의 결과로 나타날 때 인간은 그것을 우발성의 여백으로 경험하는 것이 아닐까.

이렇듯 그 하나님의 에누리는 인간을 위한, 인간의 에누리이며, 그 에누리의 감수성 속에 하나님은 절대 타자의 각질을 벗고 각자의 신앙의식 속에 깊이 포용된다. 더불어 침묵 가운데 경계 없이 교통하며, 아담이 눈뜨던 태초의 시간을 회복하게 해준다. 우발성의 감각은 필연성의 강박을 넘어 자유를 획득해나가는 과정에 기대나 요청 없이 선사된 도피성과 같은 자유의 장막이다. 그 장막 속에서 우리는 스스로 가지 않은 길, 선택하지 않은 언어와 행위를 향하여 자유스럽게 존재할 수 있다. 우발성이라는 그 우발적인 명패 아래, 우리는 자신의 역사와 거기서 발생한 필연적 선택의 정통성을 교리적으로 변증하려는 조바심에서 잠시 놓여날 수 있다. 그 해방의 밀도에 비례하여 우리가 상상하는 하나님의 은밀한 심연은 깊어지고, 그 존재론적 개념과 범주는 철저히 해체되어 낱낱이 비산한다.

유리창의 균열은 그 기원을 감춘 채 모든 잠재적 설명을 외면한다. 그 사건의 우발성에서 발견의 우발성에 이르기까지, 내 사소한 근심을 넘어 변화된 풍경으로 관심을 유도하며 절대 타자인 하나님을 상대적인 맥락 속에 사소하게 개입시킨다. 그것은 심화된 사유의 감각 속에 사소한 무의미의 힘으로 이 세상의 모든 강고한 의미들을 슬쩍 떠민다. 그렇게 떠밀어 만들어진 생의 공간에 모든 존재는 다시 신선한 물음과 함께 모험의 도상에 오른다. 누에고치의 탈을 벗은 나비처럼 그 우발성의 세계에서 우주는 꽉 찬 신비이고, 생명은 그 신비의 정점으로 다시 체감된다.

신학은 그동안 너무 근엄하게 행세하다 놓친 저 우발적 균열의 사태 속으로 성육해야 한다. 그것이 21세기 미래 신학의 한 진로가 되리라는 예감이 점점 더 강해진다. 빛이 사방에 있듯, 신학 역시 온누리에 창궐해 있다. 그것이 단단한 의미에 족쇄 채워져 전염병처럼 퍼질 때, 우리는 그 반대 방향에서 우발성의 신학적 무의미로써 외려 잔잔한 태초의 의미를 건져낸다. 생육하고 번성해야 하는 것은 인간의 육체적 생명만이 아니다. 이 무한의 공간 속에 신에 대한 물음도 우발성의 시간을 머금고 신학적으로 생육하고 번성해야 할 과제를 남겨두고 있다.

실내형 인간의 현주소

 연구 학기를 받아 이곳 샌 앤셀모에 온 지 근 한 달이 되어간다. 집필하기로 한 주석서를 계획에 맞춰 쓰는 일에 매일의 시간은 기계적인 리듬을 탄다. 목표치를 달성하고 나면 어깨를 펴고 창 밖으로 잠시 눈길을 던진다. 지나가는 사람이 없는 참 무미건조한 오후다. 아침에도 출근하는 차량 이외에 거리에서 사람을 보기가 쉽지 않다. 저녁나절이나 주말이면 운동하려고 걷는 사람, 자전거 타는 사람들이 가끔 눈에 띄지만 동네를 돌아보면 사람들이 어디 박혀 무엇을 하고 있는지 도통 그 일상의 내막을 헤아리기 어렵다.
 이곳에서는 자동차가 신발과 다를 바 없으니 길가에서 사람과 마주치는 일이 드물다는 게 별스러울 건 없다. 사람들이 무슨 사교 모임이나 동호회 등을 중심으로 소그룹으로 움직이고, 아이들도 방학 중 캠프 모임 등을 통해 넓은 땅 어느 구석에 박혀 끼리끼리 어울리며 활동하리라 상상하는 것도 어렵지 않다. 무엇보다 이들의 만남은 '전문적으로' 직장에서 이루어지리라. 정장 또는 작업복을 입고 손님을 대하거나 직장동료나 상사들과 어울려 회의하고 토론하며 더 많은 수익을 창출하기 위한 치열한 모임과 대화와 소통에 참여하고 있을 것이다.

  그러나 그들이 정해진 시간을 마치고 스며드는 곳은 룸살롱이나 한국에 흔해빠진 호프집도 아닌 듯하다. 도심지로 나가면 그러한 환락의 명당들이 지하 요소마다 왜 없으랴마는 이곳의 중산층들은 대체로 조기 귀가형이다. 집에 들어와 앞마당의 잔디를 깎고 인터넷 서핑을 하거나 DVD 영화를 볼 것이다. 다시 또 산악자전거를 끌고 귀에 이어폰을 꽂은 채 주변의 구릉지대를 혼자 혹은 두셋이 소요하면서 빤한 소재로 일상적 형이상학의 신변잡기를 또 훑으며 편리한 교양과 주관적 경험담을 변주하지 않겠는가.

  그래서 굳이 야외로 나선 그들의 행보는 실내 공간이 연장된 동선에서 맴돌 뿐, 도무지 생의 근본을 향한 탈주의 모험을 보여주지 않는다. 설사 그런 모험의 동선이 개척되는 순간조차 전문화된 제도권 지식의 울타리 안에서 교양의 분장을 한 채 적절히 실내적으로 순환하며 관리된다. 나는 이들의 일상을 꾸준히 관찰하면서도 그 한가운데 나도 모르게 억지로 동화되고 있는 내 단조로운 하루의 리듬 속에서 21세기의 새로운 인간형으로 실내형 인간이 탄생하는 것을 목도한다.

한국에서 실내형 인간은 현란한 핸드폰과 스마트폰의 나르시스적 공간에서, 또는 침침한 PC방이나 노래방, 소주방 등 각종 '방'의 전성기와 함께 그 의미와 보람을 극대화해나가던 기억이 아련하다. 물론 이러한 풍조가 지금도 별반 달라지지 않은 채 가속도가 붙은 한 시대의 관성을 심화시키고 있을 터이다. 자못 요란한 한국적 실내형 인간의 우선적 특성은 실내화해가는 내면의 바깥조차 닫혀 있거나 바깥으로 설정한 여러 '방'들 속에서 특정한 틀로 표준화된 규범에 의해 일상의 삶이 갈무리된다는 것이다. 그 언어적 습관과 몸의 치장, 유행하는 술과 음식, 심지어 정치 현안에 대한 비판과 개인적 그리움이나 슬픔의 정조까지 닮아가면서 언론이 양산한 화제를 되먹임하며 그 시대적 풍경을 실속 없이 반복하는 것도 이런 계통의 유별난 점이다.

그러나 열정은 쉽사리 식기 마련이고, 사회적 인정 투쟁의 각축장도 자기 동일성의 모방 욕망을 하염없이 되풀이하면서 시들어갈 때, 내면화된 그 다양한 '방'들도 피로해지는 시점이 도래한다. 한동안 소통의 열정으로 불타오르던 각종 게시판과 토론방, 또 아이러브스쿨 등의 추억 나눔 공간이 예전만 못하게 시들해진 현상도 이 점에서 자못 시사적이다. 교회 내적으로는 대형 군중집회의 자리마다 들뜬 확성기의 웅변과 찬송이 '할렐루야, 아멘' 일변도로 퍼지던 때의 향수가 아련한데, 이제 수도원의 침묵을 말하고 관상기도를 입에 담는다.

그러한 신품종의 기제를 통한 내면 성찰의 프로그램이 점차 질펀하게 어울리던 세속의 방들을 접고 고독한 실내형 인간의 가속화를 부추긴다. 일찍이 건강한 광장도, 안온한 밀실도 없이 흑백 이념의 사각지대로 내몰린 《광장》(최인훈)의 주인공이 결국 아무도 자기를 알아보지 못하는 제3국의 도피행을 선택한 사연이 이제 일상 속에 점차 제 이야기처럼 공명되는 시점이 아닌가 싶다.

들뜬 한국의 대도시 유형이든, 이곳 샌 안셀모의 고적한 유형이든, 이제 실내형 인간은 시대의 대세가 되어가고 있다. 쇼핑조차 집에서 인터넷 화상 공간을 통해 하고, 보다 나은 대안의 투표 방식으로 이런 화상 공간을 이용하는 안이 새로운 계획으로 거론되기도 한다. 도보든, 자전거든, 자가용이나 대중교통이든, 자신의 실내화된 자아를 바깥으로 멀리 끌고 나와본들, 소통의 창은 흐릿하고 난반사로 실내화된 동일성의 욕망만이 자신의 내면으로 헛헛하게 회귀할 뿐이다.

그 내면으로 향한 기계적 욕망과 화상 이미지의 촉수에는 일찍이 《데미안》(헤르만 헤세)이 보여준, 자신의 근본을 성찰하며 웅시하는 영혼의 시선 같은 것이 엿보이지 않는다. 그 대신 자신의 가장 잘난 모습이 종종 전시되고, 그 반복이 민망해지면 시대의 영웅으로 떴다가 이내 잊혀져가는 대중스타나 성스런 고인의 칭송담이 그 자리를 가득 채운다. 거기에는 '나를 좀 봐달라'는 아우성, 저 사람의 위대한 모습을 통해 감추어진 내 욕구를 발견해달라는 그 오래 묵은 아우성의 메아리가 요란하게 번진다. 그 아우성과 메아리의 요란함에 비례하여 바깥으로 탈출하려는 각종 실내의 '방'들은 아직 퇴조할 기미를 보이지 않는다. 기도원과 부흥회 문화의 그 투박한 열정도 이제 세련된 치장으로 실내화하고 기계적 육체미를 풍기면서 부활하고 승천한다.

이곳 샌 안셀모의 밋밋한 일상 속에는 좀처럼 대중 영웅이 보이지 않는다. 최고 권력자의 정치적 웅변이 들리지도 않는다. 저녁 산보 길에 흘깃 곁눈질로 포착되는 것은 작은 실내등이 켜진 집집마다 명멸하는 실내적 미덕의 흔적이다. 그 미덕의 최대치인 양 프라이버시로 똬리를 튼 은근한 개인주의가 빼곡 얼굴을 내밀 듯 말 듯하다. 그 자리는 이미 근대적 주체가 생명의 향유를 충분히 만끽한 고요와 평안의 서식처이다. 고독하지만 바깥으로 좀 더 연장된 실내 공간으로 만족하며 전문적으로 일하면서 제 양식을 먹는 사람들이 저만의 공간 속에 이토록 즐비하다. 나는 그들이 오늘도 보이지 않아 궁금하여 그들 본을 따라 자전거를 타고 더러 산길로 나서서 무료를 달래본다. 저녁나절이면 아내와 함께 골목길을 수색하듯 돌아다녀도 보는데 가끔 거리에서 마주치는 그들의 얼굴은 'Hi, Hello' 따위의 외교적 수사 이상의 내면을 보여주지 않는다. 아니, 그것밖에 보여줄 수 없는 건, 그것이 마땅히 자신의 사적인 실내가 연장되는 정직한 꼴일 터이기 때문이다.

그나마 그 한계 속의 미덕이 살가워 나는 이 고요함을 고독하게 즐길 태세로 충만하다. 그러나 생명의 담론이 쟁쟁하게 얽히면서 태초와 영원, 무한과 종말의 서늘한 변방이 교차하지 못하는 빼곡한 그 실내의 틈새가 때로 아쉬워진다. 그 아쉬움은 점차 기계적인 노동 속에 내가 소외시킨 내 주체의 바깥 공간을 향한 그리움과 관심의 다른 표현일 것이다. 그대가 내 곁에 있어도 나는 그대가 그립겠지만(류시화), 그대가 내 곁을 스쳐 지나도 너무 맹랑하고 빤한 모습에 그리움의 시원이 맥락을 얻지 못한다면, 하여 그리움조차 아예 내 자신의 자폐적 실내의 변용물이라면, 우리는 순정한 마음을 내어 비타산적으로 누군가를 진정으로 사랑할 수 없을 것이다. 그렇다면 실내에서 주일마다 반복되는 하나님 찬양과 뜨거운 기도는 외교적 수사나 욕망의 구호를 넘어 무슨 중뿔난 의미로 너와 나의 영혼을 두드릴 수 있겠는가.

  실내형 인간의 전성시대에 고독하게 배회하는 군상은 오늘도 저만의 나르시스적 실내 공간 속으로 득실거린다. 그러나 그 밀실조차 가꿀 수 없는 소외된 심령들은 얼굴 없는 표정을 지으며 안쓰럽기 그지없다. 거친 노동의 현장마다 자신의 잃어버린 말을 찾아달라며 유령처럼 배회하는 이 시대의 바깥/타자들이 더욱 추워 보이는 까닭이다. 그 가운데 우리는 저만의 편리한 실내를 몰고 다닐 뿐, 제 언어와 감각의 족쇄를 벗어나지 못한다. 가장 아득한 타자로 호명되는 하나님이 먼 시간의 저편에서 손짓할 때 나는 훌쩍 이 우울한 시대가 씌워준 실내적 자아를 벗어던질 수 있을까. 밤이 깊으니 불빛 아래 글 쓰는 내 실내 공간이 자꾸 좁아져간다. 저 바깥의 컴컴한 평지 위로 어젯밤 본 별밭이 가물거리며 이 불온한 시대에 우리가 잃어버린 꿈을 보듬고 있으리라.

떨어지는 사과에 대한 묵상

뚝,

뚝,

　사과가 떨어진다. 오후 늦은 시각, 나른한 적요의 틈새를 깨며 둔탁한 시멘트 바닥에 사과가 떨어진다. 일반 사과보다 좀 작은 크기의, 능금이라고 할 만한 이 열매를 떨어뜨리는 나무는 내가 지금 머무는 이국의 타운하우스 옆, 쓰레기통에 둘러싸여 있다.

　아마 가뭄 때문일 것이다. 벌써 6개월 넘도록 건기가 계속되니 많은 열매를 몸에 달고 영양을 공급할 에너지와 수분이 달리는 모양이다. 이제 발그레한 빛이 감도는 풋사과가 대부분인 이 열매들이 여기저기 떨어져 쓰레기처럼 뒹굴고 있다. 지하로 들어가는 차바퀴에 깔려 으깨진 것들도 여럿이다. 나무 주변의 풀밭이나 시멘트 위에 그대로 널브러져 있는 놈들도 많다.

아이들이 심심해서 이걸 발로 툭 찰 때면 은근히 신경이 쓰인다. 어른들 역시 아무도 떨어진 이 조무래기 사과들에 눈길을 주지 않는다. 이곳엔 한국 유학생들이 많이 사는데 아마 미국풍의 영향 탓인지 집 마당에 열리는 사과는 먹을거리로 치지 않는 분위기다. 아니, 공부에 정신없어 떨어지는 사과 몇 개에 신경을 팔 겨를이 없다고 보는 게 정확할 것이다.

그래도 몇 달 전 꽃을 피우고 힘들게 자라 이만큼 과육을 채워두었을 텐데, 그냥 무정하게 떨어지는 저들의 추락이 딴에 안쓰럽기도 하다. 그 수직낙하의 무심함이 더러 마음속에 먹먹한 파문을 만들기도 한다. 꽃의 추락이 날개를 달아 가볍고 운치 있다면 열매의 낙하는 날개도 없이 무겁게 빨리 떨어져 놀랍고 아프다.

그런 엷은 애달픔의 정서로 나는 몇 차례 이 사과들을 주워 깎아 먹어보았다. 햇사과의 싱그러운 맛이 우러났다. 단단한 과육의 씹히는 맛도 좋았고 달콤한 즙이 넉넉히 음미할 만했다. 크기는 좀 작아도 그 맛이 주워 먹는 비루한 체면만 접어두면 간식거리로 썩 괜찮았다. 많이 주워 온 그 사과들로 아내를 부추겨 애플파이 비슷한 걸 만들어 먹어보았다.

이러한 실용의 소일거리로 몇 개 먹어줘도 버려지는 것들이 훨씬 더 많다. 떨어져 뒹구는 다수는 소외된 열매들이다. 아무도 거들떠보지 않은 채 몸이 깨진 그것들은 마치 버려지기 위해, 그냥 시간 속에 상하고 썩기 위해 자라왔다는 듯, 이 나무의 최고로 익은 성숙은 텅 빈 상징의 은혜로만 공전하는 듯하다.

담장 너머 동방정교회 예배당에서 종소리 징징 울리고, 신학교 시계탑에서 수차례 정각을 알리는 종소리가 규칙적인 선율로 들려올 때, 그 틈새로 하염없이 떨어지는 사과의 추락 소리를 묵상한다. 아무런 미련 없이 몸을 던지는 이 은혜의 선물은 무엇을 계시하는가. 버려지는 그 몸의 작은 사연은 수신자가 없는 선물이고, 대상 없이 무상으로 제공되었다가 썩어가는 은혜이다. 뉴턴은 떨어지는 사과를 묵상하며 만유인력의 법칙을 발견했다는데, 나는 그러한 과학적 두뇌가 녹슨 자리에서 텅 빈 종소리와 같은 버려지는 은혜의 무연한 자족감을 본다.

꼭 써먹지 않아도 좋다는 듯이, 그 속의 씨앗이 꼭 어디 옥토에 심기지 않아도 원망이 없다는 듯이, 오늘도 사과는 몇 개씩 뚝, 뚝 떨어져 뒹굴다 멈춘다. 발에 채고 차바퀴에 으깨져도 비명도 없이 부서지는 이 식물성의 존재감에 나는 마음이 자꾸 시려진다. 우리가 할렐루야로 감탄해 마지않는 하나님의 은혜란 게 그 쓸모의 형식을 벗어던지면 궁극적으로 이런 텅 빈 투사체 아닐까.

인간에 의한, 인간을 통한 충만을 강요하지 않아도 자족하며 저 스스로 충일한 우주 같은 것. 그저 잠시 잠깐의 있음만으로 고요한 존재, 썩어가고 버려져가며 그 형체를 바꾸어 사라져가도 묵묵히 순응하는 자연 같은 것! 그 오래된 진리의 잠언을 시위라도 하듯, 오늘도 내 귓전은 사과 떨어지는 소리와 함께 거듭난다. 아, 저렇게 무너지고 추락하며 살고 있구나. 소멸과 함께 아름다워지는 저 선명한 존재의 빛이 잠시 공중에 번쩍 스치는 순간, 나도 너도 그렇게 아스라한 텅 빈 은혜 속에 살고 있구나.

애완견 축복식과 김진숙 씨 생각

주일 예배 광고 때 담임목사는 저녁에 교회 옆의 잔디 광장에서 강아지 축복식이 있으니 모여달라고 했다. 내가 한 학기 머무는 이곳 샌 안셀모에 위치한 제일장로교회는 신학적으로 열려 있기도 하지만, 이런 뜬금없는 행사로 미국을 오래 떠나 있던 나를 조금 당황스럽게 만들곤 한다. 취지인즉, 하나님의 피조 생명이 서로 살상하는 폭력적 관계를 넘어 더불어 행복하게 사는 창조 섭리를 마음에 새겨보자는 것이었다. 특히 하나님이 인간의 첫 조상에게 동물의 이름을 짓게 하고 이 땅의 생명 질서에 청지기로 책임 있게 개입하도록 한 그 뜻을 살려 생명 세계의 평화를 위한 선교적 소명을 진작시키려는 목적이 담겨 있었다.

광고를 듣는 순간 나는 이사야 11장의 그 목가적인 비전이 떠올랐다. 독사 굴에 어린애가 손 넣고 이리와 어린양이 천진하게 뛰어노는 그 메시아 나라의 풍경 말이다. 하긴 16년 전 내가 시카고에서 목사시험을 볼 때 제출된 논술 문제가 애완견 장례식에 대한 것이었으니 강아지 축복식이 전혀 뜬금없는 얘기는 아니었다. 내가 지금 기억하는 그 문제의 요지는 한 교인이 자기가 사랑하는 애완견이 죽은 나머지 슬픔에 잠겨 목사인 당신에게 찾아와 강아지의 장례식을 집례해달라고 부탁해온다면 성서적, 신학적, 목회적 관점에서 이 상황에 어떻게 대응하고 실천하겠느냐는 것이었다.

이곳 선진국 사람들은 예배를 드리고 행사를 해도 뭔가 창의적인 발상에 골몰하며 사람을 즐겁게 할 줄 안다. 그 배려는 여유에서 나오는 것 같다. 미국도 이즈음 경제 상태가 많이 안 좋아 중산층의 살림조차 팍팍하지만, 그래도 집에서 식구처럼 키우는 개에 대한 자상한 배려의 맘을 내보자는 것이다. 나는 그 선진국의 여유가 좋으면서도 딴에 불편해지기도 한다. 이 교회의 회중 대다수는 분명 채식주의자가 아닐 것이다. 먹을 고기 다 먹고 잡아 죽일 만큼 충분히 도살하여 먹고 남는 허접스러운 것을 한국에 수출하는 나라 아닌가.

그럼에도 제 집에서 키우는 애완견은 애지중지한다. 이 지역만 날씨가 좋아 유난히 심한 건지, 미국 전체의 보편적인 현상인지 이 지역 주민들은 대부분 애완견을 한 마리씩 키우는 것 같다. 어느 집 주인이 서너 마리를 한꺼번에 데리고 다니는 걸

본 적도 있다. 막내를 데리러 근처 초등학교를 가면 꼭 애완견을 데리고 딸내미를 마중 나오는 애 엄마가 있다. 수업이 끝나고 딸애가 나오면 먼저 자세를 낮춰 그 애완견을 부둥켜안고 반가운 인사를 나눈다. 강아지도 혀로 아이의 볼을 핥으면서 즉각 정겹게 화답한다. 이런 정도의 친밀감이면 식구가 아니라는 게 이상할 노릇이다.

애완견 축복식이 내게 다소 불편한 것은 성서에 개에 대한 언급이 대체로 부정적으로 나오기 때문이 아니다. 그렇다고 이들이 충분히 육식으로 자기 배를 불리면서 애완견만은 별도의 식구로 간주하고 창조 생명에 대한 애정을 과시하는 그 이분법적 기준의 균열상 때문만도 아니다. 그 정도의 자가당착은 누구에게나 탐지되는 사소한 이중성이다. 인간은 그 욕망의 구조상 이중적일 뿐 아니라 많은 경우 다중적인 처신을 하는 동물 아닌가.

내가 정작 찜찜한 것은 이 지구상에 사람 이하의 대접을 받으면서 심지어 이 나라의 애완견 신세만도 못한 인간들이 얼마나 많은가 하는 데 생각이 미쳤기 때문이다. 그중에서 지금까지 270일 넘도록 부산 영도조선소에 있는 85호 크레인 꼭대기, 지상 35미터 높이의 고공에서 시위를 벌이고 있는 김진숙 씨가 연상되었다. 그 시위의 명분과 목적은 회사 측에서 단행한 정리해고를 철회하라는 것이라 한다.

자그마치 1년의 3분의 2가 넘어가도록 여성의 몸으로 그 꼭대기에서 혼자 먹고 자면서 시위를 벌이는 사례는 세계 역사에 찾아보기 어려운 특이한 사건이다. 기네스북에 올릴 만한 희귀한 뉴스거리가 되는 것 같다. 아직까지 시위가 계속되고 있는 걸 보니 회사 측에서 그 애타는 고공 시위의 목소리를 들어줄 의향이 없는 듯하다. 듣자 하니 이 회사의 최고 대표는 먼 외국으로 떠나 오랫동안 떠돌면서 '너 지껄여라' 식의 무관심한 대응을 해왔다고 한다.

　집에서 키우는 개도 그 정도의 간곡한 청이면 고개를 돌려 쳐다보고 제 목숨 죽고 사는 문제가 아니면 들어줄 만도 한데, 김진숙 씨가 개만도 못한 모양이다. 이제껏 아무리 애타게 부르짖고 주변에서 안쓰럽게 동조하는 심사를 전해도 꿩 구워 먹은 반응을 보여온 것이다. 설사 김진숙 씨의 주장대로 100퍼센트 다 들어주지 못한다 할지라도 회사 측에서 책임 있는 사람이 나와 자리를 만들어 함께 대화하면서 머리를 맞대고 역지사지로 서로의 마음을 헤아려준다면 제3의 대안이라도 만들어낼 수 있지 않을까.

　복음서에 수로보니게 여인의 이야기가 나온다. 그녀는 지중해 연안 두로라는 마을에서 예수를 만나 귀신 들린 자기 딸의 병을 고쳐달라고 예수에게 간절히 청원했다. 예수도 유대인이라 편견이 있었는지, 아니면 이 여인을 시험해보려고 그랬는지 알 수 없지만 평소답지 않은 뜨악한 답변으로 여인을 모욕했다. 그 답변인즉 "자녀의 떡을 취하여 개에게 던지는 것이 합당하지 않다"는 것이었다. 액면 그대로 읽으면 예수는 이 말로써 이 이방 여인을 개로 취급한 셈이다.

그러나 딸을 살려보려는 일념 때문이었는지 이 여인은 개 취급을 감수하면서 이렇게 말한다. "주여 옳습니다마는 상 아래 개들도 아이들이 먹던 부스러기를 먹지 않습니까." 이 말 한마디에 담긴 극진한 믿음으로 예수의 닫힌 마음은 열리고 개 취급하던 사소한 마음이 신중해진다. 나는 이 이야기에 나오는 예수와 여인의 대화법을 풍자와 해학의 수사학이란 견지에서 해석한 적이 있다. 예수의 거친 풍자적 어법에 여인이 해학적 기지로 응수하여 서로의 치열한 만남을 견인하였다는 요지였다. 개 취급을 감수한 여자를 예수도 당해낼 길이 없었는지 그 '말'의 진정성 속에 공감과 소통은 대번에 이루어졌던 것이다.

김진숙 씨의 경우도 270일이나 되는 철탑 고공 농성이면 개 취급 이상을 감수하며 자신의 밑바닥을 죄다 까발려 보인 것 아닌가. 어제 나는 비 온 뒤 한기를 느끼면서 그 공중의 찬바람에 싸늘해졌을 85호 크레인 꼭대기의 근황이 궁금해졌다. 그녀가 그 꼭대기의 철 바닥 좁은 공간에서 생리적 욕구를 어떻게 해소할까 의문이 들면서, 내심 동물 이하의 취급을 자처한 그녀의 결기로 인해 설움이 복받쳤다. 그녀는 개가 되어도 좋은 만남과 소통을 갈구하면서 역설적으로 자본과 권력과 계급의 격차를 넘어서는 인간의 존엄을 부르짖고 싶었던 것이리라.

주일 저녁 무렵 교회 근처를 지나는데 푸르른 잔디밭에 열댓 명의 교인들이 자기 집 애완견을 데리고 모여 있었다. 목사가 집전한 애완견 축복식이 파장을 맞고 있는 듯 보였다. 정갈하게 관리된 푸른 잔디 위에 황혼녘의 청명한 햇살이 내리쬐고 있었다. 그 위로 사람 발바닥과 개 발바닥이 함께 어정거리면서 한 무리로 어우러져 목사의 축복을 받고 있었다. 저만치 떨어진 그들의 얼굴에 환한 행복이 깃드는 분위기였다. 피조 생명의 탄식을 넘어 그 개들과 사람들은 메시아 왕국의 비전을 일상으로 바꾸어놓고 있었다.

저 태평양 건너 내 동포, 내 자매 김진숙 씨가 270일 동안 크레인 철탑 위에서 개 이하의 취급을 받는 현실이 그 자리에 오버랩되었다. 그동안의 공중 생활에 많이 지쳤을 그녀는 오늘 '크레인에도 사계절이 다 있다'고 조금은 시적인 말을 했다. 이 지구촌의 같은 지붕 아래서 하나님나라는 이다지도 차별적으로 임한다. 다행히 많은 사람들이 그리로 가서 마음을 합해 지속적으로 후원하고 있다고 한다. 부산국제영화제에 참여한 수많은 인파도 희망버스를 타고 그 외로운 고공 시위에 동조한다고 한다. 나 역시 머나먼 이국에서 애완견 축복식을 보면서 그 서글픈 자리에 서럽고 뜨거운 눈물 한 줌을 보탠다. 나이 오십이 다 되어 개들 앞에서 솟구치는 인간의 눈물은 가슴 저리다.

그늘의 미학, 음지의 신학

 단풍으로 푸른 잎의 생기가 말라가고 게다가 비까지 내리니 햇살조차 머쓱했는지 숨어버린다. 바야흐로 서늘한 그늘의 전성기가 이 땅에 그득하다. 나는 햇볕 예찬론자다. 추운 유년의 기억이 덧날 때마다 나는 거의 짐승처럼 햇볕과 양지를 찾는다. 햇볕은 곧 빛을 연상시키고 빛은 곧 진리의 은유이다. 그러니 신학에 발을 들인 사람으로서, 또 하나님을 믿는 사람이라면 빛은 어둠과 대치되는 지점에서 투명한 진리의 영광을 드러낸다고 믿어야 한다. 그런데 언젠가부터 나에겐 '진리=빛'의 등치 논리를 반성하고 또 심지어 회의하게 되는 경험적 계기가 이어졌다. 마냥 환한 빛보다 그 빛과 어우러진 그늘의 공간을 유심히 성찰하는 버릇까지 생겼다.
 새벽 기도 모임에서 교인들은 환한 형광등의 불빛 아래서 개인 기도를 이어가길 꺼려하는 심리를 보인다. 감추어야 할 죄과와 부끄러운 삶의 기억이 많아서일까. 은밀한 소통의 고요한 장소에 전등불빛조차 방해가 되어서일까. 빛은 말과 통하고 침침한 그늘은 침묵과 연계되는 까닭일까. 기도자들은 하나님과 자신의 심리적 거리를 최대한 지우면서 밀착시키도록 음지의 동굴에서 속삭이며 하나님과 대화하길 꿈꾼다. 너무 환한 빛이 자신을 감싸면 할 말도 움츠러들기 때문이리라. 아마 그래서일 것이다. 서구의 고풍스런 도시 중심지마다 웅장한 위용을 자랑하는 오래 묵은 성당이 하나씩 자리하고 있는데, 그 내부는 예외 없이 이상스레 침침하다. 아주 깜깜하지는 않다. 스테인드글라스를 통해 들어오는 희미한 빛줄기가 그 실내에 안온한 그늘을 만들어주기 때문이다. 동방정교회당에서는 천장과 벽마다 빼곡하니 장식된 성화(아이콘)들이 그 희미한 빛의 그늘을 제공해준다.

산악자전거의 본산지 캘리포니아 샌 안셀모의 유명한 코스는 대부분 타말파이스 산기슭과 골짜기를 감싸면서 미로처럼 뻗어 있다. 동반자가 있으면 그 길의 고즈넉한 분위기와 깊은 심연의 아우라를 느끼기 어렵다. 내용과 주제가 어떠하든 반드시 어지러운 말이 개입하기 때문이다. 욕망의 내면으로 치닫는 말이 숲의 침묵을 깨면 빛과 그늘의 경계에 대한 감각은 무뎌진다. 그러나 더러 혼자 그 길을 나서서 상대방과 속도를 맞출 필요도 없이 천천히 자유분방하게 굴러가다 보면 멀리 짙은 숲으로 만들어진 그늘이 둥그런 동굴처럼 입을 벌리고 손짓하는 느낌을 받게 된다. 그것은 더러 엄마의 자궁 같기도 하고, 태초의 빛이 뿜어져 나왔던 혼돈의 도가니처럼 보이기도 한다. 그 숲 그늘이 이룬 나무 동굴은 멀찌감치 희미한 미혹의 손길을 건네는 듯 착시현상을 일으킨다. 지친 네 심신을 달랠 준비가 되어 있으니 어서 다가와 내 품에 안겨보라고 속삭이는 듯하다. 천천히 다가서는 발길은 매우 조심스럽다. 자그마한 소리에도 예민하게 반응한다. 백 년은 족히 넘었을 아름드리 편백나무들이 숭고한 인격체처럼 보인다. 나는 이러한 몇 번의 체험을 통해 그늘의 아름다움에 푹 빠져버렸다. 내가 받아온 억압의 정체를 속속들이 까발리지 않고도 이 깊은 숲 그늘의 서늘한 자태는 아무 말 없이 나도 모르는 내 무의식 속의 상처를 치유해주었다. 그늘이 말없이 치유한 그 상처의 대부분은 말 때문에 생겨난 것들이었다.

  복잡한 예를 들지 않아도 그늘의 미덕은 명백하다. 그것은 빛이 선양한 진리의 두께에 질식당한 가녀린 영혼들이 찾아드는 피난처이다. 하나님이 낮과 함께 밤을 만든 창조의 법칙도 예외 없이 상통한다. 그래서 밤에 안식을 주신 뜻도 쉽게 헤아릴 만하다. 대낮의 태양빛은 너무 환하여 그 하늘에 수많은 별들을 가려버리지만, 밤중의 달빛은 은은한 빛으로 그늘의 미덕을 발휘한다. 그래서 그 배경의 어둠 속에 수많은 영롱한 별들의 자취를 읽게 하는 것이다. 착한 어둠이란 역설이 이렇게 가능해진다. 태양과 대낮과 빛의 영광이 창조주의 충만을 지향한다면, 달과 밤중과 그늘의 배경은 인간 삶의 여백과 안식의 틈새를 열어준다. 거기서 독하고 거친 삶의 모든 부담이 이완되고 그 은밀한 음지에 비로소 부끄러운 짐들을 내려놓는다.

지금까지 서구 근대 신학은 말의 세계와 동거해왔다. 그 말들 rhēma은 곧 하나님께 기원을 둔 말씀the Logos의 자식들이다. 말씀 중심주의logocentrism의 사상이 서구 신학을 지배하면서 빛과 어둠, 진리와 사이비 잡설의 경계가 엄격해졌고, 햇빛보다 더 환한 영광의 세계를 천국이려니 상상하면서 살아왔다. 이러한 현상은 그늘을 억압했고 음지를 지옥처럼 매도했다. 그래서 말들의 천하는 보편화되었고, 말들의 권세가 세상을 지배해왔다. '침묵은 금'이라고 상찬했지만 그것은 화석화된 격언일 뿐이었다. 예배당은 점점 더 환한 조명을 발하며 휘황찬란함의 감격 속에 그 번쩍거리는 성도의 의상과 면상을 비추기에 분요했다.

그러나 그럴수록 신앙의 위선적 가면을 두터워졌다. 신앙은 생활에서 소외되어 양쪽 모두 점점 더 가식적이 되어버렸고 은밀함의 미덕은 사장되기 시작했다. 환한 공간에서 보여주기 위한 신앙과 자신의 근사함을 분식하는 말의 힘이 전권을 쥔 탓이다. 빛의 도그마를 장악한 자들에게 모든 것은 투명한 가치를 띠어야 했고 그늘은 왜소한 자의 알리바이처럼 초라하게 구석으로 밀려났다. 교회와 학교의 강단과 언론 지면에 말이 넘칠수록 세상은 점점 더 개판이 되고 있는 것 같다. 담임목사의 최고 자격 요건이 '설교'로 통했지만 미끈한 설교가 세상의 총체적 변혁에 프로이트나 마르크스만큼이라도 공헌한 기록은 드물다. 투명한 빛의 화끈한 임재와 이에 대한 종말론적 학수고대에도 불구하고 거울을 잃어버린 말들의 성찬은 점점 더 세상을 차가운 어둠 속으로 끌어들이고 있다. 그 심연엔, 아뿔싸, 출구가 없다.

 선거 전에도, 선거 중에도, 또 선거가 끝나도 말들은 늘 풍요했다. 그러나 그 말들의 대부분은 하루가 멀다 하고 쓰레기통으로 직행하는 것들이었다. 매일, 매시간, 인용부호 속에 처리된 각종 말들은 이른바 '편집의 마술' 속에 흑색선전과 진실의 경계를 지우면서 악악거리는 난장을 차렸다 이내 파장하곤 하였다. 거기에 제 말들의 풍경과 의도를 반성하는 침묵과 그늘의 흔적은 희미하였다. 반면 말들의 메아리에 꼬리를 물면서 서로 씹고 씹히는 주인 없는 말들의 행렬은 무던하게 질긴 생명을 이어가고 있다. 말들끼리 서로 모방하면서 제 욕망의 짝퉁을 찍어내는 충동적인 말들은 늘 생각보다 앞서 나가면서 빛의 영광을 추구하였다. 그렇지만 되돌아오는 결과는 '해명'과 '소명'의 형식을 통해 '사실과 다르다', '오해가 있다', '법적 조치를 취하겠다'는 판에 박힌 반복적 수사를 거듭하는 것이었다. 그 말들의 전후 사정은 사실의 확인과 진실에 대한 진지한 추적이 실종된 채 아무런 감동이나 성찰도 없이 거듭 유산될 뿐이었다.

이렇듯 요란하고 어지러운 말들의 난장 시대에 특정 말의 내구연한은 하루의 햇볕만큼 짧아져버렸다. 침묵과 여백을 골자로 하는 부드러운 그늘의 공명이 없기에 말의 빛을 발하는 사람들은 우리가 잃어버리고 사는 삶의 결핍을 담아내지 못한다. 악을 써대며 소리치는 사람들이 그렇게 악랄하게 제 존재 의미를 이루어갈 때 담백한 삶의 미학은 망가진다. 덩달아 모든 자들의 은밀한 행동을 은밀하게 살피며 갚아주시는 하나님의 신학적 의미도 망각되어버린다.

예수는 산상수훈에서 우리의 말이 '예, 예, 아니오, 아니오' 정도로 표현되어야 하며 이를 넘어서는 것은 악에서 비롯되는 것이라 했다. 그런데 말의 난장 시대라서 그런지 이 어록의 의미까지 왜곡되어, 어중간하게 처신하지 말고 딱 부러지는 명백한 표현으로 시비를 분명히 하라는 뜻으로 풀이되곤 한다. 그러나 이 어록의 진정한 의미와 교훈은 좌우간의 확실한 입장 표명을 통해 확립해야 할 우리 언어생활의 선명한 자세에 있지 않다. 이 어록은 앞서 제시된 맹세 금지의 맥락에서 풀어야 그 교훈의 틈새가 제대로 포착된다. 우리의 언어는 담백하게 '예, 예', '아니오, 아니오' 정도로 족한 것이지 그것을 과장하여 자신의 진리를 강렬하게 호소하려는 모든 수사적 장치는 기실 악의적인 왜곡의 위험을 노정하고 있다는 말이다.

'예'라는 한 마디로 족한데, 한 번 더 '예'라고 말하는 것은 음지를 머금고 사는 인간의 부족함에 기인한다. 자신의 말을 한 번 정도 강조할 여유를 허용한 것이다. '아니오' 역시 마찬가지다. 그러나 여기에 빛의 영광에 들떠 "어이구 답답해. 내가 이 나라 대통령인데 왜 날 못 믿어", "만약 아니라면 내 손에 장을 지져", "내가 성서에 손을 얹고 다짐해" 식으로 나간다면 호들갑스런 자기 시위를 통해 얻고자 하는 바에 초점이 맞추어진다. 또 그렇게까지 말한다는 것은 이미 신뢰를 망실했음을 증명하는 꼴이라는 것이다. 이러한 언어는 담백하지 못하고 누추하다. 게다가 자기 지시적이며 따라서 폐쇄적인 어둠 아니면 광명의 빛으로 위장한 과잉 거품이기 십상이다. 거기에 악써대는 진리의 자기 현시적 욕구는 충만할망정 하나님의 창조 세계에 깃든 그늘의 미학은 부재한다. 충만의 로고스와 그늘의 미학이 본디 긴밀하게 어울렸건만 이즈음 그 소외의 간격은 물과 기름처럼 아득해졌다. 예수의 저 말씀은 기실 허풍스런 말로써 맹세하지 말라는 어록의 또 다른 표현이었던 셈이다.

  그늘은 남루하지 않다. 그늘은 침묵처럼 담백하다. 소박한 '예'와 '아니오'의 한 마디로 제 존재의 진정성이 드러나는 세계가 그 음지의 미덕이다. 그것은 뜨겁지 않기에 화려하게 번식할 줄도 모른다. 그래서 그늘이 길어지고 그 속에서의 칩거와 안돈이 오래가면 사람도 식물성으로 변한다. 동물일 수밖에 없는 사람이 식물이 되면 창조의 이치를 위반하는 것이니 그리 건강하지 않을 터이다. 그럼에도 사람이 그악스런 동물성에 너무 침윤되어 오로지 제 말로써 유아론적 진리를 선양하기 급급한 세태에는 식물성의 인간이 외려 그리워진다.

  비 내려 축축한 거리는 그늘의 엷은 빛이 짙다. 주변의 나무들은 계절의 흐름을 닮아 순명하는 법이 몸에 배었던 게다. 바람 불면 제 잎사귀를 털어내면서 잠시 반짝이는 그늘의 빛을 보여주며 추락한다. 거기에 짧고 낮은 '예'가 스쳤을까. 아니면 안타까운 희망의 약속에 '아니오'라고 자신 없게 속삭였을까. 오후 네 시의 그늘은 깊고 침묵 속에 바삭거릴 뿐이다. 말씀 중심주의와 영광의 신학, 제 욕망의 분신인 말들에 도취한 채 사유화된 그 폐쇄적 진실이 과잉으로 범람하는 양지의 신학에 나는 쉽게 지친다. 그렇지만 변덕스런 내 몸은 오늘도 별수 없이 양지와 음지 사이를 오락가락한다. 서늘함이 추위로 느껴지면 햇살 아래 머물고, 그 양지의 빛이 더워지면 다시 그늘 아래 몸을 숨긴다. 대낮이 너무 길 때 그 낮의 시간을 잘라 가끔 내 맘대로 밤을 만들어 낮잠을 청할 때도 있다. 그렇게 그늘은 내 몸에 깊이 숨어 있다. 그늘은 고요한 아름다움을 은근한 하나님의 미래와 만나게 한다. 그 틈새로 지친 세속의 말들도 잠시 한숨을 쉬며 무장을 해제한다.

자전거 유랑자

내가 그 낯선 풍경을 처음 접한 것은 캘리포니아 해변을 따라 구불거리며 뻗은 1번 도로에서였다.

그때 나는 추수감사절을 맞아 가족들과 2박 3일간 캘리포니아 남쪽으로 자동차 여행 중이었다. 마침 햇살 좋은 오후 시간 운전하면서 우편으로 눈부시게 펼쳐진 태평양의 풍광을 흘깃거리며 간간이 해변의 깎아지른 듯한 단애를 살피고 있었다. 고개 하나를 넘어서니 멀찌감치 자전거를 타고 힘들게 오르막길에 매달린 남자가 보였다. 차로 그를 스친 것은 불과 1, 2초간의 짧은 순간이었을 것이다. 그런데 짧게 스친 그의 인상은 대수롭지 않게 넘어갈 정도로 평범한 모습이 아니었다. 20대 후반쯤 보이는 나이에 거무스름한 피부와 역시 검정머리를 한 그는 분명 백인이었지만 여느 말쑥한 백인의 인상과 판연히 달라 보였다.

그의 자전거에는 앞뒤로 잔뜩 묵직한 짐들이 걸려 있었다. 게

다가 그의 몸까지 실은 자전거의 두 바퀴와 페달은 다소 위태로워 보였다. 더구나 오르막길이어서 그가 페달을 밟을 때마다 헐떡이는 숨소리에 맞춰 이마와 볼에는 땀방울이 맺혀 흘렀다. 조금 뒤로 떨어져 그의 동무로 보이는 또 한 명의 사내가 비슷한 차림새로 두 바퀴를 굴리며 따라오고 있었다. 아마 그 둘은 동행으로 자전거 여행을 하는 모양이었다. 그런데 내가 거쳐온 여정을 되짚어보니 그들이 그런 속도로 이 차도를 오르내려서는 저녁 시간까지 마땅한 여관에 다다를 것 같지 않았다. 그렇다면 그들이 자전거에 건 짐 꾸러미에는 비상용 천막과 음식, 간단한 살림도구가 들어 있을 터였다. 그들의 면상에 수염이 무질서하게 자라난 걸 보면 그다지 여러 가지 세면도구도 없을 것으로 짐작되었다. 나는 그들의 목적지와 차림새, 그들의 짐 꾸러미 안에 든 내용물을 차근차근 추리해나가면서 왜, 라는 질문과 맞닥뜨릴 수밖에 없었다.

저들을 누구이며, 왜 이런 식으로 짜임새 있는 여행도 못되는 자전거 유랑을 시도한 것일까. 저들의 차림새만 봐도 단기간에 끝날 정처 있는 여행 같지 않았다. 비록 동무가 있어 그리 외롭지는 않겠지만 그 여정은 일종의 모험과 유랑의 형식에 더 가까워 보였다. 저들은 혹 경기 파동으로 직장을 잃은 실업자가 아닐까. 더 이상 직장 구하는 걸 단념한 채 조직체의 일원으로 감내해야 하는 반복과 속박의 라이프스타일을 떨쳐내고자 이렇게 가난한 몸을 자전거에 의탁하여 홀가분한 유랑 길에 오른 건 아니었을까. 자전거 헬멧조차 쓰지 않은 그들의 머리칼은 태양빛 아래 흠뻑 젖었고 해풍에 휘날려 자주 시야를 가릴 게 분명했다.

태평양 해변도로의 그 짧은 마주침에서 비롯된 사색을 좀 더 깊이 심화하게 된 계기는 이틀 후 내륙의 황막한 광야를 달리면서 본 또 다른 자전거 유랑자의 인상에 대한 충격적인 기억이 덧보태진 때문이었다. 내가 그때 달린 길은 캘리포니아 동부 내륙의 꽤 후미진 지방도로여서 20분이 지나도록 자동차 한 대 지나가는 걸 보기 어려울 정도였다. 사방으로 트인 광야 지형이 둥글게 굴곡을 이루면서 마침내 지평선 끝에 가닿은 까마득한 건조 지대였다.

오르막길을 향해 오르면서 한 굽이 커브를 틀었을 때 나는 마치 광야에서 튀어나온 동물처럼 무심히 자전거 페달을 밟는 또 다른 사내를 스치게 되었다. 그는 해변도로에서 본 젊은이보다 수염도 더 덥수룩하고 얼굴도 태양빛에 더 검게 그을려 있었다. 나이도 지긋하여 족히 사십 대 중반쯤으로 가늠되었다. 구릿빛 면상 위로 검은빛의 낡은 중절모를 쓰고 있었고, 자전거에 좌우 앞뒤로 매단 짐도 이틀 전에 본 젊은이들 것보다 무겁고 많아 보였다. 더 뜨악하게 비친 것은 그의 표정이었다. 이 역시 1, 2초

사이에 잠깐 스친 모습이었지만 그의 면상은 더없이 무심해 보였다. 이에 걸맞게 그의 행색은 몇 달간 세면이나 세탁 한번 제대로 한 것 같지 않은 남루함 그 자체였다. 먼 허공을 쳐다보면서 그는 필시 집시의 유랑을 방불케 하는 동선으로 움직이고 있었던 것이다. 지도상으로 아무리 달려도 그처럼 느린 속도의 자전거 두 바퀴로 다다를 수 있는 도시도, 여관도 없을 터였다. 그런데 그는 홀로 이 적막한 광야에 무슨 인연으로 그토록 쓸쓸한 여정에 들어 자전거 바퀴를 굴리며 길을 가고 있었던 것일까. 그에게는 가족도 없었을까.

두 건의 이 경험을 통해 나는 이 자전거 유랑자들이 단순히 겉멋이나 재미를 위해 이런 고행을 하고 있는 것은 아니라는 추론에 다다랐다. 이들의 여정은 아무리 생각해도 여가 삼아 하는 스포츠 운동이나 낭만적 포즈의 산수 유람과는 무관해 보였다. 그렇다고 그들의 동선에는 무슨 경기를 앞두고 감행하는 극기 훈련의 긴장감도 서려 있지 않았다. 김훈의 《자전거 여행》 이후 더욱 각광을 받으면서 국내에서 유행을 타고 있는 자전거 타기 풍조는 복장부터 가볍다. 물병과 가벼운 배낭 외에 별도의 짐이 없는 게 특징이다. 특히 산악자전거의 품질을 좌우하는 조건은 가벼운 몸체다.

그러나 그들은 밤을 생각했는지 옷차림이 가볍지 않고 짐도

주렁주렁 많이 걸려 있었다. 그러니까 그들의 자전거에는 '생활'이 매달려 있었던 게다. 장기간 위장의 아우성에 대한 대응책과 함께 추운 밤을 견뎌야 할 도구들이 거기 담겨 있었을 터였다. 그렇다고 그들을 단순히 걸인으로 규정하는 것도 적절하지 않다. 그들이 걸인이었다면 사람 많은 도심지를 택하지 않았겠는가. 굳이 그러한 해변도로나 적막한 광야에 들어가 짐 무거운 자전거를 탈 리 없었을 것이다. 어쩌면 그들은 21세기 문명에 시달리며 살아오다가 절망한 자기 해체적 구도자일는지도 모르겠다는 생각이 들었다. 혹여 미국의 자본주의 체제에 대한 의도적 저항의 몸짓을 이러한 고행의 자전거 유랑을 통해 표출해 보이는 것은 아닐까, 다소 지나친 상상도 해보았다.

그 상상의 언저리에서 나는 다소 비약을 무릅쓰면서 제 몸의 에너지만큼 나가는 자전거로 막막하게 유랑하는 일의 신학적 의미를 반추해본다. 도착할 목적지와 안식할 정처가 있는 여유로운 여행은 길게 제 과거를 에둘러 회귀함으로써 삶의 재구성에 기여한다. 돌아가야 할 고향과 아비가 있는 탕자의 운명은 따라서 아무리 처절해도 희망이 있다. 그러나 이 땅에 도무지 정처를 둘 수 없는 자들의 여행은 물결이 파랑 치는 것처럼 막막한 유랑이나 방랑의 스타일에 근접한다. 그들은 이 세상의 모든 공간이 너무 낯설어서 고향을 만들지 못한다. 반대로 딴에는 이 땅의 모든 공간이 너무나 친밀해서 어딜 가도 무던하게 고향처럼 살아갈 수도 있겠다. 그러나 이 자전거 유랑자들이 내게 심어준 강렬한 이미지는 고향과 타향의 경계가 애당초 불가능한 영혼의 무던한 탈주 그 자체였다. 그것은 유랑 자체가 생존의 유일한 조건이 되는 삶의 방식처럼 느껴졌다. 다시 새롭게 떠나지 않으면, 그렇게 끊임없이 현재의 시간을 새로운 장소 가운데 해체하지 않으면, 문명사회가 얹어놓은 짐 아래 눌려 그 존재의 무거움을 감당할 수 없으리라는 것이다.

갈릴리의 유랑자 예수는 이 땅에 안온히 거주하지 못하는 자신의 정처 없음에 대해 탄식하듯 말했다. "여우도 굴이 있고 공중의 새도 거처가 있으되 인자는 머리 둘 곳이 없다"(마 8:20, 눅 9:58). 그는 여우나 새와는 종자가 다른 '사람의 아들'이었지만, 삶의 기본적 향유인 '거주'에 못 미치는 차림새로 동서남북 사방을 떠돌면서 복음을 전했다. 그의 유랑 동선에는 이 세상의 삶 가운데서 이 세상을 넘어서는 하나님나라의 '말씀'이 있었고, 치유와 생명 회복의 은총이 선물로 갖추어져 있었다. 그러나 이 시대 문명의 첨단에 선 소수의 자전거 유랑자들에게는 말이 타락한 시대에 몸뚱이 하나의 움직임으로 뭔가를 체현하려는 꿈을 품고 느린 바퀴를 굴리는 두 발이 있을 뿐이다.

그들의 몸과 일심동체로 굴러가는 무거운 자전거의 두 바퀴는 이 세상의 모든 곳이 삶이 깃들 만한 천연의 장소라고 시위하는 듯하다. 아니면 정반대로 이 세상에는 아무 곳도 삶의 정처를 둘 거주의 장소가 못되며 예외 없이 소멸해가는 추상적 공간일 뿐이라고 말하는 것 같기도 하다. 21세기에 재림한 '키니코스파Cynics'의 현신이라도 되는 것처럼 그들의 둥근 발걸음은 그토록 하염없고 마냥 정처 없다. 1세기 팔레스타인의 예수와 제자들은 이제 익명의 광야 공간에서 말을 잊은 듯, 이 시대의 변방에서 자전거 유랑자들로 변신하여 묵묵히 고행의 길을 간다. 더 이상 머리 둘 곳 없는 무주無住의 현실이 탄식거리가 아니라 운명의 지표라도 되는 양, 그들의 그 자전거 유랑은 객기 없이 담담하다. 오로지 신체의 주체성에 의탁하여 그들의 시선은 체제의 변두리에서 중뿔난 행복의 목표 없이도 평정심으로 사는 틈새의 길을 지시한 것이 아니었을까.

고독 속에 들리는 소리

연구학기를 받아 샌프란시스코 신학대학원에 온 지도 벌써 6개월이 넘었다. 이제 3주 정도 지나면 다시 고국으로 돌아간다.

처음 서너 달 동안은 책을 집필하는 작업에 골몰했다. 수도원의 수도사처럼 새벽부터 자정 넘도록 꼼짝하지 않고 노트북 모니터 앞에서 글을 썼다. 어깨가 자주 뻐근해졌고, 무료하고 지루한 시간이 흘렀다. 그 단조로운 시간의 리듬을 깨면서 한 시간마다 내 의식을 명랑하게 뒤집어준 것은 신학교 시계탑에서 들리는 종소리였다. 오전 9시부터 저녁 8시까지 어김없이 정각에 느린 단선율로 울려 퍼지는 이 종소리는 내 귀에 점점 더 강하고 크게, 청아한 빛을 더하며 꽂히곤 했다. 책을 짓는 내 노동의 강도에 비례하여 그 종소리가 주는 안온한 위안의 힘도 커졌다. 또 혼자 온종일 집중하여 작업하는 고독의 심도에 비례하여 그 소리의 울림 속에 퍼지는 신비감도 강렬해졌다.

신학교의 느린 시계탑 종소리가 집중된 긴장을 이완시키면서 후련한 자기 해체의 평안을 선사한다면, 신학교 부부기숙사 바로 옆에 위치한 정교회 예배당의 종소리는 탱탱한 삶의 도약을 예비해주는 분위기로 나를 압도한다. 러시아 출신의 정교회 신부는 주일 아침과 토요일 저녁 예배 시간 전에 나란히 연결된 크고 작은 종들을 치는데 거기에는 판소리의 중중모리 가락을 닮은 정교회 특유의 리듬이 있다. 요즈음에는 자신의 영성을 다듬으려는 심사인지 매일 저녁 몸을 흔들면서 신명을 다해 종을 친다. 귀에 이어폰까지 긴 폼이 제가 치는 소리로써 제 삶의 결을 다듬으려는 의지가 설핏 엿보인다. 다소 요란한 듯 들리는 이 종소리는 푹 가라앉은 기계적인 일상에 때로 날카로운 경각심을 불러일으킨다. 그러나 그 쟁쟁거리는 소리는 위협적이지 않다. 거기엔 세파에 지친 어깨들을 토닥거려주거나 게으르게 처진 영혼들의 태만한 정조를 고양시켜주는 힘이 느껴진다.

  종은 제 몸을 때려 소리를 낸다. 종은 제 몸을 제물 삼아 허공에 제사를 지내는 순전한 헌신의 표상이다. 종소리의 신학적 미학은 처녀 심청을 사공들이 공양미를 주고 사서 제물로 바치는 옛이야기의 구도를 뒤집는 발상에서 비롯된다. 사제와 제물이 따로 놀면서 겉도는 이 땅의 종교적 풍토 속에 제 몸을 제물 삼아 제사를 지내는 이 종소리의 헌신은 갸륵한 전복의 메시지를 던진다. 서로를 밥으로 삼아 잡아먹지 않으면 살 수 없기에 쉼 없이 미끼와 덫을 놓는 이 무한경쟁의 세속사회가 우리 앞에 던진 도가니의 현실은 또 어떤가. 그 구차한 생존의 현실 앞에서 종소리는 제 몸을 때리며 '이제 그만 되었다'고 속삭이는 듯하다.

  책을 짓는 작업이 마침내 일단락되고 이런저런 일상의 잡사에 휘둘리면서 종소리는 한동안 내 귀에 뜸하게 들리다가 실종되곤 했다. 이 지역의 뽀송뽀송한 햇살에 심취하여 산과 계곡을 헤집고 다니면서 내 고독의 반려자는 종소리에서 새소리, 바람소리로 변해갔다. 그러다 가을날 낙엽이 구르는 주변의 초등학교 교정을 거닐 때면 그 낙엽 소리를 깊이 들으며 흙으로 돌아갈 내 미래의 몸을 미리 추억해보았다. 나이 들어갈수록 낙엽 구르는 소리의 아름다움이 의식의 저변에 사무치게 와닿는다.

  이제 겨울로 접어들어 우기를 맞으면서 나는 며칠째 고독의 한가운데서 빗소리를 듣는다. 빗물이 우박 떨어지는 소리처럼 굉음을 내며 내 밤의 둔중한 의식을 두드릴 때면 나는 이 세상이 한없이 낯설게 느껴지는 경험을 한다. 이방의 빗소리는 힘이 세다. 여린 마음은 그 소리를 숨죽이며 듣는다. 빗물이 합세하여 길가의 도랑을 만들며 흘러가는 소리까지 듣는다. 그 물들의 질주하는 소리가 커질수록 이상하게 내 영혼의 심연에 퍼지는 평안은 더없이 아늑해진다. 아마도 물이 주는 정화의 연상효과와 우레와 같은 그 청각 이미지로 말미암은 종말 심판 이후의 고요한 분위기가 도드라지기 때문일 것이다.

소리는 언어와 다르다. 정형화된 언어가 못되지만 어떤 소리는 때로 언어가 실패한 자리에서 우리의 고독을 질료 삼아 파고드는 신적인 계시의 예봉 같다. 베드로가 숱하게 닭 소리를 들었을 텐데, 스승 예수가 체포되고 찾은 가야바의 뒤뜰에서 새벽녘 들은 닭 소리는 그의 운명을 예고하는 날카로운 비수처럼 그의 심장에 꽂히지 않았던가. 그 소리는 망각 속에 묻어둔 예수의 예언을 아프게 되살려내고, 스승을 세 번이나 부인한 제 인간적 비겁함을 일깨우며 한없는 통곡 속에 그의 심령을 무너지게 하지 않았던가. 고독한 새벽 미명에 울려 퍼지던 소리는 그처럼 깊고 강렬했다.

이제 내 고독의 내면도 파장하고 짐을 쌀 때가 되었다. 저 친근해진 이방의 종소리와 바람 소리, 새소리와 빗소리와 작별할 때가 되었다. 내가 홀로 머물 때 은근히 다가와 내 기도가 되어주었던 소리들… 무슨 말로 기도할지 모른 채 한없이 가라앉을 때 아무 말 없이 제 몸을 때려 제사 지내는 법을 일깨워준 저 천연의 소리들. 가장 황폐한 고독 속에서도 내가 혼자가 아님을 가르쳐준 즐거운 사물들. 가장 심각하고 컴컴한 실존의 어둠을 지나는 순간에도 하나님의 유머를 잊지 않도록 도와준 고마운 타자들. 이제 이별과 함께 내 삶의 일부로 추억이 될 시점이 가까워온다.

잘 있거라. 내가 아닌 것들로 내가 된 것들아! 내 속에 둥지 틀어 동거한 낯선 소리들아, 저 무연한 허공을 헤치고 찾아와 친근함을 선사한 하나님의 벗들아!

2부

말로 표현하지 못한 것들

그 시절, 골목의 풍경들

어린 시절 학교 가는 길 골목에는 구멍가게 두어 개가 들어서 있었다. 오고 가면서 호주머니의 동전을 털어 껌이나 사탕을 사 먹는 재미가 쏠쏠했던 기억이 난다. 그 시절 구멍가게들은 요즘에 불량식품이라고 할 수 있는 갖가지 달콤새콤한 잡동사니를 잔뜩 품고 우리들의 동심을 유혹하였다.

등하굣길에 그리로 몰려드는 아이들의 발걸음 속에 그 작은 가게들은 늘 시끌벅적한 분위기로 들썩거렸다. 그중에서도 내가 특히 좋아한 건 '뽑기'였는데, 동그란 껍데기를 떼어내서 그 안에 나오는 번호가 무어냐에 따라 크고 작은 각종 상품이 제공되었다. 뒷골목에는 '달고나'라는 걸 파는 아줌마가 있었다. 달달한 하얀 고체를 연탄불에 녹여 소다를 섞어 젓다가 납작하게 누른 뒤 이런저런 모양을 박아 그 선대로 망가뜨리지 않고 떼어내면 곱빼기 상품이 주어지는 요깃거리이자 놀잇거리였다. 그렇게 흥미진진한 잡동사니들이 내 어린 동심을 자극하며 발길을 끌었던 옛 시절의 추억이 눈에 선하다.

어디 그뿐인가. 유년기의 골목은 추운 겨울날 포장마차 속으로 호떡과 붕어빵, 홍합탕을 파는 훈훈한 공간을 만들어주었다. 그 안에서 뜨끈하고 짭짤한 국물을 한 대접 들이켜면 추위도 금세 달아날 것만 같았다. 푸짐하게 구워낸 호떡은 먹고 또 먹어도 질리지 않을 정도로 맛있었다. 그 훈기 덕분인지 얼어붙은 골목길이 녹아가면서 동네의 개들도 이곳저곳을 어슬렁거리며 몸을 풀었다. 동네 아이들의 곱은 손이 부드러워지고 거친 세월에 눌린 가슴이 더러 안도의 한숨을 쉬는 동안 그 시절의 골목들은 미덥게 다가왔다.

요즈음 재벌이나 대형 슈퍼마켓들이 골목상권을 침해한다고 영세 상인들의 원성이 높다. 아이들의 주전부리거리와 학용품을 팔던 그 침침한 옛 시절의 구멍가게들이 이제 많이 사라졌지만, 그래도 골목에는 여전히 작은 '개구멍' 같은 곳을 찾는 어린 동심이 머문다.

오늘 오후 축구 하러 나갔다가 돌아오던 길, 막내는 자주 찾는 아파트 뒷골목의 '진버들문구'를 이번에도 빼놓지 않았다. 녀석은 잡동사니 불량식품을 만지작거리며 한참을 고르더니 서너 개 사서 나왔다. 내가 그것들을 검사하면서 "여기 이 합성 착색료가 안 좋다는데…"라고 지적했지만, 내 말은 힘이 좀 빠진 채 싱겁게 겉돌았다. 내 유년 시절 그 훈훈하던 골목길의 풍경들이 설핏 스쳐간 때문이었으리라.

아무리 거대 기업이 대형 마트를 만들어 넓고 쾌적한 공간을 미끼로 소비자를 유혹하는 시대에도 우리에게는 자잘한 구멍가게들이 선사하는 소박한 장소가 필요하다. 비록 좁고 침침해도, 거기에는 도란도란 여린 동심이 자라며 즐겁게 어울리는 상큼한 추억이 깃들어 있기 때문이다. 복음서의 비유에 나오는 '목자'는 왜 아흔아홉 마리 양을 들판에 놔둔 채 길 잃은 한 마리의 양을 향해 오던 길을 되짚어가셨을까. 그것이 아흔아홉에 한 마리를 보태어 백을 채우려는 완전함의 욕망과 무관한 것이라면, 이는 작은 생명을 깊이 사랑하시는 연민의 발로 아니었을까.

화려함이 반드시 아름답지는 않다. 더 많은 경우 작은 것이 깊은 아름다움의 감각을 선사한다. 이런 깨우침이 우리 삶의 잃은 것을 상기시키며 더러 심금을 울린다. 오늘도 뒷골목의 풍경은 내 어린 시절을 불현듯 되살려낸다. 그렇게 작지만 소중한 아름다움으로 거창한 것의 허세와 위대한 것의 허영에 찌든 내 시선을 거듭나게 한다.

축제로서의 인생

내가 사는 전주에는 매년 봄이 되면 축제가 잦다. 5월 첫 주말에 전주국제영화제가 끝났고 연이어 한지축제가 진행 중이다. 풍남제와 세계소리문화축제 같은 행사도 연달아 개최된다. 영화제 기간 내내 틈틈이 짬을 내어 이번에도 나는 열 편의 예술영화를 봤고, 저녁 무렵 한옥마을의 붐비는 골목을 따라 어슬렁거리면서 고단한 일상의 갈증을 달래보았다.

이 축제의 행렬에 동참하여 북적거리는 사람들은 저마다 생기로 달뜬 얼굴에 환한 봄빛을 물씬 뿜어낸다. 희열에 번들거리는 그 표정을 대하는 것만으로도 감격스러울 정도다. 생명이 약동하는 이 계절에 걸맞게 사람들의 마음도 분위기에 맞춰 활기차게 달아오르는 모양이다. 축제의 계절에는 싱싱한 생명의 향기가 온 누리에 가득하다.

이렇듯 '축제'라는 말과 그 분위기는 사람들을 묘하게 흥분시키는 기운이 있다. 움츠러든 생명을 분발케 하고 우울한 기분을 떨쳐내면서 생명 본연의 기상을 회복시키는 특별한 '사건'으로 축제는 우리에게 다가오는 것이리라. 그 신 나는 풍경은 '공동체'의 사람살이가 진득하던 때, 천막 아래 멍석 깔고 빈대떡 부치며 왁자지껄하던 옛 시절의 잔치판을 연상시켜준다.

그 시절 동네잔치가 열리면 이웃들뿐 아니라 먼 곳에서 찾아온 거지들과 강아지들까지 흥겹게 어울리며 함께 먹고 놀았다. 봄가을로 학교 교정에서 운동회가 열릴 때면 부푼 동심을 담아 하늘로 올리거나 땅에 굴리던 거대한 풍선과 발랄한 음악, 쨱쨱거리던 아이들의 아우성은 또 얼마나 상큼한 축제의 광경이었던가. 누구나 경험해봤듯이, 축제는 이처럼 선한 것이다. 그 질펀한 놀이판의 분위기에 젖어들면서 자기 방어의 경직된 가면을 벗고 한몸으로 어우러질 때 그것은 또 얼마나 즐겁고 아름다운 것이랴.

성서에서 하나님나라는 잔치, 곧 축제의 자리에 종종 빗대어진다. 큰 임금이 베푼 잔치의 비유도 나오고 융숭한 대접 가운데 잔치 분위기가 느껴지는 세리 삭개오의 만찬도 있다. 집 나간 탕자가 되돌아와 마냥 기쁜 나머지 그 아버지가 동네 사람들을 초청하여 베푼 잔치도 감동적이다. 아끼는 동전을 잃어버렸다가 다시 찾은 기쁨을 함께 나누고자 사람들을 초청한 이야기도 천국 비유로 등장한다.

한편 구약성서의 이사야서는 장차 구세주가 나타나 이 땅의 백성을 구원하리라는 종말의 희망을 전하면서 산상에서 그 백성들이 모여 기름진 음식을 나누며 잔치를 벌이는 '메시아의 향연'으로 제시한다. 그만큼 하나님이 이 땅의 피조 생명을 향해 베풀어주신 은총의 백미는 다분히 축제의 삶이라고 할 수 있다.

축제로서의 인생! 향연으로 나눠지고 누려지는 삶! 심지어 고단한 노동조차 유쾌한 놀이처럼 경험되는 질펀한 축제의 현장! 이 화창한 5월의 한복판에서 나는 이런 야무진 몽상을 일상의 한구석에 새겨본다. 사람들이 골치 아픈 일들에 찌들고 격무에 시달릴수록 이러한 축제의 꿈은 더 간절해지지 않을까. 하나님이 도대체 왜 나를 이 땅에 생명으로 내셨는가를 생각할수록 그 해답은 명료해진다.

죽도록 헛고생하다가 찌그러지라는 저주는 생명 창조의 본래 뜻이 아니었다. 외려 제 생명의 온당한 가치를 회복하여 축제로서 삶을 누리며 하나님께 영광을 돌리라는 것이다. 달무리 지는 축제의 밤, 그 황홀한 낭만의 꿈이여, 이 5월의 빛 가운데 오래 머물라!

섬세함을 위한 변명

날씨 좋은 주말, 산악자전거를 싣고 도시 외곽의 산을 찾았다. 임도를 따라 탐험해보고 싶은 코스가 있었는데, 아뿔싸, 입구에 도착하니 난감한 플래카드가 걸려 있었다. 임도 확장을 위한 발파 작업으로 6개월 동안 일반인 출입을 금하며, 위반으로 인한 불상사에 대해서는 일체의 책임을 지지 않겠다는 경고였다. 내가 매사에 이런 엄포성 경고에 주눅 들어 그저 지시하는 대로 사는 '범생이'도 못되지만 또 거기까지 찾아갔는데 포기하자니 허탈할 것 같았다. 그래서 그냥 경고 표지를 무시하고 길 위로 접어들어 자전거 페달을 밟았다.

한 시간 가까이 두 바퀴로 그 숲길을 따라 오르는데 사람은커녕 다람쥐 한 마리 얼씬거리지 않았다. 이미 닦아놓은 임도가 끝나고 산 정상의 모퉁이에서 새로 닦은 길을 타고 방향을 틀 때 산 너머에서 아득하니 폭발음이 딱 한 차례 들려왔다. 나중에 만난 관계자의 말에 의하면 임도 확장 공사가 거의 끝나가는 모양이었다.

코스의 절반을 찜하고 되돌아 내려오면서 나는 이 아름다운 숲길에서 자연을 즐겨보려는 산책자의 출입을 입구부터 봉쇄하는 것이 과연 최선의 방책일까 생각해보았다. 매일 발파 작업이 이루어지는 것도 아닐 테고, 더구나 발파 작업은 이 코스의 절반 지난 산 너머에서 죽 진행되어왔는데 왜 발파 작업과 전혀 무관한 그 반쪽마저 봉쇄해놓아야 했을까. 플래카드를 정상 근처에 달아놓았더라면 그 길을 절반쯤 충분히 즐길 자유가 일반인들에게 제공되었을 텐데 말이다.

굳이 행정편의주의의 관료적 행태라며 성급하게 타박하고 싶지 않다. 그럴 만한 사정이 있었으리라 하며 대강 넘어갈 수도 있다. 다만 내 마음속 아쉬움은 섬세함을 위한 배려에 관한 것이었다. 그러한 배려는, 가령 고속도로의 보수공사로 한 차선이 10킬로미터나 폐쇄된 구간에서 공사가 다 완료되기 전 먼저 공사가 끝난 5킬로미터 구간에서 공사 표지물을 제거하여, 혼잡한 교통체증에 시달리는 운전자들의 심정을 달래주는 마음 씀씀이 같은 것이다. 공중화장실 남성 소변기에서 한 걸음 앞으로 가까이 다가서는 몸짓도 섬세한 마음으로 내 뒤의 타인을 배려하는 센스이다. 이럴 수도 저럴 수도 있는 상황에서 타인에게 도움이 되도록 조금 더 배려함으로써 우리의 섬세함은 기쁨의 동력이 되기도 한다.

  성경에 보면 하나님은 우리의 머리털까지도 헤아리시는 세밀한 분별력을 지닌 분으로 묘사된다. 그분의 전지전능은 교리적 강령이기에 앞서 우리의 부족함을 향한 웅숭깊은 배려일 듯싶다. 심지어 그분은 풀 한 포기의 신진대사와 공중의 새 한 마리가 떨어지는 일에도 관여하실 정도로 섬세하다고 하지 않던가.

  예수께서 선포하신 하나님나라는 가장 사소한 가치, 하찮은 생명의 상실을 안타까이 여기며 그것의 회복을 꿈꾸는 비전과 함께 이 땅에 임한다. 그것이 지상의 국가와 사회에 적용되어 섬세하게 드러날 때 공동체 구성원들의 의식 수준도 선진화될 수 있다. 이처럼 섬세한 타자의식의 고양에 이르러서야 비로소 선진국의 품격은 완성된다. 나 혼자 사는 세상이라면 투박한 대로 그럭저럭 견디면 그만이다. 그러나 공동체의 사람살이는 뭔가 다르고 인간사회에서 관계의 지형은 늘 복합적이다. 투박함이 섬세함으로 거듭나는 자리에서 비로소 삶은 여유 가운데 무르익고 윤기를 발한다. 섬세함은 잠시 발걸음을 멈춰 다르게 생각할 수 있는 바로 그 2퍼센트의 여유에서 싹튼다.

목회자의 장소성

역시 장소가 중요하다. 목회자나 그 밖의 사회적 공인의 신앙적 감수성은 자신이 몸담고 거동하는 자리, 그 장소가 특징짓는 것이다. 시간이라는 추상적 세계와 달리 우리 삶이 공간과 만나 만들어가는 장소는 인간이 두 발을 땅에 디디며 살아가는 필연적 여건을 반영하는 까닭에 매우 구체적이고 사실적이다. 물론 모든 공간이 장소가 되지는 않는다. 공간 역시 추상적이지만, 거기에 우리 삶이 깃들고 우리 몸이 길들여지며 공적인 가치로 돋을새김될 때 비로소 우리 삶은 장소성을 띤다.

 목회자의 공적인 장소성은 주로 그가 몸담고 목회하는 교회와 그 안팎의 동선에서 고유한 빛을 발한다. 그 장소는 사람들이 만나고 어울리는 장소이고 그 사람들은 특정한 목적 아래 모이는 특정한 집단의 사람들이다. 따라서 목회자의 장소성은 불가피하게 사회성과 계급성에 연동된다.

이를테면, 대형교회 목회자들이 몸을 드러내는 장소는 주로 그 '대형'의 사이즈에 걸맞은 자리이다. 그가 의도적으로 그런 장소를 선호하지 않더라도 그런 목회자를 초청하는 주체는 대체로 그 '급'에 어울리는 사회적 계급이나 평판과 교양, 웅숭깊은 배려심을 갖춘 이들이다. 대형교회 목회자들의 공적인 집회와 설교를 농촌의 한미한 교회나 도심의 궁상맞은 개척교회에서 경험하기 어려운 까닭이 여기에 있다. 교회의 사이즈에 따라 발휘되는 금력과 권력, 인맥의 파급력이 얼마나 부조리하고 비성서적인 목회와 선교의 지형을 조장하는지에 대한 탄식과 비판이 어제오늘의 일은 아니다. 하지만 그것을 목회자 개인이 몸담고 운신하는 장소의 특이성에 비추어 신학적으로 분석하고 성찰하는 일은 드물다.

예수는 당시 마음먹기에 따라 자신의 추종자들을 정교하게 조직하여 당시 세계의 중심이었던 로마까지 거동할 수 있었을 것이다. 그러나 그는 로마는커녕 팔레스타인의 종교적, 정치경제적 중심지인 예루살렘도 간신히 막판에 들렀을 뿐이다. 거기서도 그는 주로 음지에서 운신하였고, 성전에 들어가거나 종교 지도자들을 대했을 때도 까칠한 이단아처럼 행동하였다. 거기가 그의 삶이 깃든 장소가 아니었던 게다. 그의 공생애 대부분이 자리한 갈릴리에서도 그는 당시 헬레니즘 문명의 온기가 충만했던 세포리스나 티베리아스를 일부러 회피한 흔적이 역력하다. 그의 장소는 시골이나 소읍의 작은 집이나 회당, 움직이는 선교 현장으로서의 산과 광야와 길거리에 집중되었다.

나는 여름이면 홍수로 물난리를 겪는 전주의 골목길 지하교회에서 7년 넘게 목회하면서, 이 땅의 유명하다는 목사들 설교를 수요일 예배 모임에서 정기적으로 동영상으로 들으며 많이 배웠다. 그중 신세대 목회자로 성가를 날리며 한국 교회에 매우 개혁적인 예언자의 목소리를 높이는 한 분을 이 교회 사경회나 수요 예배 설교자로 초청하여 온라인 동영상 아닌 육성으로 설교를 들으면 우리 교인들이 얼마나 좋아할까 몇 차례 상상하며 실제로 초청해보려는 의욕을 품기도 했다. 이메일을 써볼까 궁리하다가 한번은 그분을 잘 안다는 어느 목사에게 우리 교회의 사정을 알리고 꼭 모시고 싶다는 메시지를 연락처 메모와 함께 간접적으로 전한 적도 있다.

그러나 그가 노회 모임에서 그 메시지를 제대로 전했는지도 의문이지만, 전해졌다 한들 이런 바람이 실현되기는 거의 불가능에 가까웠을 거라는 생각이 든다. 그가 아무리 개혁적인 목소리로 공중파를 탄다 한들, 아무리 많은 대규모의 교인 대중을 감화시킨다 한들, 그의 몸이 머무는 장소성은 이 땅의 인습적 관행에 따라 정형화되어 있기 때문이다. 설사 그가 농어촌으로 장소를 이동한다고 해도 그건 대개 농어촌 목회자들의 연합 집회 정도로 선회될 가능성이 크다.

내가 대형교회 목회자의 사회적 겸손을 외교적 제스처로 치부하고 아무리 그 설교가 달콤하고 강력해도 진정성을 믿지 못하는 이유는 그 몸의 대중적 계급성에 순치된 장소성의 한계 때문일 것이다. 일상 예배든, 해외 집회든, 지역 순회 부흥 사경회든, 무슨 워크숍이나 세미나든, 결국 그들의 리그에서 기대되는 세계를 누비면서 그 장소성의 구속을 벗어나기가 (불가능하지 않다면) 그다지도 어려운 것이다. 그게 대중을 상대하는 목회자나 공적인 리더의 신체적 존재 여건을 규정짓는 구조이며 체계이다.

그렇다고 7년이 지나도 여전히 개척교회인 내 목회적 삶의 장소성이 오지랖 넓게 범우주적이고 세계적인 것도 아니다. 나 역시 여전히 내가 부르는 찬송가를 배반하면서 '소돔 같은 거리'나 '아골 골짝 빈들'과 별 상관없이 내 몸을 거동하고 있기 때문이다. 내가 한미한 지역의 신학교 선생으로 지방의 몇몇 교회에 초청을 받아 설교도 하고 강연도 하지만, 대형교회의 화려한 강대상에 한 번도 서보지 못한 신세를 내 무의식이 은연중 한탄하며 덧난 욕망을 달래고 있을지 모를 일이다. (아, 그대가 내 곁에 있어도 그대가 그립듯이, 내 몸이 내 삶의 숙주인데도 그 깊은 속을 모르는 일이 이다지도 많다니!)

이즈음 SNS 신세대 매체의 쌍방향 커뮤니케이션이 대세를 이루면서 우리의 신체는 디지털 전파로 변신하여, 손가락에서 타전된 자기표현과 인정 욕구는 금세 화상 공간으로 퍼져 다채롭게 이합집산한다. 이 디지털 공간이 삶의 배타적 장소성을 극복하고 그 계급적 폐쇄성을 녹여주는 광장이 될 수 있을까. 활자와 사진으로 교감되는 트위터와 페이스북의 신기한 역동이 인간의 개별적 신체를 대신하여 우리 시대의 화두인 '소통'의 진정성을 구제할 수 있을까. 그 낙관적인 희망의 극대치를 살려봐도 나는 여전히 몸의 육성이 그립고 살의 교감이 고프다. 몸의 겸손이 아쉽고, 그 몸의 치열한 탈주와 횡단으로 개척하는 삶의 장소성이 (오줌 마렵듯이) 마렵다.

아카시아 꽃 잔상

아카시아.

 이 네 음절의 외래어에 상큼한 냄새가 환후처럼 진동한다. 오랫동안 망각의 창고에서 잠든 전설이 소스라치며 깨어나듯, 아카시아라는 말의 기억은 바위 속 깊이 박힌 금맥을 찾아낸 광부의 반가움처럼 내 둔탁한 의식의 밑자리를 두드린다. 계절의 여왕 5월의 초순부터 장미꽃에 앞서 피어 그 진한 향기를 토해내다가 이내 스러져 메마른 잔해를 땅바닥에 수북하게 쌓아놓는 그 꽃의 운명은 오늘 내가 마주친 또 하나의 벼랑이었다.

 별스런 사건이 있었던 것은 물론 아니다. 일상의 행보란 늘 어긋남의 연속인 터라 예기치 않게 길 위에서 마주치는 그저 그런 물상과 풍경들 가운데 때로 낯설게 의식의 끈을 물고 늘어지는 질긴 놈이 있는 모양이다. 아내와 오랜만에 저물녘 뒷동산에 들어 오솔길을 걸었다. 길바닥에 허옇게 깔린 메마른 꽃잎들은 아카시아가 가장 향기로운 한 시절을 보낸 뒤의 배설물이었다.

그 낙화한 꽃잎들의 주변에서는 채 가시지 않은 이 상큼한 향기가 아직도 가물거리고 있었다. 며칠 전 어머님이 아카시아 꽃을 따서 차를 만들었는데 마시지 않겠냐며 물으셨던 기억이 떠올랐다. 내가 이 세속의 땅바닥 위를 빡빡 기면서 분요한 일상의 가시채를 뒷발질하고 있는 동안 지난주쯤 절정에 다다랐을 이 향기로운 꽃향기의 만찬을 까마득히 잊고 있었던 것이다. 참 아쉬운 생략이고 망각이다.

아카시아 꽃의 그 상큼한 향내를 떠올릴 때 가장 먼저 부활하는 잔상의 기억은 어릴 적 뒷동산에 올라 키 작은 이 나무의 가시들 틈새로 잘 익은 꽃송이를 따서 정신없이 먹으며 허기를 달래던 아득한 5월의 나날들이다. 얼마나 다정하고 진한 맛이었는지 동무들은 환한 웃음을 흘리며 정신없이 이 꽃들을 채집하여 게걸스럽게 먹곤 하였다. 나란히 잎사귀 달린 가지를 꺾어 가위바위보로 손가락을 튕겨 잎사귀를 하나씩 따내던 놀이는 무료하던 오후의 심심풀이로 제격이었다. 연한 가지를 꺾어 꽃을 따먹다가 지치면 그것들을 풀숲의 움푹 팬 곳에 걸쳐 엮어 아무도 찾지 못할 우리만의 아지트를 만들기도 했다. 그 안에 숨죽이며 몰래 숨어 아무도 모르라고 저만의 공간의 창조에 쾌재를 부르던 발랄한 동심은 얼마나 신명 나는 비밀이었던가.

이후 한 세월이 흘러 내 몸이 고향의 동산에서 멀어질 무렵, 이 천진한 아카시아의 놀이는 가끔 아카시아 껌을 씹을 때 되살아나곤 했다. 비록 인공의 향료를 넣어 만든 향기였지만, 그 껌을 씹을 때마다 마치 첫사랑의 순정을 대하는 듯한 경건한 마음으로 제법 울렁였던 것 같기도 하다. 그러나 껌은 씹을수록 플라스틱의 감촉처럼 딱딱해지고 그 강도에 비례하여 향기는 찝찝한 뒷맛을 남겼다. 아카시아 향기를 껌 속에 담고자 한 그 익명의 창시자가 지닌 뛰어난 예지에도 불구하고 껌은 결국 껌일 뿐이었다. 껌 속의 아카시아는 천연의 아카시아를 대체하기에 부적절한 인공의 감미료로 잃어버린 시절의 향취를 감질나게 할망정, 당연히 자연스런 재생은 불가능하였던 게다.

아카시아 껌의 인기가 시들해질 정도로 또 한 토막의 세월이 숙진 뒤로, 5월의 아카시아는 철마다 피어 옛적의 향기를 토하며 순환하는 자연의 은총을 반복 재생한다. 그러나 내가 그 향기와 맛을 접한 원초적 감각을 멀리 떠나버린 탓인지 동심과의 소외된 거리로 인해 지척의 그 기특한 몸부림조차 알아채지 못한 채 순식간에 지나가버린다. 한두 차례 그 꽃의 첫 향기와 맛을 갈구하며 꽃을 따서 씹어본 적도 있었다. 내 불안한 예상대로 그 맛과 기묘한 향취는 내 오염된 혓바닥에 찝찝한 여운으로 응답했다.

그래도 멀리서 상상하며 가까이서 5월의 아카시아를 마주하는 반가움은 깊다. 예수를 꽃에 빗대어 노래한 찬양 가운데 '샤론의 꽃 예수…'로 시작하는 가사가 있고, 예수 자신은 산상수훈에서 들에 핀 백합화 '아네모네'에 감탄한 바 있지만, 내 체감의 반경 내에서는 하나님의 아름다움을 듬뿍 드러낸 그 꽃들도 아카시아 꽃에 비견될 만한 것은 못되지 싶다.

장미처럼 아카시아도 꽃송이의 틈새로 날카로운 가시를 숨겨두고 있지만, 장미와 달리 아카시아는 그 꽃의 향기와 빛깔로 우리를 음탕하게 유혹하지 않는다. 아카시아는 그렇게 화장한 미녀처럼 고혹적이지도 않고 관능의 입술처럼 날카롭지도 않다. 다만 이 수더분한 꽃은 풍성한 송이송이로 매달려 마치 쌀밥의 성육신처럼 굶주린 배 속을 달래주며, 그 상큼한 향내로 피로한 삶의 무게에 지친 이들의 심장을 청량하게 정화시켜준다.

그 생기가 다하면, 십자가상의 예수가 '다 이루었다'라는 한마디로 자신의 짐을 모두 내려놓듯, 허옇게 나무 그늘 아래 수북이 쌓여 사심 없는 절명의 포즈를 빚어낸다. '하아얀' 그 꽃송이들의 발랄한 공동체의 춤사위가 '허어연' 개체로 메마른 몸을 드러내는 자리에서 나는 곱게 늙어 담백하게 죽을 줄 아는 생명의 겸허를 발견한다. 혹자가 말한 '적멸의 즐거움'이 빛나는 자리다. 나도 내 생의 윤기가 다할 무렵 그렇게 허옇게 바스라지고 싶다.

수요 예배 예찬

'주일 예배 한 번 확실하게 드리고 나머지 시간을 열심히 살아가면 되는 거지, 뭐 수요 예배까지 꼭 해야 하는가'라고 더러는 생각할 수 있다. 나도 온종일 일과가 복잡하고 피곤할 땐 인지상정으로 저절로 그런 생각이 들기도 한다. 그러나 근래 나는 이런 생각을 뒤집어 수요 저녁 예배를 좀 더 좋아하게 되었다. 오늘 새벽 이런저런 궁리 끝에 그 사유가 뭘까 궁금해져서 머릿속에 정리해봤는데 이런 발상의 전환이 전혀 뜬금없는 변덕은 아니었다.

주일 예배 때는 비교적 사람이 많이 붐비는 편이고, '거룩한' 주일이라는 잠재된 강박 속에 좀 더 긴장하고 근신하는 맘이 앞선다. 더구나 설교자로서는 주님의 날을 제 시원찮은 말로 망칠 수 있다는 '거룩한' 근심도 겹쳐진다. 따라서 예배가 성령 충만한 가운데서도 주보의 정해진 순서를 따라 규범적 틀에 순치되는 경향이 생긴다. 성도의 교제나 예전적인 수행에도 경우에 따라 자신의 개인적 속내를 축소하고 적절히 표정을 관리하는 것이 요구되기도 한다. 이런 관행적 규율에 따른 절제의 미덕에 소중한 측면이 있는 건 분명하지만, 그만큼 부담스러운 것도 사실이다.

이에 비해 수요 저녁 예배는 꽤 헐렁한 분위기로 다가온다. 온종일 일터에서 일한 뒤의 그 후줄근한 표정과 몸의 여운을 그대로 옮겨 예배당 의자에 털썩 주저앉으면 저절로 눈이 감기면서 '주여' 하는 탄식과 함께 안식의 모드로 진입한다. 하루 온종일의 노역을 내려놓고 마음이 쉼을 갈구하는 자세가 자연스레 갖추어지면 넥타이를 졸라맨 와이셔츠나 양복에서 해방된 헐렁한 차림새로 몸까지 늘어진다. 스무 명 남짓의 다소 썰렁한 자리가 대강 차면 고요한 목소리가 출현하여 찬송을 인도하고, 간단한 묵상기도, 합심기도에 연이어 성서봉독과 말씀이 베풀어진다. 당연히 목소리의 톤은 약간 저음으로 깔리고 속도도 주일 예배보다 느리다. 인도자와 설교자의 풍경에는 더러 생활의 냄새가 물씬 풍겨나기도 한다.

어제저녁에도 수요 예배가 있었다. 교회 입구에는 오 집사님이 일찍 나오셔서 복사기가 고장 나서 거래하는 업체에서 중고 복사기를 하나 업어 왔다며 옮기고 계셨다. 땀이 많은 집사님은 늘 부지런히 일하시는 모습으로 동에 번쩍 서에 번쩍 하신다. 지하실의 문을 여니 눅눅한 공기 냄새가 났다. 즉각 비좁은 방송실 공간을 정리하여 장 집사님의 도움으로 금세 복사기를 교체해버렸다. 어수선한 주변이 정리되면서 한두 명씩 교우님들이 자리에 앉으면 잠시 침묵의 시간이 흐르고⋯ 의자와 수평으로 낮은 자리에 위치한 조그만 강대상 앞에 인도자가 서 예배의 시작을 알린다.

이날 저녁 예배 인도와 설교를 동시에 맡으신 문 집사님은 잠시 쭈뼛거리는 몸짓을 다듬은 연후 찬송과 짧은 기도에 이어 '아이들을 노하게 하지 말라'는 주제로 말씀을 전해주셨다. (내가 목사 노릇하는 열린 가정 교회에서는 한 달에 한 번씩 평교우님들이 돌아가면서 간증 설교를 해주신다.) 24년간 교직에 몸담아온 현역 교감선생님으로서 겪은 이런저런 아이들 교육의 경험담이 다소 어눌하면서도 느린 어조로 잔잔하게 이어졌다. 부모들이 습관적으로 내뱉는 말의 폭력적 효과가 어떻게 자녀들의 짜증과 분노를 유발하는 저변의 요인이 되는지 설득력 있게 들려주셨다.

유머가 섞인 그의 겸양스런 어투는 이내 '말의 은사'를 갈구해야 하는 이 시대 부모들의 갈급한 요청으로 옮겨 갔다. 말씀을 듣는 내내 늘 전쟁 치르듯 아이들과 부대끼며 잔소리하는 우리 집 풍경이 부끄러운 모습으로 연상되었고 '오호라!' 하는 탄식과 함께 반성의 마음이 깊이 새겨졌다. 수요 예배의 이런 잔잔한 메시지가 깊은 성찰을 이끌어내고 감동의 분위기를 연출한다는 것은 그만큼 이 예배가 일상의 언저리에 긴밀히 접속되어 있다는 방증일 테다. 별스레 꾸미지 않아도, 대단하고 심오한 비의를 앞세워 계시를 치장하지 않아도, 전하는 자나 듣는 이들이 모두 무장 해제된 정서적 상태로 담담히 교감하는 적절한 타이밍이 바로 이런 수요 예배의 자리와 만나니 내 어찌 이 시간과 만남을 예찬하지 않을 수 있겠는가.

이렇듯, 수요 저녁 예배는 정상의 몸집에 붙은 무슨 혹 같은 군더더기가 아니다. 그것은 차라리 주일의 규범이 챙기지 못한 틈새의 은혜로 그 규범의 울타리가 놓친 삶의 진정성에 다가서는 섬세한 은혜의 시간이고 소중한 성찰의 기회이다. 한 주의 딱 중간에 드려지는 이 저녁의 예배는 거룩함의 아우라가 점지한 중앙에 압도되어 미처 생각하지 못한 일상과 노동, 그 적나라한 세상살이의 현실에 깃든 변두리의 우발적 계시에 눈뜨는 서늘한 사건이다.

이는 또한 낮고 느리고 고요한 자리의 다소 헐렁하고 쓸쓸한 교감 속에 우리의 종말론적 운명을 감지하는 카이로스의 때이고, 성대한 잔치의 여운이 사라지기 전 마지막까지 '남은 자들'이 눈물겹게 나누는 이승의 뒤풀이이다. 그런데 삶의 가장 솔깃

한 각성과 은근한 감흥은 이처럼 서늘한 뒷골목의 행보 가운데 출현하지 않던가.

태풍의 신학

지난번 태풍 볼라벤, 덴빈이 왔을 때 '바람의 영성'이란 제목으로 설교한 말들이 씨가 되었는지 또 다른 태풍 '산바'가 휘몰아치고 있다. 때가 되면 닥치는 자연의 도발이지만, 그것이 하나님의 도발이라면 무슨 뜻이 있는 걸까.

가장 먼저 떠올리는 것이 인간의 죄악에 대한 하나님의 경고나 심판이란 건데, 이건 실로암 망대 사고 등의 비유로 예수께서 부분 긍정에 부분 부정으로 모호하게 답한 적이 있다.

또 태어날 때부터 맹인 된 자의 경우에 빗대어, 제자들의 "왜?"라는 질문에 그것이 그 당사자나 부모의 죄 때문이 아니라는 답변과 함께 "하나님의 일"을 위함이라는 역시 다소 난해한 해법을 제시했다. 그 "하나님의 일"이라는 기적적인 치유 행위가 해명하기 어려운 특별한 이유로 특별히 불행해진 모든 사람들에게 베풀어지는 것은 아니지 않은가. 외려, 예수께서 언급한

"하나님의 일"은 지극히 예외적인 경우에 가깝다.

태풍을 포함한 자연재난에 국한해 볼 때, 몇 가지 신학적 사색의 창구가 가능하다. 무엇보다 하나님의 우주적 창조 스케일에 비추어 이런 일을 통해 인간이 꾸려온 문명의 허술한 기반을 반성하고 피조물의 겸손을 깨치라는 뜻 아닌가 싶다. 우리가 인간적인 겸손은 늘 염두에 두지만, 우주만물의 일부로서 피조물의 겸손을 터득하기란 쉽지 않다. 복음도, 신학도, 우리의 신앙고백도 너무 인간중심적인 탓이다.

이런 관점을 확보하면 태풍으로 바닷물이 뒤집어져 플랑크톤이 활성화되고 어족 자원이 장기간 보존되는 이득에도 눈이 떠진다. 보이지 않는 환경 암세포로 한 해에 수백만 명의 생명을 잡아먹는 미세먼지를 단번에 쓸어버리는 혜택도 발견한다. 인간이 어쩔 수 없는 오폐수 같은 문명의 쓰레기를 단숨에 정화시키고 물길을 회복시키는 것도 태풍의 작업이다.

그래도 애꿎은 백성들 죽고 다치는 피해 비용은 감당하기 쉽지 않다. 혹시 하나님도 그 무궁한 자유의 영역 속에 창조적 '심술'이 필요한 게 아닐까. 뭔가 부족하여 필요한 것이라기보다 그저 당신의 '여가 *scholē*, leisure'를 위한 놀이나 운동의 차원에서 분방하게, 호방하게 저질러보는 자유의 약동 같은 것이 아닐까. 그렇다면 우리는 창조주 하나님을 따스하게만 볼 것이 아니라,

더러 퉁명스럽게 7월에도 눈을 내리시는(미국 오리건 주의 크레이터 호를 여행할 때 실제로 경험한 일이다) 변덕스럽고 파격적인 분으로 냉정하게 볼 필요도 있지 않을까. 천지불인天地不仁의 담백한 동양적 지혜가 요구되는 지점이다.

　태풍의 눈은 정중동의 신적인 표상 같다. 온갖 삼라만상을 뒤집고 부수고 싸매고 보존하며 갱신하는 그 엄청난 일을 그 고요함 속에 이루어나가는 방식은 별것 아닌 것도 요란을 떨며 나팔을 불어대는 인간들에게 진정한 창조의 거울이 된다. 경계 없이 불고 내리고 날리는 저 바람과 빗줄기를 매개로 하나님의 자유를 닮아 그처럼 단 한 번이라도 온전해져보라는 것이다.

글쓰기와 난해함에 대하여

글쓰기를 논할 만한 자질을 갖추진 못했지만 몇 마디 해본다. 글과 관련해서 내가 자주 듣는 얘기. "글은 무조건 쉽게 써야 한다." 이와 더불어 보너스 메뉴. "진리는 단순한 것이다." 나는 이 말들을 덕담 차원에서 반쯤만 챙긴다. 이런 말이 습관처럼 툭툭 내뱉어지는 배후엔 '문체'에 대한 고뇌와 사려 깊은 숙성이 없다. 이와 함께 쉬운 글쓰기 주장의 또 다른 전제는 글/언어의 궁극적인, 유일한 의미는 의사소통의 수단이란 것.

백 년에 한 번 나올까 말까 한 문재로 시인 황지우가 상찬한 문학비평가 고 김현 선생. 그가 김정환 시인의 작품 한 편을 분석하면서 난해함과 모호함의 필연성을 논한 적이 있다. 핵심 논점인즉 이렇다. 난해함을 위한 난해함은 분명 악덕이다. 그렇지만 뒤틀린 생의 층층면면을 드러내기 위해 글의 리듬이 꼬이고 난해하게 늘어지는 속내의 필연성이란 것도 있는데 그것은 존중받아야 한다. 거기에서 행간의 의미에 대한 독자의 심사숙고와 함께 해석의 풍요로움이 우러난다.

나는 운문뿐 아니라 산문에도 감칠맛 나는 리듬이 있다는 걸 미당 서정주 전집을 읽으면서 깨쳤다. 이 맛을 알고 나서, 리듬이 없는 글은 참 읽어주기 어려워졌다. 단순한 정보 전달을 목적으로 쓴 신문 잡지 기사 등속의 글이 아니라면, 제대로 숙성한 글에는 행간의 여운과 함께 '일회적인 것의 아득한 나타남'이라는 '아우라'가 풍겨난다. 신문 기사도 풍성한 어휘로 농익은 문체와 리듬을 살려 제대로 쓴 걸 읽으면 쫀득거리는 찰기가 느껴진다. 남근주의자 김훈이 그토록 욕을 먹으면서도 제 글로써 한소리 하는 배경에는 그만의 독특한 문체의 힘이 있다. 나는 물론 그의 탐미주의적 근성을 반쯤만 좋아한다.

자꾸 되짚어가며 생각거리를 던져주는 글은 그 내용의 메시지뿐 아니라 형식이 주는 메시지를 담은 종류의 글이다. 거기에는 모범적인 정갈한 간결체와 늘어지며 길게 호흡하는 만연의 흐름이 두루 담겨 있다. 그 흐름은 더러 계면조와 중모리, 중중모리의 꼬들꼬들한 리듬이 굽이치면서 한 줌의 메시지를 풍성한 비의적 상상력 속에 담아준다. 내가 최상급으로 치는 글의 리듬은 규칙성과 불규칙성이 반복하면서 더러 길항하고, 길항하면서 조화를 꿈꾸지만 동시에 아찔한 긴장의 틈새를 만들어내는 종류이다.

　물론 글쓰기에 단 하나 모범은 없다. 나는 웬만한 모범은 두루 경멸하고 남들이 비슷하게 하는 말/글들의 풍경에 쉽게 식상해한다. 논문 쓰기도 종합정리 식으로 도배하면서, 하나 마나 한 이야기나 누구라도 비슷하게 할 만한 내용을 억지춘향의 인습 속에 갇겨버릴 때 거의 구토 증상을 느낀다. 글로써 대중의 호감을 견인하는 공감의 미덕을 존중하지만 스타일은 공감 없이 고독 속에 자족할 줄 아는 또 다른 덕성을 갖추고 있다. 소통의 인스턴트 시대에 소통 이후의 후유증을 고민하는 자라면, 또 소통의 형식이 그 내용의 풍성한 질을 담보하는 측면을 배려할 줄 안다면, 문체 없이 글 쓰는 것이 왜 고역 중의 고역인지 알아차릴 것이다. 무늬 없는 생이 어찌 인문의 생이랴 싶은 것이다.

　글쓰기가 난해하다고, 모호하다고 타박하기에 앞서 내 자신의 존재에 스민 난해함과 모호함과 복잡성에 눈떠보라. 문체가 어지럽고 현란하다고, 현학적이라고 꼬집기에 앞서, 제 실존의 무늬에 얼마나 복잡한 욕망의 풍경이 어룽지는지 상상해보라. 그리고 나서 글의 행간에 혹여 내가 놓치고 사는 버려진 아름다움이 없는지, 하나님의 아름다움이 얼마나 난해한 고행의 성찰을 통과한 연후에 소박한 아름다움으로 투사되는지 살필 일이다. 그것이 독서의 진도가 더딘 글을 성급하게 내동댕이치거나,

제 글을 못나게 학대함으로써 생의 고민을 현 단계에서 눙치며 덮어두는 것보다 좀 더 나은 진보적 선택이다. 나는 적어도 그렇게 믿는다.

언어와 신학

오랜만에 소설을 읽었다. 〈문학과사회〉(2012년 가을호)에 실린 정찬의 단편 〈학술원에 드리는 보고〉. 오래전 읽은 그의 눈부신 장편 《완전한 영혼》에 대한 신선한 감흥이 여전히 남아 있는 터여서 신뢰가 갔다. 그는 이청준의 계보를 이어, 이청준과 다른 방식으로, 한국소설에서 신과 구원의 문제, 존재와 언어의 문제를 진지하게 탐구하는 희귀한 작가로 평가받을 만하다. 이런 쪽으로 그 외에 이승우 정도가 외로운 파트너 역할을 하지 않나 싶다.

저 작품은 인간보다 더 영특했다는 전설상의 침팬지 외젠, 그를 소설화한 〈학술원에 드리는 보고〉의 주인공 빨간 피터, 이 소설을 자료로 "침팬지의 시간"이라는 제목의 글을 써달라고 청탁받은 화자 '나'(그 또한 언어 능력의 습득으로 침팬지에서 인간으로 변신한 이 계보의 인물)로 연결되는 세 겹의 이야기로 구성된 흥미로운 작품이다. 인간의 존재론적 조건으로서 언어의 의미, 신성에의 욕망을 매우 진지한 탐구적 작법으로 다루고 있다.

신성로마제국의 불세출의 전략가 외젠이 전쟁의 악몽으로 자살하려는 찰나, 침팬지 외젠(후에 붙여진 이름)의 트럼펫 소리로 구원의 희망을 얻어 기사회생한다. 이 침팬지는 외젠의 보호 아래 그의 궁궐에서 동거하면서 수많은 책을 독파하고 그의 분신과 같은 역할을 한다. 그러다가 인간 언어의 종국점에서 신에 대한 종교적 관심을 갖게 되었고, 그로 인한 구도자적 고행 가운데 굶어죽는다. 신의 피조물에 불과한 인간이 신성에의 욕망을 추구하며 자신의 전부를 바치고자 했지만 그 결말이 죽음으로 끝나는 사례를 온몸으로 시현해 보인 침팬지 외젠. 인간의 언어가 신을 발견하는 데 얼마나 어떻게 유익하며, 또 그 언어의 임계점에 다다른 순간 그것이 얼마나 치명적인 장벽이 되는지 암시하는 대목이다.

정찬의 언어 신학이 잘 담겨진 다음의 진술을 주목해보라. "놀랍지 않습니까? 어린 침팬지가 신의 존재를 느끼고 그 실체를 알고 싶어 했다는 사실이 말입니다. 그럼에도 누구에게도 묻지 않았던 것은 물음의 내용을 표현할 언어가 침팬지에게는 없었기 때문이었습니다. 그런데 인간의 언어에서 신과 마주쳤으니 어찌 놀라지 않을 수 있겠습니까. 오랫동안 잊고 있었던 경이로움이 다시 살아나는 것 같았습니다. 하지만, 놀라움이 허탈의 감정으로 바뀌는 데에는 시간이 별로 걸리지 않았습니다. 신을 표현하는 언어들은 현기증이 날 정도로 많지만 정작 제가 그토록 궁금해했던 신의 모습은 잘 보이지 않았습니다. 언어들이 신을 보여주는 척하면서 오히려 감추는 것이 아닌가 하는 의구심마저 들었습니다. 언어가 신을 갈기갈기 찢고 있는지도 모른다는 의구심까지 들자 저도 모르게 얼굴이 확 달아올랐습니다" (90쪽).

태초에 있었다는 로고스는 성육하신 예수의 별명이다. 요한복음이 창세기의 어투를 모사하여 그렇게 '태초'의 사건을 묘사했다. 로고스는 '언어'인 동시에 그 언어를 엮어내는 논리적 사유의 기반이다. 언어적 이성의 고대적 개념이 바로 이 '로고스'란 어휘 속에 함축되어 있다. 이 말의 비중을 얼마나 기특하게 여겼으면 요한복음의 저자가 거기에 '태초'의 권위를 부여하였을까. 더구나 이 말의 표상이 얼마나 심오했으면 또 거기에 예수의 신성을 담아냈을까. 그런데 오늘날 예수를 섬기며 신앙하는 이들조차 이 '로고스'의 원시적 품위와 무관한 채 살아간다. 언어적 심미감은 물론 올바르게 말하고 표현하는 것조차 굼뜨기 그지없다. 차라리 불교적 이심전심의 소통법을 은근히 내세우곤 하는데, 그로 인한 부가적 소통 비용이 막대하다.

우리 사회의 근대성이 자생하지 못한 저변에 대화와 토론의 문화가 제대로 활성화되지 못한 탓이 크다는 지적에도 우리 지식 사회는 별로 심각한 반응을 보이지 않는다. 언어적 합리성의 기초체력을 갖추고 나서야 우리는 비로소 저 고고한 작가들이 추구하는 심미적 언어 신학의 영역을 아우를 수 있지 않을까. 전자를 추구하기에 너무 지치고 후자를 전망하기에 너무 아득하다. 그래서 말의 엄밀한 의미에서 말로 먹고살고자 하는 자들은 외로운 운명이다. 아니, 바로 그런 운명을 자처하는 자들이 말로 먹고살 온당한 명분을 갖추고 있다고 말해야 옳을 듯싶다. 지치고 오염된 말들을 정화하는 말의 장인, 말씀의 사제들이 그리워지는 이즈음이다. 로고스의 종들을 자처하는 이들이 장악한 강단의 언어도 적잖이 퇴락하여 거기서 하나님의 은혜를 감지하기란 쉽지 않다. 경건의 모양이 무성해도 그것이 이 사회를 변혁하는 구체적인 동력으로 작용하지 못하는 사정의 한구석에 바로 말의 타락이 자리한다. 그렇다면 그 말의 고향, 그 그리운 시원의 로고스는 지금 어디에 숨죽이고 숨어 있는가.

사족: 정찬의 문장은 이승우만큼, 아니 그 이상으로 단단하고 반듯하다. 그가 동인문학상, 동서문학상 등과 같이 굵직한 상을 받은 것 외에, 그 견고한 문장과 문체의 힘을 인정받아 2002년

⟨숨겨진 존재⟩라는 단편으로 국어문화운동본부에서 수여하는 '올해의 문장상'을 수상했다는 사실을 아는 독자는 그리 많지 않다.

편집자에 대한 불인지심

어느 기독교 월간지에 원고를 연재할 때 내가 보낸 원고가 교정, 편집 과정에서 개선되기보다 개악되는 경우를 보고 언짢아 담당자에게 내 원고와 다른 사람 원고의 오류 부분을 죄다 표시하여 보내준 적이 있었다. 한번은 내가 앞머리 텍스트로 인용한 김지하 시의 문구 중 '~가데'를 '가네'로 잘못 고쳐놓은 것에 열 받아서 담당 편집자를 만난 자리에서 '~가데'가 맞으니 앞으로 임의로 고치다가 또 망치지 말고 조심하라고 충고한 적이 있었다.

이후로도 다른 기독교 잡지에 연재한 원고에서도 이런 문제는 종종 발생했다. 대체로 내가 쓴 어휘를 오해하여 엉뚱하게 다른 말로 바꾸어놓거나 문장구조 파악과 띄어쓰기 실력이 부족하여 발생하는 문제가 많았다. 자꾸 반복되는 실수라서 이때마다 나는 작심하고 편집자에게 이메일을 써서 '글을 정확하게 표현하고 다듬는 작업에 왜 당신이 필자보다 더 똑똑하다는 착각 속에 빠져 있느냐'고 면박을 주곤 했다. 또 한두 건은, 내가 보낸 출간도서 원고를 편집자가 대강 교정 편집한 뒤 저자와 상의하여 여러 차례 꼼꼼하게 검토해야 하는 당연한 과정을 생략한 채 성급하게 출간한 결과로 재앙에 가까운 봉변을 당한 적도 있었다.

나 역시 학술지 편집책임자로 6년간 고된 교정, 편집 작업을 경험하면서 완벽한 편집을 이루어내는 일이 얼마나 어려운 일인지 잘 안다. 저자나 편집자가 한글 및 외국어 문장을 완전히 장악하고 있지 못해서, 또 알고 있지만 두 눈이 포착하는 대상에 틈새가 있어서 겸손의 에누리처럼 오류가 발생한다. 아무리 꼼꼼하게 읽고 교정해도 나중에야 탐지되는 편집상의 결핍 부분이 꼭 있다. 이 경험을 통해 내가 깨친 것은 두 눈보다는 네 눈이 더 낫다는 지당한 교훈이다. 저자와 편집자가 긴밀히 소통하면서 더 나은 문장, 올바른 표현을 만들기 위해 오류와 어색함을 지적하고 대안을 제시하는 상부상조가 매우 중요한 것이다.

어제 〈국민일보〉 바이블시론 칼럼을 읽어보니, 몇 군데 손질한 것을 직감할 수 있었다. 정확한 글자 수가 제한된 지면에 딱 들어맞게 편집해야 하는 신문칼럼의 성격상 당연한 일이다. 나는 신문칼럼을 연재하면서 글자 한 자를 줄이기 위해 가령 '되어'를 무조건 '돼'로 편집하는 것이 이 업계의 기본적인 불문율이라는 걸 알았다. 그런데 이번 칼럼에선 '사태가 악화되는데도'로 내가 올바르게 쓴 것을 '사태가 악화되는 데도'로 띄어쓰기를 해서 틀리게 고쳐놓았다.

장소와 상황을 나타내는 명사 '데'라면 당연히 띄어 써야 하지만 앞의 문구는 이와 다른 서술형 종결어미의 일부로 붙여 쓰는 게 맞다. 내가 지난 몇 년간 경험한 바로는, 요즘 지식인들의 글쓰기에서 가장 자주 틀리는 게 기구격조사 '~로써'와 자격격조사 '~로서'의 혼용 외에 바로 이 '데'의 띄어쓰기/붙여쓰기다. 참 얄궂게도 그렇게 많은 이들이 붙여 써야 할 '데'를 띄어 쓰고 띄어 써야 할 명사 '데'를 붙여 쓴다. 대범한 무지가 이 경우 50퍼센트의 긍정적 가능성도 챙기지 못하게 한다.

뭐 이런 사소한 걸로 트집 잡고 신경 쓰느냐고 반문할 수 있지만 누구나 자신이 소중히 여기는 영역이 있다. 글 쓰는 것이 주업인 자에게 글로써 생산한 작품은 크든 작든 간에 제 자식과 같이 애틋한 존재이다. 더군다나 말과 글로 먹고사는 자들이라면 콤마 하나, 띄어쓰기 여백 하나, 글자 하나의 차이로 생기는 세밀한 부분까지 꼼꼼히 챙길 수 있어야 한다. 그렇게 완성도를 높여 그 사명의 최대치에 부응하려는 전문가적 직업윤리가 필요하지 않을까.

잘 모르면 물어봐야 한다. 지나친 자기 확신은 늘 위험하다. 원숭이도 나무에서 떨어질 때가 있고 물고기도 물에서 익사할 수 있다. 교회에서 사고 치는 부류는 제 신앙의 부족함을 절감하는 이들보다 제 신앙에 대한 확신이 너무 강한 자들이다. 마찬가지로 좋은 편집자는 제 최대 실력을 발휘한 최선의 교정, 편집 결과를 놓고 최후의 일각까지 그 완성도를 의심하면서 되물을 수 있는 고밀도의 자기성찰 능력을 지닌 자이다.

아, 내가 보낸 완성된 원고가 편집자의 과잉 확신 또는 부주의로 그 띄어쓰기가 한 군데 망가져 조금 슬프다.

'잊히고'와 '잊혀지고'의 문제

 거의 1년에 이르는 일간지 칼럼 쓰기에 슬슬 이골이 나고 있다. 보통사람들의 인식 수준과 감각에 맞춤한 간명한 문체를 구사하여 시사거리의 한 모퉁이를 싹둑 잘라 성찰의 공간을 제시하는 칼럼이란 형식에 지금껏 쓴 만큼 적응이 된 것이다. 어제도 거의 마감에 쫓겨 불안해하다가 새벽 네 시에 단숨에 또 한 꼭지를 제작했다. 교정하면서 단어 하나에 브레이크가 걸렸다. '잊혀지고'라고 썼다가 '잊히고'로 교정했는데, 조금 생각해본 뒤 다시 '잊혀지고'로 바꾸는 등 오락가락했다.
 '잊다'의 피동형이 '잊히다'니까 애당초 교정이 맞았다. 그렇지만 나를 비롯하여 보통사람들의 어감에 '잊히고'보다 '잊혀지고'가 강렬한 느낌을 주는 게 마음에 걸렸다. '잊혀지다'는 이중피동으로 표준어법에 비추어보면 틀리는 거지만 그 말의 울림이라는 유통의 지형을 고려하지 않을 수 없었던 것이다. 그렇다고 그러한 대중적 어감의 입맛에 공명하려다 보면 '정통'이 울고 '정통'을 고수하자니 희미하게 대중의 눈치가 거슬렸다. 게다가 정통에 따르자니 말을 부리면서 피어오르는 색기色氣의 쾌감이 줄어드는 것이다.

한참 고민하다가 내 이름〔正植〕의 운명적 아우라에 이끌려 그냥 '정통'인 '잊히고'로 밀어붙였다. 그런데 다음 날 아침 인터넷판 신문에 새겨진 해당 어휘는 '잊혀지고'였다. 검열관이 내 글의 이 어휘에 대해 나랑 비슷한 고민을 한 것일까. 아니면 '정통'의 선지식이 없는 채로 그냥 자기 편리하게 단어를 틀리게 교정한 것일까.

작가 은희경이 언젠가 소설을 쓰면서 비슷한 맥락에서 나랑 비슷한 고민 끝에 정반대의 선택을 한 적이 있었는데 그 결과는 정반대의 경험이었다고 들었다. 그는 과감하게 의도적인 오류를 도발하기로 하고 표준어를 비틀어 어감을 살리는 쪽으로 한 단어를 일부러 틀리게 사용했다는 것이다. 그런데 원고의 편집인은 작가가 일부러 틀리게 쓴 그 말을 그대로 놔두었다고 했다. 그렇다면 이건 글의 장르의 차이인가, 아니면 편집자의 문학적 감식안의 차이인가. 알 수 없는 일이다.

이 사소한 건에 대한 지극히 사소한 추리가 내 시간을 삶의 구조에 대한 성찰의 마당으로 끌고 들어간다. '잊혀지고'는 그러니까 관행과 인습의 동네다. 시비곡직의 판별에 앞서 그냥 편하게 흘러가는 익숙한 삶의 영역이다. 이론적으로 따지는 밋밋한 정통의 표준보다 체감하는 맛과 색채와 울림이 중시되는 세계가 이 영역에 걸쳐진다. 반면 '잊히고'의 세계는 표준형의 세계이다. 관행과 인습이 틀렸으면 틀렸다고 판정하고 과감하게 '정통'의 기준을 밀어붙이는 다부진 삶의 양태를 '잊히고'의 어감은 표상하고 있다. 이 '잊히고'와 '잊혀지고'의 게임에서 정통과 사이비의 완강한 이분법적 잣대와 심판은 별 실속이 없다. 이 말의 상이한 운용이 죽고 사는 문제도 아닌 바에야 그냥 대강 무시하고 넘어가거나 둘 중에 하나 취향에 맞게, 또는 처한 정황에 따라 선택하면 그만이다.

행복하게 타협시켜주자면, 정통의 '잊히고' 페이스로 죽 고독하게 살아가다가 따분해지면 가끔 제 삶의 리듬을 비틀어 '잊혀지고'의 편리한 관행에 젖어 좀 늘어져보는 것이다. 그 리듬이 너무 태만하게 흘러 삶의 낭비를 심화시킨다 싶으면 다시 정통을 치켜세우며 꼿꼿하게 반듯한 정도로 들어서는 것이다. 이도 저도 싫으면 그 양자 선택의 게임이란 궤도를 벗어나 공중으로 붕 뜨는 비상의 가능성이 남아 있다. 그것은 어법상의 맥락에 빗대자면 전혀 새로운 말을 만들어 낯선 어법으로 말하기 시작하는 것이다. 또 그 어법을 주변에 적극 유통시키면서 설득해나가는 창조의 길이 그것이다. 삶의 창발성과 태초의 기미에 민감한 시인이나 작가들의 시작詩作의 글쓰기가 더러 신기원의 시작始作이 되는 내력이 여기 있다.

'잊히고'와 '잊혀지고'의 문제보다 더 심각한 어법상의 표준/인습 씨름의 예는 '너무'의 용법이다. 우리나라 사람들이 이 '너무'를 너무 자주 사용하고 그 맥락이 너무 복잡한 게 문제다. 이 부사는 때로 말이 막힐 때 발어사 비슷하게 사용되는 경향이 있고, 자신의 말이 민망하거나 궁색할 때 땜질하는 말마개나 무엇을 최대치로 강조하는 추임새처럼 그 용례의 오지랖을 넓혀왔다. 정통은 '너무 좋다' 식의 표현에서 '너무'는 지나침을 뜻하는 부정적 함의가 있으니 잘못된 어법이라고 꾸짖는다. '매우 좋다'와 '무척 좋다'가 정석이라고 교정해주면서 말이다.

그러나 앞의 대중적 관행과 인습을 따르면 개구멍이 없는 것도 아니다. '너무'라는 말이 너무 보편화된 나머지 '무척'이나 '매우'라는 점잖은 강조어보다 훨씬 더 수월하고 센 강도로 이 말을 사용한 것이라고 정당화할 수 있기 때문이다. 그래서 이 부드러운 어감을 지닌 '너무'의 생존 반경은 너무 인기가 좋아 점점 더 확대되어가는 추세다. 너무 인기가 좋은 것이 좋은 건지 나쁜 건지 상관하지 않겠다는 기세로, 인기가 너무 좋은 것에 흥분하기도 바쁘다는데 저 도도한 대중의 전능한 말들의 물결을 나 홀로 어찌 감당하랴.

  오늘 온종일 창밖이 흐리고 대기는 추적추적 불온한 겨울비를 뿌려대고 있다. 잔뜩 웅크린 채 수상한 내부와 불온한 외부를 번갈아 응시해본다. 내가 저 세상의 감옥에서 벗어나 '잊혀지고' 싶은 건지, 저 세상이 나로부터 멀찌감치 떨어져 '잊히고' 싶은 건지 한순간 정신이 몽롱해진다. 대통령 선거에 너무도 관심이 뜨거운 이즈음엔 그 '너무'가 좋은 건지 안 좋은 건지 아무도 상관하지 않은 채 뜨거움의 강도로서 '너무'의 수식 대상만이 너무 까발려진 맨얼굴로 맨송맨송하다.

  내가 너무 오래 산 건지 삶이 자꾸 권태로워지는 날 오후다. 그래서인지 가끔 일부러 틀리고 싶은 시간이 있다.

말로 표현하지 못한 것들

지난 주 채플 시간에 한 강사가 오셔서 서서평 선교사(Elisabeth J. Shepping, 1880-1934)의 일대기를 회고하며 간증 설교를 해주셨다. 서서평 선교사님은 독일 출신 미국 선교사로 최근 언론의 집중적인 조명을 받으면서 널리 알려진 분이다. 이 땅의 어둔 시절에 도래한 2,000명 넘는 서양 선교사 중에 서 선교사님은 철저하게 조선 사람과 동화하여 자신의 모든 것을 남김없이 바치고 헌신한 진주 같은 분이시다. 당시 많은 선교사들이 상전 대접 받으며 거드름 피우고 기여한 것 못지않게 드리운 그늘이 많은 걸 고려할 때 이런 분은 그야말로 그리스도의 종 된 모습을 철저히 자기 몸으로 체현한 극소수의 귀한 분임에 틀림없다.

그런데 설교 중 한 가지가 가시처럼 걸렸다. 서서평 선교사를 높이 칭송하기 위해 테레사 수녀와 빗댄 것이다. 한 언론사 기자가 서서평의 업적을 테레사와 견주어 평가한 것에 대해 자기가 '모욕적'이라고 거칠게 항의했다는 것이다. 테레사는 자기가 남긴 일기 중에 그토록 평생 선한 일로 헌신해왔음에도 불구하고 수녀 성직자로 신의 존재에 대해 부단히 회의하는 어둔 밤을 많이 보냈노라고 고백한 데 비해, 서서평은 마지막 순간까지 영생의 복음을 확고히 붙들고 말의 고백을 통해 하나님에 대한 철저한 신앙을 놓지 않았다는 항변이었다.

 내게 든 의문은 이런 소박한 것이다. 사람에게 말이 중요함을 알지만 그 말이 그 사람의 모든 것을 다 대변해줄 수 있는가. 표현한 말들의 이면에 채 언어로 형상화되지 못한 내면의 진실이란 것도 있지 않을까. 표현되지 못한 침묵의 진실이 언어로 표현한 것과 불화하는 경우는 또 오죽 많은가. 테레사가 신의 존재에 대한 자신의 회의를 고백한 것은 아마도 그가 겪은 인도의 현실이 너무 처참하여 거기에서 느낀 신의 부재를 솔직하게 일기장에 표현한 게 아니었을까. 마치 예수가 십자가상에서 "하나님이여, 하나님이여, 어찌하여 나를 버리시나이까"라고 절규한 것처럼, 또는 시편 기자나 구약의 예언자들이 "당신이 존재한다면 언제까지 이런 일을 방치하실 겁니까?"라고 탄식하였듯이 그 역시 그의 방식으로 내뱉었으리라는 것이다. 그것은 치열한 회의와 독한 의심 가운데 신에 대한 신뢰를 드러낸 역설의 방식 아니었을까.

그렇게 표현하지 않거나 못한 것, 표현 속에 감추어진 것의 여백을 고려한다면 서서평 선교사 역시 불굴의 믿음으로 철저하게 헌신적인 삶을 살면서 틈틈이 도마처럼 의심을 품은 적이 없었을까. 너무 힘들어 그 인간적인 역경 속에 흔들린 경험은 없었을까. 그것은 그의 언어 밖으로 표현되지 않았을 뿐, 그 내면의 일렁이는 심사가 통과했을 모든 자취를 죄다 추적할 수는 없는 노릇이다. 그런데도 우리는 왜 굳이 드러난 것, 표현된 것에만 집착하여 특정 개인을 치켜세우고 특정 개인을 상대적으로 낮추려 하는가.

우리는 왜 한 사람을 그 표현된 것으로 높이 예찬하기 위해 다른 사람을 그 표현되지 못한 비밀을 묵살한 채 경솔하게 깎아내려야 하는 것일까. 각자 처한 상황과 현실이 다름에도 이러한 비교를 통해 꼭 그렇게 상대평가를 마치 하나님의 심판이라도 되는 것인 양 밀어붙여야 하는 걸까.

이런 사례에서 내가 느끼는 점은 우리 신앙인들의 문학적 독법이 매우 취약하다는 것이다. 역설과 아이러니, 과장과 축약, 제유와 환유 등의 수사법을 그냥 문자적 독법으로 뭉개버리니까 어떤 인물의 말과 침묵 속에 내장된 이면의 진실은커녕 행간의 진실도 제대로 취하지 못한다. 그 와중에 팽배해지는 현상은 어떻게든 자신의 말을 그럴듯하게 꾸며 제 존재의 위상과 의미를 그 말로써 풍성하게 드러내고 극장식 연기와 같이 예배 풍경을 멋지게 연출하려는 유혹이다. 예수는 그것을 '외식*hypokriton*'이라고 비판하고 도리어 은밀함을 강조했는데 말이다.

은밀하게 존재하고 행동하는 분으로 은밀한 중에 행하는 인간의 모든 은밀한 언행심사를 은밀한 방식으로 살피고 보응하시는 하나님! 그게 산상수훈의 예수께서 최선으로 통찰하신 하나님의 실체였다.

이제 우리도 말로 표현되지 못한 것들을 침묵으로 존중해주면 좋겠다. 하나의 선한 것을 치켜세우기 위해 또 다른 선한 것을 비교 대상으로 묵살하거나 폄하하면서 희생양으로 삼지 않았으면 좋겠다. 아무도 모르게 감추어진 은밀한 행간과 이면의 진실을 위한 상상의 여백을 남겨두었으면 좋겠다. 우리가 최후의 심판자가 아니지 않은가. 하나님나라는 처음과 나중을 뒤집는 역전의 파격과 역설의 풍경으로 경험된다고 하지 않았던가.

'세계적인'이라는 관형어의 허방

책 한 권의 서평을 부탁받아 준비해야 하는데 저자에 대한 출판사의 외교사령적 광고 카피가 너무 통속적이고 선정적이다. 이른바 '세계적인' 학자라는 것! 우리나라 사람이 좋아하는 이 '세계적인'이라는 관형어가 지시하는 체언의 실체란 무엇일까. 해외의 몇몇 학회에서 논문 몇 편 발표하고 외국어로 저서 몇 권 출간하면 그것이 저절로 '세계적인' 급수를 확정해주는 걸까.
  세계의 다수 학자들이 그의 명성을 공식적인 절차를 밟아 세계적인 차원의 높은 등급으로 인정해준 적이 없고, 그렇다고 그것을 증빙받을 만한 무슨 포상 실적이 있는 것도 아니다. 나도 인정하지 않고 본인도 인정받기 면구스러운 이 '세계적인'이란 관형어는 그만큼 세계 무대에서 내세울 만한 우리 팀의 짱짱한 타자가 없다는 부끄러운 사실의 반증 같다. 그와 같이 희소한 결핍을 자위하려는 안쓰러운 몸부림으로 이러한 외교적인 선언을 통해서라도 허파에 바람을 불어넣고 싶은 것이리라.

책의 골격인즉 1980년대 해외에서 나온 조그만 저서를 국내에서 재탕하여 번역한 철 지난 지식이다. 해외의 보수적인 관련 학계에서 친분 있는 한두 사람이 모호한 수준의 찬사를 붙여주었는데, 정작 책 내용을 읽어보니 그냥 '…이니까 …이어야 한다'는 수준의 동어반복tautology에 근거한 환원주의의 강박이 심하다. 전제와 가설을 앞세운 엮어매기와 엎어치기가 장기처럼 보인다. 이전의 연구 성과를 뒤집어엎거나 도전하는 것이라기보다 그 높은 담벼락 옆에서 조그만 변죽을 울린 정도이다.

나 역시 이 책에 대한 세밀한 외교적 감각의 서평이 필요할 텐데, 동종 업계의 원로 인간에 대한 예의와 학문적 엄밀함 사이에서 타잔처럼 줄타기를 해야 할 형국이다. 뛰어난 선수가 희귀한 마당에 그나마 해외에서 활동하는(그것도 한국말 하는 한국 학생들을 주로 상대하는 현실이지만) 동학을 격려하고 칭송하는 미덕도 필요할 터이다. 그렇지만 그 역겨운 '세계적인' 타령은 좀 절제했으면 좋겠다. 해외를 무대로 누비며 세계적인 포효를 하는 것보다 우리에게는 소박한 수준에서나마 동네 골목이라도 제대로 바장이는 치열한 몸짓이 절박하다. 고밀도의 지역화가 진정한 세계화의 지름길이라 하지 않는가.

베스트셀러를 만들기 위한 마케팅 전략이 점점 더 치열해져간다. 검증의 최후 보루가 되어야 할 비평가들조차 그 상업주의 마케팅에 동원되어 팔리기 위한 담합에 합류하는 풍경을 쉽사리 찾아볼 수 있다. 그들의 이름을 앞세워 광고 카피를 어떻게 뽑아내는지에 따라 판매고에 영향을 미치는 복합적 상략의 네트워킹이 점점 더 기승을 부리곤 하는 것이다. 그 와중에 우리에게 익숙해지는 것은 주례사 비평이다. 주례사로 혼인하는 신랑신부 앞에서 부드럽게 덕담하듯이, 그 책의 골밀도를 적확하게 지적하기보다 두루뭉술한 칭송과 예찬 일변도의 해설로 권위를 실어주는 것이다. 그렇다 보니 이 땅에 서평 문화는 좀처럼 성숙하게 착근되지 못한 채 장사의 논리에 휘둘리기 십상이다. 거기서 기승을 부리는 것이 바로 '세계적', '동양 최고' 따위의 외교적 치장을 위한 레토릭인 셈이다.

  더 이상 상업주의에 덜미 잡힌 허술한 명성의 과잉 거품이 아니라 생산된 담론의 구체적인 내용과 그것이 수놓은 앎의 장구한 지형 내에서 제 몫의 알짬을 챙기며 자족하는 지식 사회의 풍토가 정착되었으면 좋겠다. 신학 쪽이 가장 취약한 학문의 자생성을 부추기기 위해서라도 우리에겐 이런 차분한 안목이 진정 필요하지 않을까.

빈말마저 서늘하게 채우기

시인 이성복은 내 이십 대의 감수성 형성에 중요한 영향을 끼친 분이다. 1960년대 초 '감수성의 혁명'을 선도한 《무진기행》의 작가 김승옥이 떠맡은 시대적 사명을 1980년대는 이성복 시인이 감당했었다. 그의 처녀시집 《뒹구는 돌은 언제 잠 깨는가》는 지금 다시 읽어도 마음속을 후벼 파며 많이 아리게 한다. 그의 시적 감수성이 정점에서 명멸한 둘째 시집 《남해 금산》의 절창은 내게 '남해'와 '금산'이란 고유명사를 보통명사로 만들어주었을 정도로 감명이 깊었다.

그가 내 가슴에 남긴 예언자적 메시지는 두 가지였다. 하나는 시대의 고통에 무감각한 '불감증'이 얼마나 지독한 집단적 질병인가 하는 깨우침이었고, 또 하나는 가면 뒤의 얼굴도 가면인 인간 실존의 늪에서 그 처방으로 제시한 사랑의 은유였다. 그에 의하면 사랑은 빈말이라도 따스하게 하는 것이다.

빈말조차 따스하게 잘 못하는 세태가 얼마나 비관적이었으면 그렇게 말했을까 싶으면서도 내심 나는 이런 그의 사랑관이 오랫동안 불편했다. '빈말이라도'의 그 '이라도'가 불편했고 사랑의 최선이 '빈말'이라는 그 따뜻한 비관주의가 은근히 씁쓸했다.

오늘 산행하면서 샘물가에서 나는 그 말을 바꾸어 빈말 '마저' '서늘하게' 채워나가는 몸의 실천을 그가 쳐놓은 그물을 벗어나는 화두로 조탁해본다. 모든 말은 그 최초의 발화 순간 다 빈말이지만, 몸을 끌고 그 말의 빈 속을 채워갈 때 삶으로 성육화된다. 외교적인 따스함을 실질적인 서늘함으로 바꾸는 비용이 그 전환점에서 불가피해도 그렇게 진보해나가는 것이 말의 진정한 행로 아닐까 싶다.

말의 불우함은 그것이 진정성의 육체를 입지 못한 채 쉽사리 망각의 저편으로 시들어버리는 데 있다. 거기서 말이 세상에서 천대받는 각종 사유가 생겨난다. 그것은 말을 배우려고 투자해온 생명의 장구한 진화 과정을 낭비하는 결과로 이어진다. '존재의 집'이라는 언어의 장막에서 설익은 자신의 관념을 제조하여 개념을 만들고 막연한 자기 생각을 공글려 그것을 표현한다는 것은 얼마나 신묘한 기적인가. 그 말과 말들이 어우러져 사회적 합의를 이루고 약속을 맺으며 그 체계의 회로에서 만나 우리는 대화라는 걸 하고 소통을 추구한다.

그런데 그 말이 인간의 자폐적 탐욕 속에 자신을 속이고 하나님을 기망하며 이웃에게 사기 치는 흉기가 되어버렸다. 예수보다 조금 앞서 산 유대교 철학자 필론은 인간의 육체 속으로 들어가는 음식과 같은 물질적인 가치와 그 속에서 나오는 언어라는 형이상학적 가치를 구별하여 전자보다 후자를 귀하게 봤다. 그는 신플라톤주의 사상의 영향 아래 언어적 존재로서 인간이 지닌 신성의 불꽃을 발견한 언어 낙관주의자였던 셈이다.

반면 예수는 언어 비관주의자에 가까웠다. 그는 인간의 속으로 들어가는 음식을 깨끗한 것으로 인정한 데 비해 그 속에서 나오는 온갖 내용물들은 더러운 것으로 봤다. 뒤로 배설되는 것들은 더럽지 않지만 입에서 나오는 것들은 인간의 죄악을 매개하는 탐욕의 덩어리로 추잡하게 생각했던 것이다. 그 탐욕을 매개로 죄악을 유발하는 자리의 한가운데 바로 인간의 언어가 채널로 자리함을 부인할 수 없다.

예수의 주된 사역을 이런 방향으로 요약하면 그는 타락한 이 땅의 더러운 말들을 갱신하여 부활시키고자 육신을 입은 하나님의 말씀 그 자체였다. 실제로 요한복음의 서장은 예수를 말씀 *logos*이 성육한 존재로 묘사한다. 신성한 말씀의 사제로 오염된 인간의 말들을 새롭게 거듭나게 하는 것이 구원의 가장 밑자리를 차지했던 셈이다.

예수가 이 땅을 다녀간 지 이천 년이 지난 지금에도 여전히 말이 말 같지 않은 세상에서, 주인 없는 빈말들이 골목과 광장을 떠돌고 있다. 이 불우한 말들의 풍경 속에서, 무엇보다 시급한 건 말의 구원이다. 오염된 말의 정화 없이, 따스하게 달궈진 온갖 외교정치적인 언사와 상투적인 레토릭이 서늘하게 거듭남 없이, 인간의 구원이란 빈말의 따스한 시늉만으로 겉돌 뿐이다.

새벽길 단상 1

1

대가나 비용이 없는 삶은 없다. 기독교 신자들이 좋아하는 '값없는 은혜'도 그것을 은혜로 깨닫고 자기화하기 위한 최소한의 비용이 요구된다. 새벽 기도 나가기 전 아이들 방에 들러 세 아들의 이불을 덮어주었다. 아마 수천 번 반복해온 손길일 것이다. 아이들 이불 덮어주는 비용은 값없는 은혜를 앞세운 하나님의 의무가 아니라 내 손이 지불해야 할 몫이다. 지금까지 되어온 일들 가운데 당연시되어야 할 것은 하나도 없다.

2

쓸 만한 책 한 권을 읽기 위해서도 구입 비용, 시간, 몸의 에너지, 특히 머리의 지력과 가슴의 공명 에너지가 필요하다. 상상력도 밥이 만드는 에너지 비용이다. 모르는 말이 나오면 그 말을 자기 것으로 삼기 위해 사전을 찾아보는 별도의 비용이 추가된다. 개념이나 문구상의 난해한 구조를 깨고 행간의 별미를 챙기기 위한 심사숙고의 비용은 꽤 길게 지불된다. 그런 비용이 귀찮아 감추어버린 채 그냥 '어렵다'고, '바쁘다'고, 책이 자기 취향이 아니라고 변명 삼아 말한다.

3

앞으로도 크고 작은 대가를 치르고 각종 비용을 지불하면서 헤쳐나가야 할 삶의 미로들이 대기 중이다. 특히 원근 각처에 기도로 보살피고 돌봐줘야 할 연약한 생명들을 기억해야 한다.

4

얼마 전 K 목사는 페이스북 설교에서 자기가 보기에는 하나님이 공평하지 않다고 단호하게 선언했다. 하나님이 공평하다는 믿음은 착각이라는 식으로까지 말했다. 자기처럼 좋은 할아비 아래 여유 있게 자라는 유복한 아이들과 아프리카 오지에서 짐승처럼 뒹굴다가 말라 죽는 어린애가 어떻게 공평한 삶을 누린다고 말할 수 있느냐며 증거로 제시했다. 나아가 그는 그 불공평한 현실을 공평하게 바로잡는 일을 사명으로 깨달아 헌신하게 하려는 뜻으로 하나님이 우리를 불렀다는 어조로 메시지를 이어갔다.

　나는 그 설교를 읽으면서, 그 신학적 논리의 가타부타를 떠나, 말로써 '지적인 정직성'을 이 정도로 표현할 줄 아는 한국 목사가 얼마나 되는가에 생각이 미쳤다. 생각이야 어떠하든, 말로써 자기 최선의 지적인 판단을 최대한 정확하고 정직하게 표현하기란 쉽지 않다. 그래서 설교가 둥글둥글 누이 좋고 매부 좋게 흐른다. 그 메시지 뒤에 따라붙은 내 꽁무니 반문. 그러면 하나님이 세상을 공평하게 다스리는 일이 귀찮아서 굳이 인간을 만들어 부려먹으려고 불러서 저런 사명을 주신 것인가?

5
새벽 채플 가는 길은 내게 구도의 길이고 묵상과 순례의 길이다. 일어나 떠날 때 찌뿌드드했다가 돌아오는 길은 상쾌한 편이다. 설교가 들어주기 가장 어려웠다. 음색은 좋은데 논리도 없고 메시지의 초점이 산만했다. 억양은 어디서 많이 들어본 익숙한 유형. 거의 횡설수설 수준. 설교학자의 설교가 들어주기 가장 힘들다. 설교학 교본에 충실하려다 보니 거기에 파격적 '변주variation'가 없기 때문이다. 본문을 그냥 찬찬히 한 번 더 같이 읽는 것이 좋았겠다. 물론 그의 사람 좋은 성품을 나는 좋아한다. 동일한 대상을 향해 좋아하기도 하고 동시에 싫어하는 것이 가능한가. 그게 인간이다. 좋아함을 싫어함으로 표현하고 싫어함을 좋아함으로 드러내는 것이 가능한가. 그게 또한 인간이다.

새벽길 단상 2

1

컴컴한 미명의 길을 헤치며 문을 나선다. 밤사이 쌀쌀한 흑암을 견뎌냈을 좌우 산들의 나무와 풀들의 근황이 괜스레 궁금해졌다. 아중저수지 깊은 곳에서 꿈틀거리며 찬물의 침상과 이불에 자족했을 물고기의 안부를 묻고 싶어졌다. 저들과 모든 것이 통하던 태초의 시절이 다시 새벽과 함께 깨어나는 듯한 분위기다.

2

내가 그리스도인, 목사, 신학자이기에 배우고 깨친 것들, 내가 동성애자가 아니라 이성애자이고 세 아이의 아빠이기에 경험한 것들, 내가 한국인 남자이고 21세기에 살고 있기에 얻은 것들, 그런 것들이 얼마나 많으며 또 얼마나 큰 은혜이랴. 그러나 바로 그런 이유로, 그런 정체성의 울타리 안에 살기에 그 울타리 바깥의 세계에 내가 얼마나 무지하고 무감각하며 무관심한지 동시에 인정해야 하리라. 더러 그 반대편에 맞서고 있다는 이유만으로 함부로 폄하하고 정죄하며 은근히 적대감을 내비친 적은 없었던가. 아무리 많이 알아도 부분을 알고 또 부분을 생각하고 경험해온 인간으로서 그 실존적 한계를 통렬하게 인정하지 않을 수 없겠다. 정체성은 양날의 칼이다. 너무 정체성을 좋아하고 강조하는 것이 인간으로서, 피조물로서 포괄적 정체성을 이해하는 데 장애물이 될 수도 있다는 사실!

그렇다. 정체성에는 폐쇄적 정체성도 있고 포괄적 정체성도 있다. 자신의 내면적 기질과 성향을 잔뜩 응축시켜 부풀리는 방식으로 외부의 적들과 대항하여 싸워 이기기 위한 기반으로서의 정체성도 더러 필요하다. 살다 보면 생존이 최우선 목표가 될 때도 있지 않은가. 바로 그럴 때, 악착같이 버티지 않으면 위축되기 쉬운 제 존재의 기틀을 잡아나가야 할 때, 폐쇄와 배타가 정체성의 동력이 되기도 한다. 심지어 예수조차 "나와 함께 하지 아니하는 자는 나를 반대하는 자요 나와 함께 모으지 아니하는 자는 헤치는 자니라"고 말하지 않았던가. 그러나 그것이 정체성의 전부가 아니다. 타자 속에서 감추어진 '나'를 발견할 때, 또 '나'의 심연 가운데 낯선 타자의 모습을 찾아낼 때, 정체성은 웅덩이 물처럼 고여 있기보다 흘러가면서도 제 존재의 본질을 잃지 않는다. 포용의 정체성이 탄생하는 지점이다. 정체성만을 주술처럼 내걸기보다 어떤 종류와 성질의 정체성인지 좀 더 깊이 말할 수 있어야 한다.

3

어제 구역 예배에서 잠깐 나온 얘기. 사람들이 왜 주택가 인근의 그 좁은 골목 양편에 주차를 그렇게 빼곡하니 해서 2차선을 1차선으로 만드는지, 너무 심하다는 지적. 워낙 주택가 인근의 상가에 주차공간이 좁으니 그 정도는 이해하겠는데, 아파트 주차장의 빈 칸이 여기저기 꽤 남아 있는데도 왜 하필 아파트 출입구의 양편에 차를 대서 출퇴근의 불편을 초래하는지, 이건 좀 병적인 수준 아닌가 하는 내 추임새. 거창한 명분과 구호가 따라붙는 공공의 관심에 더러 이타적이고 진보적인 목소리를 섞으면서도 일상의 반복적인 사소한 영역에 이르러서는 필사적으로 이기적인 중산층의 욕망! 무섭다. 서울의 뉴타운 공작이 이 기괴한 중산층의 욕망을 자극하여 괴물 국회를 낳았다는 사실은 두고두고 새겨야 할 역사적 교훈이다.

4

채플의 30분을 견디며 즐겨보려 했는데 역시 설교가 산만하고 횡설수설로 어지러웠다. 마음 좋은 이 시니어 조직신학자는 자신의 설교 담론으로 그 좋은 마음을 증명해내지 못한다. 그러니 이분들과 별난 차이 없이 곰비임비 순서를 맡아 설교해온 내 말들의 풍경은 또 얼마나 봐주기 괴롭고 난감했으랴.

5

멕시코 카보 산 루카스의 아시안다 해변에서 심해 희귀종인 길이 6미터의 산갈치가 잡혔다. 그 존재 자체가 확인된 지 그리 오래되지 않은 이 기묘한 어종은 최대 15미터까지 자란다고 한다. 왜 200미터 깊은 바다에 살다가 낮은 바다로 떠올랐는지 알 수 없는 일이다. 지진을 암시한다는 소문에 인근 백성들이 불안해한다. 낯선 생명체의 출현은 늘 불안한 징조였다. 그만큼 우리가 자기 동일성의 포로로 살아왔다는 명백한 증거이다.

6

새벽 채플에서 돌아오는 길에 자주 들르는 자현옥의 남문식 콩나물국밥은 아무리 먹어도 질리지 않는 아침식사이다. 헛된 인생을 달래는 일에 먹고 마시는 것보다 더 나은 분복이 없다는 전도서의 소박한 통찰은 이 아침 식탁의 체험과 함께 여실히 증명된다. "사람은 헛것이며 그 날들은 지나는 그림자와 같다"는 시편의 한마디를 밥알과 함께 곱씹어본다. 이 말씀은 내가 이미 '된' 것과 앞으로 '될' 것, 또 우리가 자랑스럽게 해온 것들과 앞으로 해나갈 것들의 배타적 경계를 초월하여, 다시 태초의 감각으로 무한과 영원을 마주 대하게 한다. 그 가없는 자리, 그 덧없는 시간 너머의 시간은 인간 삶의 모든 영욕이 용해되는 구원의 종착점이자 소실점이다.

7
그 '헛것'을 잘 견디며 그 바깥의 희망을 키우는 것이 인생이고 신앙이며 선교이다.

몽상의 미로와 열 개의 단편들

1

남들이 다 하는 얘기들과 부러 버성겨 다소 엉뚱하더라도 굳이 다른 얘기를 하고 싶어 하는 욕망은, 이 세상의 갖가지 체계가 쳐놓은 조종과 통제와 감시와 선동의 그물망에 포획되지 않으리라는 무의식의 발호와 연동되어 있지 않을까. 그렇다면 무의식은 한없는 자유를 지향하는가? 무의식은 하나님의 절대 자유를 가장 흡사하게 모방하는가?

2

대체로 나이 오십을 고비로 사람들은 내부로 단속하는 수치 shame의 족쇄가 풀리는 성향을 드러낸다. 이런 증상이 조금 일찍 올 수도, 늦게 올 수도 있는데, 남녀의 생체리듬에 비추어 일각에서는 신경계 내부 호르몬의 지각변동과 연계지어 설명하기도 한다. 그러나 남녀의 성적 동태와 호르몬 에너지의 차이와 무관하게, 자신이 이십 대 시절 창피스러워 하던 것을 천연덕스럽게 감행하고도 털털하게 웃어넘기는 기질은 어떤 경로로 형성되는 것일까. 출산과 양육의 끈끈한 경험? 생존경쟁의 각박한 현실을 넘어서면서 쌓아온 분노와 결기? 이 세상살이의 고단함 속에 터득한, 모든 인생 거기서 거기라는 관조와 달관의 포즈? 내 관찰에 의하면 여기에 한 가지 중요한 걸 더 보태야 하는데, 그것은 점점 깊숙이 침투해오는 늙음과 죽음의 공포이다. 그것을 제 욕망의 적나라한 도발을 통해 망각하려는 무의식의 페르소나 같은 것이 작용하지 않을까 싶다. 여하간, 나이 들수록 사소한 일들에서 추해지지 않기 위한 섬세한 성찰의 노력은 늘 중요하다.

3

예수의 유산은 기도든, 금식이든, 구제든, 모든 걸 은밀히 하라는 것이었는데, 모든 걸 은밀한 중에 은밀히 판단하시는 하나님을 닮으라는 뜻이다. 이러한 '사적인 경건'의 전통은 오늘날 대중 종교로서 기독교 체계 안에서 너무 무기력하다. 어떻게든 홍보하고 선전하고 떠벌여야 흥행이 되고 경건의 공적인 점수도 높아간다. '극장식 연기'가 대종을 이루며 연극배우 *hypokritai*, play-actors의 세련된 연출이 경건의 장치로 불가피한 현실 속에서 우리는 자의 반 타의 반 점점 더 능숙한 위선자/위악자가 되어간다. 시인 이성복이 한 작품에서 '가면 속의 얼굴은 가면이었다'라고 읊조린 대목은 예수의 저 전통 유산에 대한 20세기의 통렬한 사형선고였을 것이다.

4

위악의 기원이 위선에 있지 않을까. 그러니까 위악이 위선으로 인한 억압이나 상처에 저항하기 위한 자구책의 일종으로 발생한 것이 아닐까. 하도 '선'이 '선' 같지 않다 보니까 그것의 반대편이 차라리 '진짜 선'에 이르는 역설적 첩경이 아닌가 하는 발상이 그 언저리에 자리 잡고 있다. 그렇다면 위선이 창궐하는 시대일수록 위악의 발버둥도 치열해진다. 위선이 곱상한 얼굴로 접근하는 데 비해, 위악은 그 위장된 미소에 속아 넘어가지 않기 위해 더욱 악랄하게 발악한다.

5

모든 이데올로기는 공동체적 삶의 회로에서 물러진 신념이 흐지부지 비산하여 제 존재의 울타리가 무너져 내릴지 모른다는 강박적 위기의식에서 비롯된 산물이 아닐까. 그 강박이 마치 상처를 내부로 봉합하려는 나무의 옹이처럼 뭉쳐진 일종의 정신적 응고 현상이 아닐까. 다시 말해, 제 욕망의 한 얼굴이 또 다른 낯선 얼굴과 마주한 상태에서 그것의 생경한 공포감을 견디기 어려워 흐물거리는 집단 무의식을 단속하여 급성으로 화석화시킨 뒤, 그것을 무슨 보석이나 사리처럼 받들어 섬기게 된 것이 아닐까. 아, 신앙이란 이름으로 자행되는, 바로 우리 동네, 기독교계의 우상숭배라니… 그것도 헛된 망집이 아닌가.

6
어려서 억압적인 근본주의 신앙의 분위기에서 자란 기독교인이 자라서 제법 개방적인 신학 공부를 통해 맹렬한 자유주의의 기수로 활약하는 경우를 봤다. 심지어는 기독교라는 미신을 타파하는 것을 자신의 사명으로 여겨 신학교에 들어와 박사과정 공부하는 동료도 만났다. 거기에는 자신이 갈고 닦은 계몽적 지식에 비추어 제 유년기 이후의 신앙적 열심이 기만당한 결과였다는 각성과 함께 찾아온 분노의 에너지가 넘쳐난다.

이와 반대로, 한참 의욕 충만한 청장년기에 자유스럽고 진보적인 신학의 전도사로 활약하던 인사들이 늙어가면서 보수적으로 전향하는 사례도 심심찮게 본다. 나이와 연륜으로 그 변화의 동기를 눙치고 좀 더 솔직하게 이제 좀 편하게 살고 싶다며 젊은 시절의 투쟁으로 소급되는 피로증도 호소한다. 이를 포용과 성숙의 미덕으로 감싸 안는 것이 예절이겠지만, 그 노골적인 속 내인즉, 오규원 시인의 옛 시집 제목대로 '나도 가끔은 (다른 동네서도) 주목받는 생이고 싶다'가 아니겠는가.

변화는 필연일 텐데 사상이나 지향점을 두고 어떻게 변하는 것이 바람직할지 아직 미완의 과제이다. 그러나 끝까지 자유스러운 상상력의 출구를 열어놓고 꾸준한 지적 모험과 영적 탐험의 찬바람 앞에 선다는 것은 얼마나 지난한 일인가.

7
도덕과 규율을 앞세운 엄숙주의는 아무리 옳은 말을 담아도 불편하다. 너무 옳고자 하는 자긍심이 강고하여 그 속에서 던지는 유머조차 규범적으로 느껴진다. 간혹 자신의 비전과 포부가 과잉으로 범람할 때면 소영웅주의 낌새마저 탐지된다. 시인 곽재구는 언젠가 사랑은 허름한 가슴에서 나온다고 노래했다. 그 '허름한 가슴'은 주장과 담론의 장에서 타자를 초청하여 다른 이야기를 용납하는 틈이고 여백이다. 그 여백은 그러니까 내 견결한 옳음과 검소한 주장이 상대방의 일탈과 사치와 낭비까지 용인하는 성숙 이후의 소박이다.

정치와 혁명(개혁?)의 극단에서 일군의 목소리는 나는 끝까지 옳다고 강변하고 종교와 성찰의 극단에서 또 다른 일군의 목소리는 주구장창 '내 탓이오'를 외치며 나는 죄인 중의 괴수라고 참회한다. 이러한 엄숙주의의 분법도 사뭇 병리적이다.

8

시시때때로 수십 개의 일간지, 주간지, 월간지를 섭렵하면서 각종 기사, 보도자료, 사설/논설, 아주 가끔 시/소설까지 챙기고, 심지어 미용실에서 〈레이디경향〉 등의 주부생활 정보까지 주워섬기다 보면, 세상이 마치 그 모든 것들의 조합처럼 한없이 혼란스럽고 복잡하게 다가온다. 페이스북의 각종 주장과 제각각의 배설, 링크 자료와 동창회 소식, 더러 정갈하고 감동적인 사진과 이야기도 범벅이 된 정보의 홍수 속에 짧은 순간 휩쓸려가기는 매한가지이다.

그렇게 투사된 정보의 피사체로서 세상은 한없이 막막하고, 세속은 끝없이 표류하는 듯 보인다. 그러나 잠시 고개 돌려 방 안의 시계를 보면 시간은 그런 세상에 시큰둥하게 바늘을 돌리고, 조금 몸을 움직여 들판으로 나가봐도 이 세상의 온갖 잡동사니 세태에 무심한 듯 냇물은 흐르며, 작은 생명들은 제각각 제 존재의 의미를 좇아 꼼지락거리고 있다. 거리에 떠도는 익명의 군상도 그 무표정 속에 녹슨 신의 형상을 감춘 채 바지런히 흘러가며 소박한 몸짓으로 제 일용할 오늘의 양식과 내일의 양식을 구하고 있다.

문제는 오로지 문제시할 때 문제가 되는 법 아닌가. 그렇다면 문제를 작게 축소하여 묻어버리거나 하늘로 날려버릴 수도 있을 텐데…. 문제가 너무 많아 문제가 되는 과민한 가역반응의 반복 속에 일상은 쉬 지쳐버리는 법! 그렇다고 문제가 되는 걸 무조건 아니라고 우길 수만도 없는 법이니 논쟁과 수다는 끝이 없다.

내 생의 고단함 절반 이상이 어쩌면 문자를 배워 글을 읽고 그 글이 매개하는 세상의 정보에 반강제적으로 중독된 결과는 아닐까 하는 엉뚱한 생각이 든다. '내가 글/책을 몰랐다면…?'이라는 사치스런 가정과 '내가 책을 떠날 수 없다'는 실존적 한계 사이에서 월요일의 뚱한 오전이 내 정신의 옆구리를 관통하고 있다.

9

시인 황동규는 언젠가 사랑이란 있는 모습 그대로 상대방을 용납해주는 거라고 말했다. 반면 많은 이들은 어떤 이상적인 모델이나 목표로 상대를 끌어주고 밀어주는 걸 사랑이라고 믿는다. 성서의 하나님은 전자의 사랑에서 시작하여 후자의 사랑으로 나아가다가 막판에 다시 전자의 경우로 선회하는 인상을 준다. 그 아버지에 그 아들이라고 예수도 이 치열한 코스를 그대로 체현한 듯하다.

오늘도 '사랑'이란 두 글자 앞에 제 나름의 바람직한 목표와 어설픈 현실 사이에서 우리는 2퍼센트의 조율사를 꿈꾼다. 그러나 그 목표를 포기하기도, 현실을 감내하기도 모두 쉽지 않다. 8월에 막힌 길을 오늘에야 뚫었다. 내가 새로 발견한 산악자전거 길이 그동안 산 정상 부근에서 막혀 있었는데 마침내 여름철 폭파 공사로 건너편 길과 통하는 순환도로를 만들어놓은 것이다. 길 없는 길을 내달려도 사랑의 길은 여전히 보이지 않는 미로다. 하늘과 구름과 바람과 숲이 마냥 상쾌하다. 손이 조금 시리다.

10
우리는 자기가 옳다는 확신 없이 이 세상의 악과 맞붙어 치열하게 싸울 수 없고, 자기가 그르다는 전복적 상상력의 여백 없이 서늘하게 반성할 수 없다. 마찬가지로, 우리는 흔들리지 않는 제 신앙/신념의 확고한 기반 없이 이 불안한 세계에서 제 존재를 영원에 잇대어 우뚝 세울 수 없고, 끊임없이 흔들리는 실존적 떨림 없이 제 존재의 심연을 집요하게 되물으며 성찰할 수 없다. 옳든, 그르든, 흔들리든, 흔들리지 않든, 우리는 오디세우스처럼 제 집으로 돌아가는 이타카Ithaca의 도상 위에 있다. 그 길 위의 여정에서 우리는 외로운 여행자로 제 일상의 고단함을 달래고 생의 근원적 부조리를 견디며 가끔 더 나은 본향을 꿈꿀 수 있을 뿐이다.

교회 개혁 초록

1

한국 교회에 개혁을 외치는 목소리들이 점점 커지고 또 높아지고 있다. 그동안 저질러온 업보의 심각성을 생각할 때 현재 처한 절박한 생존 위기의 현실에서 그런 현상은 당연해 보인다. 때늦은 감도 있다.

그런데 너도나도 '개혁' '개혁' 하다 보니 그 당위성의 원론적 반복은 잦은데, 실천 방법과 각론에 이르면 제각각 불어대는 나팔이 되어 예언자의 고독한 목소리로 허공에 흩어지기 일쑤다. 심지어 개혁의 주체와 개혁의 대상이 혼란스레 뒤섞여 저마다 나름의 '개혁적' 의제를 품고 허공을 향해 개혁의 손가락질을 하는 것처럼 비칠 때도 있다. 그런 와중에 더러 개혁이 괴물이 되기도 한다.

한편에서는 '내 탓이오'를 복창하며 참회의 그늘에 숨고, 다른 한편에서는 화끈한 판단 기준과 과감한 행동으로 이런저런 사건을 쟁점화한 캠페인을 통해 참여를 독려한다. 아무래도 한국 교회 구성원들의 모든 중지를 모으기는 어려워 보인다. 교단의 대표들이 앞에서 선언적으로 개혁의 의제를 발표하고 행사 몇 차례 한다고 오래 묵은 구조적 병폐가 청산될 것 같지도 않다. 무슨 성회나 대회의 대중 집회를 통한 거창한 구호의 공표와 우렁찬 각성의 포효도 해볼 만큼 해보지 않았던가. 진행 중인 각종 개혁 프로그램의 이해관계를 조율하고 그 열매를 나누는 문제도 언젠가는 짚어야 할 복류하는 난제이다.

결국 제각각 구축한 삶과 신앙의 진지에서 스스로 제출한 개혁의 과제를 그 공동체의 성원들과 합의하여 점진적으로 '제도화'해나가는 것이 관건이다. 거기서 진일보한다면 웬만큼 합의된 개혁의제의 공통분모를 주변의 다른 진지에 속한 형제자매들과 교류/소통하면서 그 단계별 소박한 성과를 나누며 우애 깊이 연대해나가는 것이다.

그래서 개혁의 의제들을 우리의 일상적인 삶의 동선 가운데 특별한 구호나 선동의 기치가 아닌, 담담하고 덤덤한 '버릇'으로 키워나가는 것이다. 너무 흥분하여 거칠어진 성질 좀 죽이고 남의 눈치 보느라 기죽었던 용기 좀 키워, 서로 이드거니 어울려 격려하고 관대하게 포용하면서 그런 버릇의 총화를 교회의 영양가 높은 문화로 키워나간다면 화끈한 전복이 없어도 점진적으로 뭔가 나눌 만한 열매가 생기지 않을까 싶다.

한국 교회 개혁의 명분과 동력, 실천과 결과 이후의 성찰에 두루 서늘한 지혜가 요청된다면, 싸움의 지형은 점점 더 국지화되고 세밀화되는 것이 바람직하다. 또 싸움을 넘어선 축제의 향연이 그 싸움의 상처를 딛고 넘어설 만큼 일상 속에 충분히 구현되어야 한다. 그래서 그 개혁이 우리 각자의 말과 생각과 욕망과 의지와 행동이 한 가지로 뭉뚱그려진 삶의 결실로 누려질 수 있다면 좋겠다. 그러기 위해서라도 개혁 이후의 버릇들이 서로 간의 견제와 격려 가운데 날마다 거듭나야 한다. 어차피, 삶의 행로가 그렇듯, 개혁의 진로 역시 오락가락할 터이기 때문이다.

2

개혁이 성실한 현재진행형이 아니라 아득한 과거의 추억으로 맴돌기에, 그것이 '행사'와 '자리'를 빛내려는 선전용 구호와 자족적 멘트로 겉돌기에, 종교의 외관이 아닌 신앙의 본질로 그 개혁의 예봉이 침투하지 못하기에, 거창한 표어 속의 개혁의제가 삶의 버릇으로 내려앉지 못하기에, 그 개혁의 주체도 대상도 거부하면서 그 사이의 그늘에 두둥실 숨고자 하기에, 그 '사이'의 묘법에 눈떠 망각의 숲을 헤치고 그 처음과 나중을 조율하는 이들이 희소하기에, 루터의 재림은 좀처럼 이 땅의 파란만장한 현실이 되지 못한다. 현명한 시숙時熟의 타이밍을 노려 제 운명을 걸지 못하는 개혁이란 개털처럼 가볍다. 이것이 한국 교회의 개혁을 위해 새로 다져야 하는 서늘한 자기 성찰의 출발점이다.

뒷동산 산보길의 이삭들

1

고요한 산길에 접어들어도 쟁쟁거리는 라디오를 허리춤에 찬 아저씨나 할아버지 하나씩 꼭 만난다. 옛날 난리통에 바깥세상과 소통하던 유일한 통풍구에 대한 애착일까. 문명과의 단절에 대한 공포감의 표출일까. 내 심미적 이성에 심히 거슬리는 이 무교양의 극치 앞에서 나는 경험적 인습의 저주를 읽는다. 바로크적 폭력의 충동을 느낀다. 그것은 '바로크'의 어원과 상관된 기괴한 이미지의 천연덕스런 과시를 기괴한 방식으로 타격하고 싶은 욕망의 도발적 순간과 함께 찾아온다. 자연 속에서도 문명의 세속과 단절되는 것이 두려워서일까. 아니면 자연의 미세한 소리로써는 성미에 차지 않아 굳이 전자기기로 만들어낸 인간의 소리를 증폭시킴으로 소외감을 달래고자 하는 무의식의 발로일까. 어찌 보든지 이런 행태는 그로테스크한 풍경이다. 그런데 그 그로테스크함을 그 당사자만 모르는 듯하다. 여전히 천둥을 부르는 계몽의 망치가 필요한 심미적 무감각의 시대에 우리는 살고 있다.

2

꽃을 보며 얼굴을 찡그릴 사람이 얼마나 될까. 가을 나무의 서늘한 몸매를 대하며 분기탱천할 사람이 있을까. 자연의 자연스런 미덕은 내면의 경계를 허물고 심리적 긴장을 무장해제하는 데 있다. 그렇게 헐렁해지면 자신이 주고받아온 억압이나 상처의 결이 드러나면서 사소한 이미지나 작은 소리에도 화들짝 깨어나곤 한다. 호들갑이 화들짝을 경유하여 잠잠한 태초의 순수로 회귀하는 자리!

3

만유를 품으시는 만유의 하나님, 선악이나 시비마저 넘어 뭇 생명을 먹여 살리시는 창조주… 그런 보편주의 신학과 함께 성서는 이 사람과 저 사람의 아귀다툼, 이편과 저편의 생사 혈투, 내부와 외부의 치열한 옥신각신을 보여준다. 하나님도 그 진창 속에 뒹굴며 전사로 싸우시고 예수도 그 전선에서 '더 나은 의'를 위해 분투하신다. 이제 바야흐로 하나님의 편애와 성서의 당파성을 논해야 할 때가 왔다!

4

졸린 오후가 눈 비비며 사물함을 열고 닫는다
연필 두 자루에 몽당 지우개 하나
흘러간 기억 속에 무엇을 더 쓰고 무엇을
지워버릴 것인가
이념도 조국도 없는 아이에게
제 몸의 주체로 앞길 밝히는 앎의 자리

깔아주었건만, 그조차 허망하여
하늘로 꽂아둔 사다리 길 먼지 덮인 채 적막하다
쓰다 지우다 어지럽혀진 내 공책의 여백에
녹슨 기억 다시 번지면
쓸쓸한 내 미소가 무척 서럽다
해 지는 골목에 서성이는 작은 발걸음이
시리고 아리고 또 비릿하다

천변에서

1. 갈대와 억새의 학문

어제 오후 꽤 자랑스럽게 몸을 부리며 흔들리더니 오늘 아침엔 찬바람에 잔뜩 몸 사리는 게 간밤의 비에 젖은 탓인가 보다.

갈대와 억새의 차이가 여전히 내게 모호하지만 가벼운 바람에도 쉽게 흔들린다는 점에서는 별 차이 없다. 중심의 괴로움을 털어내기 위해, 상처의 기억에 진저리 치듯, 간밤 꿈의 신호에 화답하는 무의식처럼, 이 친구들은 쉼 없이 흔들고 흔들리며 제 존재의 의미를 이루어간다. 이들에게 흔들림은 생존의 본능이고 생활의 리듬이며, 어쩌면 생명의 순리 같은 게 아닐까.

모든 사상과 학문, 신념이 '-주의-ism'라는 딱지로 화끈하게 재단되며 정체성을 얻는 세태 속에서 내 학문의 브랜드에 적절한 이름을 궁리해본다. 굳이 명명한다면 '성찰적 해체/재구성주의'쯤 되지 않을까 생각하다가, 아니, 내 체질을 감안해서 '갈대

/억새주의'라고 부르기로 잠정 결론을 내린다.

학문이 즉흥적인 제 욕망을 분석하며 남세스레 배설해대는 '항문'처럼 조롱받는 시대에 그 대안의 사잇길은 무엇일까. 그것은 아무래도 꾸준히 흔들리면서 제 공부의 열매에 취하거나 들리는 버릇을 허물고 날마다 새로이 출발하는 전위적인 선택 같은 것이 아닐까.

'들림obsession'보다 '흔들림shaking'에 더 상쾌한 길이 있다. 그것이 이 축축한 아침에 길 없는 바람의 길이 내게 눈짓하는 징조이다. 그것이 저 갈대/억새가 온몸으로 흔들리면서 계시하는 외롭고 다부진 전략이다.

이 고즈넉한 새 아침에, 세상의 모든 미물들은 섬세한 떨림의 몸짓으로 기탄없이 흔들리고 있다.

2. 메뚜기잡이 아저씨

자전거를 끌고 아중천변으로 길게 다녀오던 오후, 나무 작대기로 풀숲을 헤치며 뭔가를 열심히 찾는 아저씨의 모습에 시선이 머물렀다. 유심히 살피다가 "무엇을 찾으세요?"라고 물었더니 아저씨는 메뚜기를 잡는다고 했다. 집게손가락 반 토막만 한 메뚜기가 풀숲에서 뛰어다녔는데 색깔이 거무튀튀한 게 내 고향에서 송장메뚜기라고 부르던 놈이었다.

어린 시절 내가 구워 먹던 메뚜기는 가을걷이 할 때 논밭에서 뛰어놀던 연둣빛 도는 놈이었다. 반면 검은 잿빛이 도는 놈은 주로 야산의 무덤 주변에 많이 서식한다고 송장메뚜기라고 불러 먹는 걸 금기시했다.

난 아저씨와 '송장메뚜기'의 전설로 잠시 화제 삼아 얘기했는데, 나이 지긋한 이 아저씨는 그쪽으로 아무런 정보나 지식을 가지고 있지 않았다. 돌아오는 길, 가만히 생각해봤다. 똑같은 메뚜기인데, 서식지와 색깔의 차이로 식용과 비식용을 구분한 어린 시절의 메뚜기 감별법은 정당한 것이었던가? 이즈음같이 먹을 것이 풍부한 시대에 나무 작대기로 몇 마리 메뚜기를 잡겠다며 허구한 날 도시의 천변에서 진중한 몸짓으로 곤충 사냥을 하는 이 아저씨의 삶은 어떠했을까?

처음엔 그 동작이 매우 기괴하고 코믹해 보였는데, 잠시 관점과 정서를 바꾸어 그 풍경을 되새겨보니 원인 모를 서글픔이 스멀거리기 시작했다. 인생에는 말로 설명하지 못할 묘연한 구석이 이다지도 널려 있구나 싶은, 단 5분간의 콩트 같은 경험이었다.

3. 소양천 억새밭

집에 있으면 늘어질까 봐 오랜만에 자전거를 끌고 나왔다. 소양천변의 무성한 억새밭이 가는 물줄기를 뒤덮고 있었다. 소양천은 남쪽에서 올라오는 아중천을 흡수한 뒤 북쪽에서 내려오는 고산천과 합류하여 만경강 본류를 형성한다.

아중천과의 합류 지점에 지금 공사가 한창이다. 만경강 둑길 따라 길게 서해 바다까지 이르는 자전거도로를 조성 중이다. 다행히 4대강 사업과 달리 보를 쌓는 공사는 안 보이고 이전에 쌓아놓은 낡은 보들을 깨부수는 작업이 일부 진행되었다. 그 보들의 수명은 채 50년이 안 되었을 것이다. 현재 지어놓은 4대강 보들이 30년, 50년 이후 어떻게 될까 생각해보니 암담해진다. 축조한 지 1년도 채 안 되어 벌써 물받이공에 50센티미터 균열이 나는 등 문제가 생겨 자꾸 땜질을 하고 있다니 노쇠하여 허물어지고 있는 만경강의 보들이 마치 4대강 보들의 미래처럼 측은히 느껴진다.

그 흉물 같은 녹슨 보들을 무성한 억새 숲이 푸근히 감싸며 조금씩 자연으로 돌려보내고 있었다. 저물어가는 오후, 둑에 서서 자전거 붙들고 물끄러미 억새의 품이 들려주는 소리에 귀 기울여주었다. 가늘고 텅 빈 대궁들의 가벼운 힘으로 딱딱한 콘크리트 제방을 타이르느라 세대를 바꿔가며 늙어온 억새들의 표정이 오늘은 어쩐지 슬프고 세월의 피로에 지친 듯 보였다.

도량에 대해서

1

꽤 오래전, 〈인물과 사상〉이란 잡지에 내가 좋아하는 논객 고종석 씨가 이런 제목으로 글을 쓴 적이 있다. 요지인즉, 주변의 어떤 사람은 보수 진영 인물이지만 상대방에 대한 인간적인 배려와 도량이 넓고 예절이 반듯한 데 비해, 지인들 중 진보적이라는 인사들 몇몇은 사소한 일에도 까칠하게 굴고 시도 때도 없이 전투적이며 상대방에 대한 포용력이 협소한, 빈곤한 도량의 인물이라는 얘기였다. 그가 보수/진보의 간단한 잣대로 사람을 평가하는 것이 온당치 못함을 역설하기 위해 이런 주장을 했는지, 그런 잣대의 통상적 기대가 배반당하는 인간 존재의 복잡다단한 이면을 들추어내려고 이런 주제를 잡았는지 분명치 않다.

동 잡지의 다음 호에서, 당시 사사건건 시비 걸며 영역을 가리지 않고 실명 비판의 기수로 명성을 떨치던 강준만 교수가 고종석 씨의 이 글에 불편한 심사를 정직하게 표출하였다. 그는 자신의 까칠한 도량을 성찰하면서 때로 도량과 무관하게, 도량을 넘어 전투적일 수밖에 없는 구조적 여건을 방패 삼아 자신에게 겨냥된 이 화살을 방어한 것으로 기억한다.

그 인상적인 논쟁의 여운이 오래(거의 10년 가까이?) 지속되던 중, 오늘 지루한 글을 쓰는 어느 우발적인 순간, 다시 도량의 문제에 뜬금없는 생각이 슬며시 미쳤다. 고종석이 상찬한 도량 넓은 그 보수적인 인사는 늘 그렇게 도량이 넓고 깊었던 걸까. 특정한 상황에서, 특정한 개인에 대해, 자신의 도량 넓은 한 측면(단면이 아니라)을 보여준 것은 아닐까. 나아가 그 보수적인 인사의 넓은 도량은 그 보수적인 가치를 더 돋보이도록 고상하게 증폭시켜주는 것일까. 혹여 그 도량 넓은 보수적인 인사가 자신의 물질적 정신적 풍요함을 뒷배 삼아 그 도량의 여유로써 보수적인 가치의 결핍된 부분을 엄호하려는 무의식적 균형 감각이 작동한 측면은 없었을까.

마찬가지로 고종석 씨가 잘 안다는, 그 까칠한 진보 인사의 협량해 보이는 인격과 편협한 도량도 혹여 이런저런 사안에 치이고 당하면서 쌓아온 정서적 굴곡이 반영된 증상은 아니었을까. 그것이 내부적인 성품의 문제가 아니라 워낙 열악한 진보의 형편에서 제 존재감을 드러내기 위한 악전고투의 몸부림으로 자꾸 말과 행동을 삐딱하게 비틀다 보니까 그렇게 구겨진 도량으로 투사된 면은 없었을까. 그러다 보니 고종석 같은 특정 개인을 대할 때마다 그 상황에 순치된 욕망의 버릇이 정형화된 패턴으로 표출되면서 자학적인 위악의 제스처와 함께 그의 협량한 도량의 이미지를 강화했을지 모른다.

보수는 지켜야 할 것이 많으니까(또 감춰야 할 꿀단지도 적지 않을 테니까) 여유 있게 도량을 챙기면서 자기 관리에 충실할 수 있는 방어자에 가깝다. 반대로 진보는 늘 좌충우돌 모험하면서 개척하고 시행착오를 무릅쓰고 투쟁해야 할 장벽이 많은지라 때로 궁색한 처지에서 인품이나 도량의 관리에 무신경한 성향이 없지 않을 것이다. 그렇다면 진보가 도량을 더 풍성히 갖추기 위해 보수적인 가치 영역에 투항해야 할까. 반대로 보수가 진보적인 가치의 결핍을 정당화하는 방편으로 더욱 넓고 깊은 도량의 오지랖을 확충해나가는 것이 바람직할까.

나는 도량이 넓은 사람일까, 좁은 사람일까. 그 객관적인 기준이 과연 존재하는 걸까. 또 그 기준은 누가 어떤 경로로 정하는 걸까. 외려 나는 보수와 진보의 가치와 무관하게, 특정한 사람에게, 특정한 상황에서, 특정한 정치적 심리적 이유로, 특정한 욕망의 무드에 복잡하게 끌리면서 도량이 넓어졌다 좁아졌다 춤을 추는 것이 아닐까. 날마다 자식을 양육하고 교훈하면서 나의 도량은 왜 그리도 넓었다가 또 협량해지고 또다시 광활해지는 변덕스런 쌍곡선을 그리는 것일까. 그것은 때마다 달리 변색하는 위장된 현상일까. 내가 도달한 사상과 인격의 실체일까.

2

간밤의 꿈결을 더듬으며 다시 곰곰이 생각해보니 그때 고종석 씨가 그런 제목의 글을 올린 주된 목적은 따로 있었던 것 같다. 자칭 '진보'라 하는 사람들이 너무 옹색하고 편협한 행태로 자기들끼리 치고받고 싸우다 자중지란을 겪는 꼴이 너무 못 미더워 정신 좀 차려 소소한 차이 끌어안고 단합하라는 메시지였다.

 진보는 분열로 망한다고 했을 때, 그 분열의 명분으로 제출되는 이념적 충실성 외에, 기실 소갈머리 없는 도량 문제가 크다고 여긴 탓이었을 것이다. 물론 외견상 도량이 넓은 분들도 적지 않다. 그러나 이해관계가 꼬이면서 충돌할 때 그 내막은 자꾸만 복잡해진다. 지난번 국회의원 예비 후보를 뽑는 과정에서 불거진 통합진보당의 폭력 사태와 분열상도 이런 관점에 일부 걸린다. 자칭 진보/개혁 세력은 그 이후 지리멸렬하게 분열을 거듭하면서 무력한 집단으로 전락한 인상이다. 이렇듯 도량 부재의 절정은 서로 이해타산의 문법이 달라 한국어로도 말이 잘 안 통한다는 거다. 보수 역시 비사유의 강박 속에 꽉 막힌 근본주의 부류 가운데 안팎이 빈곤하고 도량이 메마른 사람들이 꽤 많다.

다만 내가 여전히 의혹의 시선을 거둘 수 없는 것은, 보수든, 진보든, 도량의 문제를 걸고 성숙한 인격의 잣대를 들이대는 자리에 또 다른 무의식적 의도가 작용하지 않는가 하는 점이다. 가령 도량이라고 내세우는 미덕이 일시적 방어기제나 피상적 분장술, 또는 여유 있는 보수의 이데올로기로 둔갑할 수 있다는 거다. 이런 촘촘한 비평의 터널을 통과해야 도량도 거품이 걷히고 보다 실속 있게 거듭날 수 있겠다.

그렇지 않은 경우, 매우 정밀한 고찰이 필요한 사안에서 심사숙고와 치열한 토론과 검증을 거쳐가는 과정에, 자꾸 꼬이고 결정이 어렵다고, 그 자리를 눙치며 파하는 결정적 일격으로, '자, 우리 기도합시다', '은혜로 나갑시다', '밥 먹고 합시다' 따위의 상투적 레토릭으로 논의를 원점으로 돌리며 흐지부지하는 구태와 그렇게 잘났다고 우기는 그 '도량'이 뭐가 다를 것인가.

가톨릭과의 추억+단상

가톨릭과의 첫 인연은 대학 졸업 논문이었다. 내가 국사학과 졸업 논문으로 제출한 것이 〈신유박해의 사회경제적 배경〉이란 어설픈 연구의 결과물이었다. 그래도 당시에는 매우 진지하게 가톨릭 교회사 자료를 웬만한 것들까지 다 수집하여 읽고 분석할 정도로 열심이었다. 순교 역사의 처절한 내용을 보고 얼마나 자주 닭똥 같은 눈물을 흘렸던가.

이후 미국 유학 시절 잊지 못할 외국인 친구 두 명이 다 가톨릭 신부였다. 한 명은 시카고 가톨릭 신학대CTU에서 공부하던 동부 출신 미남자였는데 이름이 조 매킨타이어. 함께 영화도 보고 담소도 즐겼는데, 낙천적이고 활달한 성격이 좋았다. 껌 씹는 표정이 근사한 친구였다. 또 하나는 시카고 대학 신학부에서 만난 비토리오라는 이탈리아 출신 신부였다. 교황청 추천으로 미국 유학 중이었는데, 내가 이 친구와 친해진 건 한 글래머 미국 여학생이 이 친구를 향해 일방적으로 맹렬하게 구애 공세를 하던 때였다. 난 도서관에서 그에게 몇 차례 상담을 해주었는데, 한동안 실종되었다가 되돌아온 비토리오는 수도원에서 근신 성찰한 끝에 그 여학생의 사랑으로 자신의 서원을 포기할 명분을 찾지 못했노라고 고백했다. 그 밖에 매코믹 신학대학원 시절 내게 본격적으로 희랍어를 가르쳐주신 마거릿 미첼 교수, 시카고 대학교 박사과정 때 내 히브리어 종합 시험과 전공 종합 시험을 평가해주고, 논문위원회 지도위원으로 도와주신 존 콜린스와 아델라 콜린스 부부 교수(현, 하버드대 신학부 재직) 모두가 가톨릭 평신도 학자였다.

내가 젊은 시절부터 좋아한 내 주변 여자들 중에는 유난히 가톨릭 소속이 꽤 많은 편이었다. 왜 그런 건지, 내가 이들이 가톨릭이란 배경을 미리 알고 끌린 것도 아니었을 텐데… 알 수 없는 일이다. 혹여 내가 프로테스탄트의 저항적 기질을 이 가톨릭의 온화한 보편성과 통일성의 품에서 좀 누그러뜨리고 나름의 안식을 얻고자 하는 욕망의 기획을 무의식적으로 품고 있었던 것은 아니었을까.

나는 도떼기시장 분위기로 폄하되는 개신교 예배와 목회의 제반 내용에 비추어 장구한 전통을 자랑하는 가톨릭 예전에 풍기는 이른바 '정적의 미학'을 존중하고 좋아한다. 그 정형화된 전통의 품위도 배울 만한 점이다. 나는 이를 지난 연구학기 동안 미국 샌 안셀모에 머무는 동안 내 거주지 코앞에 위치한 귀여운 동방정교회(거기선 미국 정교회)의 예배 예전에서도 비슷하게, 아니 (그 찬양 일변도 예배의 감동 정도를 따지자면) 그 이상으로 좀 더 숭고하게 느꼈다. 자발적 배움을 위해 수요일 저녁에 이곳을 가끔 방문하여 그 정교회 신도들과 함께 마음으로 예배했다. 반면 가톨릭의 그 예배 예전의 상당 부분이 '장식' 미학의 측면을 담고 있다는 걸 내가 깨우친 건 정지용의 시들을 통해서였다. 1930년대 맹위를 떨친 정지용 시인의 작품 세계가 가톨릭적 장식 미학의 연장선상에서 그 진가와 한계를 노출하고 있었던 것.

나는 또 올해로 50주년을 맞는 제2바티칸 공의회의 이념과 기치를 높이 평가한다. 거기에 담긴 가톨릭교회의 개혁과 진보적 신학의 방향 설정은 지금 다시 읽고 새겨도 상당히 전향적인 역사의식을 품고 있다. 이에 비해 개혁의 리듬이 들쭉날쭉하면서 그것이 역사화되기보다 동네 골목에서 외치는 소리처럼 미미하다가 산만하게 흩어지길 반복하는 개신교의 자기 개혁 실상은 다소 계면쩍은 점이 있다. 그러나 동시에 그런 가톨릭의 개혁이 일상 가운데 평신도와 성직자들을 통해 치열하게 솟구치지 못하는 점을 의아하게 생각한다. 인간의 지성과 학문의 자유를 존중하여 열심히 분투한, 꽤 쓸 만한 신학자인 한스 큉을 교수직에서 해임시킨 배후에는 현 교황청의 안주인이 있었다.

한국 사회의 각종 쟁점과 민감한 의제에 가톨릭 쪽의 터줏대감 같은 문규현 신부나 요즘 그 용맹의 소문이 뜸한 정의구현사제단 외에 가톨릭 평신도와 신부들, 조직의 수뇌부 지도자들이 단합된 목소리를 내며 몸 사리지 않고 투쟁한단 얘길 거의 들어보지 못했다. 1980년대 시효가 종료된 김수환 추기경의 권위는 이제껏 후일담으로만 보드랍게 전승되었을 뿐, 그 후계자인 정 추기경이 십자가 복음의 능력을 앞세워 이 사회의 불의와 악한 세력에 맞서 구체적으로 무엇을 어떻게 저항하며 싸우고 있는지 막연하다. 말이나 글이라도 쟁쟁하게 내뱉어 썩을 놈의 세상에 항체로 부대껴야 할 텐데, 신부든 수녀든, 평신도든, 조직적으로 결집하여 부대끼는 소리가 제대로 들리지 않는 것은 내 귀만 유난히 둔감해서일까. 왜 가톨릭의 권위 있는 성직자들은 개신교의 담임목사 세습 문제에 대해 아무런 할 말이 없는 것일까. 우리와 상관없다는 우월감의 반영이거나 남의 동네 얘기로 내치는 의연한 자신감의 표현일까. 개신교도는 그것도 모르고 주일마다 사도신경을 복창하며 "거룩한 공교회the holy Catholic church를 믿사오며…"라고 고백한다.

개신교는 그 기원, 그 뿌리 그대로 '프로테스탄트'답게 저항하는 깡다구로 한몫하는 근성에 충실한 것일까. 반면 가톨릭은 그 이름자 그대로 '보편적인catholic' 전통의 품과 널널한 오지랖을 내세워 만유를 포용하려는 포즈로 완만한 미소를 흘리며 두 팔을 벌리는 것일까. 그 양면을 동시에 수용하여 보편적이면서 저항하는 하나의 교회를 지향한다는 건 불가능한 일일까. 한 복음송 가사처럼 우리가 '온유하고 분노하는 사람들We are gentle, angry people'이 되는 게 한 하나님을 믿고 한 주님을 섬기는 한 교회 단위로 그다지도 실현하기 어려운 일일까.

이런 추억이나 단상과 무관하게, 나는 전주에 오는 손님을 치명자산 동정부부(신유박해 시 순교함) 묘지로 안내할 때마다, 또 고린도전서 7장 36-38절을 가르칠 때마다, 그 배후 학설의 하나인 '영적인 결혼spiritual marriage'의 가장 생생한 역사적 흔적이 여기 있노라고 역설한다. 나 역시 가끔 우리 동네에서 길게 이곳까지 왕복 두 시간 순례하면서 진토의 영욕에 찌든 내 심성을 깊이 정화하는 기회로 삼곤 한다. 가톨릭을 이단시하는 근본주의 개신교도나 학생들이 여러 교리적인 근거로 가톨릭을 미신적인 집단이라고 질타할 때마다 그 사람들의 뿌리와 줄기를 제거해버리면 개신교는 공중에 붕 떠버린다고 타이른다. 가톨릭에도 아우구스티누스나 프란체스코, 그 밖에 신실한 장삼이사들의 가톨릭 신앙이 있는 반면, 변질된 사이비 가톨릭도 많을 것이다. 그러나 그 잣대를 개신교에 들이대면 더 심각할 수 있다는 점을 깨달아야 한다고 다그치기도 한다. 멀리 있는 타자의 포용을 떠들기 전에 가까이 있는 이들을 한 형제요 자매로 존중하는 자세가 필요함을 역설할 때도 있다. 성경은 교리보다 크고 하나님은 성경보다 더 넓고 깊다는 말도 잊지 않는다. 지엽적인 차이를 앞세우기보다 본질적인 일치를 중시하는 태도가 더 지혜롭고 아름답다고 훈계하기도 한다. 가톨릭에 대한 이러한 내 태도가 이중적인가. 내 달콤한 추억에 휘둘린 어긋난 판단일까.

내가 신앙의 이름으로 추구하는 보편성은 얼마나 보편적일까. 하나님의 품만큼? 하나님의 마음을 닮을 만큼? 불감청이나 고소원이다. 개신교의 투쟁과 저항 전선에서 이런 정도의 보편성을 기대하는 것은 너무 두루뭉술한 걸까. 반면 내가 신앙의 용기와 결기를 세워 이 땅의 개별적 조직적 악의 세력에 저항하는 투쟁은 얼마나 치열하고 지속적인가. 산만하게, 외롭게, 동네 싸움으로 사그라질지라도 저 혼자 피켓 들고 신앙이 운명에 맡겨 사는 삶이 아니라고, 무릎 꿇고 살기보다 서서 죽겠다고 외치는 진정한 프로테스탄트는 우리 가운데 얼마나 될까. 이런 유형과 방향의 신앙적 삶의 실천을 가톨릭 세계 속에 구체적으로 기대하면 안 되는 걸까. 너무 무례한 간섭일까.

잠재워주는 환대의 은혜

어제 한국연구재단에 심사가 있어 서울에 다녀왔다. 다음 주에 또 올라가야 한다. 차를 몰고 내려오는 컴컴한 밤 운전은 늘 피로하다. 두 시간 반 빤한 결과를 전제하고 심사하기 위해 고속도로에 다섯 시간가량 시간을 낭비하는 것이 얼마나 비효율적인가 의문이 들기도 한다. 그때마다 서울에 아파트나 원룸이나 뭐든 내가 소유한 숙소가 하나 있었으면 하는 생각이 들곤 한다. 혼자 고적하니 푹 쉬고 내려올 나만의 장소가 아쉬운 것이다.

조촐한 안식의 장소에 대한 묵상이 오늘 아침 잠재워주는 환대라는 말을 호출한다. 대학 시절, 합창단 사람들은 무슨 행사 뒤풀이 이후 2차, 3차란 걸 가서, 차마 밤늦게 집에 들어가지 못하고 공동숙소를 찾아 기어들어가곤 했다. 그때 주로 숙소를 제공한 사람은 내게 2년 선배인 물리학과 정명식 형이었다. 내 기억으로 그는 당시 여의도 아파트에 사셨는데, 술에 취한 동무들을 이끌고 제 집에 데리고 가곤 했다. 취한 객기를 부리며 휘청거리는 동무들을 이끌고 말짱한 정신으로 코끼리처럼 뚜벅뚜벅 앞서 걸어가시던 분대장 같던 기억이 생생하다(그 순간 난 별로 취기가 없었던 모양이다).

인적이 뜸한 한밤중이었지만 동무들이 너무 시끄럽게 굴 때면 뒤를 한번 돌아보면서 뭔가 빡센 말을 한마디 내뱉으며 험상궂은 얼굴을 보였는데, 그 무서운 표정이 지금도 내 뇌리에 박혀 지워지지 않는다. 여하튼, 이런 일로 나는 그의 집에 한 세 차례 정도 빌붙어 잠을 잤던 기억이 난다. 나야 술자리에 자주 어울린 편이 아니어서 그 밖에 다른 주당들을 데리고 형이 제 집에 잠재워주는 환대를 보인 적은 내 경험과 기억보다 훨씬 많았을 것이다.

이제 형은 독실한 복음주의 신앙인이 되어 안동 출신 특유의 칼칼한 정치적 보수성의 냄새를 풍기면서도 변함없이 다정한 분으로 여기저기 후한 덕을 베풀고 사신다. 그 시절 그렇게 넉넉한 환대의 은혜를 베푼 음덕이 작용했음인지 형은 지금 중년의 반 고비 생을 넘으면서 아들딸 잘 키워 세계에서 제일 좋다는 대학에 공부시키고 아내의 사업은 날로 번창하여 유복한 삶을 영위하신다. 나는 기복주의 신앙인이 아니지만 인지상정으로 형의 사례처럼 예외적인 경우로 인정하고 싶은 건도 있다.

또 한번의 기억은 내가 대학 4학년 때 못된 짓을 저지르고 죄책감에 자살한다고 북한산에 친구 한 놈을 데리고 올랐을 때이다. 다분히 속된 객기가 작용했겠지만 당시 딴에는 꽤 절박했던 모양이다. 소주 한 병을 사 들고 올라간 기억이 남아 있는데, 더 깊이 들어가지 못한 채 박 아무개 친구 녀석은 무서웠는지 그냥 차비를 다 챙겨 먼저 도망치고 말았다.

전날부터 전혀 음식을 입에 대지 않은 채 무리한 발걸음을 해서인지 나도 소주병을 비웠지만 그걸 깬 유리조각으로 동맥을 긋지는 못한 채 '비겁한 놈'이라고 자조하며 터덜터덜 북한산 골짝을 내려와 홍제동 성당 마당의 수돗물로 배를 잠시 채웠다. 그 성당 마당의 그윽한 분위기에 감화되었는지 개신교인이었던 나는 뜬금없이 가톨릭 사제를 만나 내 죄책을 고백하며 난생처음 고해란 걸 하고 싶었다. 그러나 아쉽게도 사제는 외출 중이었고 나는 마침 홍제동 지하보도에 쓰러져 난생처음 탈진이란 걸 경험했다(그 시절에는 참 '난생처음'의 경험이 이리도 많았다).

아무리 힘을 써도 몸을 지탱할 기력이 없었던 나는 젖 먹던 힘까지 우려내 지나가던 여중생을 협박(간청?)하여 얻어낸 동전으로 어떤 사람을 전화로 불러냈다. 국사학과 몇 년 선배였던 김익한 형이었다. 지독한 운동권 투사였던 이 형은 여느 운동권 사람들과 달리 온화한 미소에 후덕한 기운을 풍겼는데, 평소 나와 그리 친하게 교감하며 어울린 사이는 아니었다. 그 형의 그 온화한 분위기 배후에 가톨릭의 신앙과 정서가 자리하고 있다는 것을 깨우친 게 그즈음이었을 것이다. 형의 전화번호가 내 수첩에 있었고, 난 사제 앞에 고해하지 못한 핑계로 가톨릭 사제를 꿈꾸던 형을 호출해낸 것이었다.

강남 어딘가에 사시던 형은 내 사정을 듣자마자 부리나케 택시를 타고 나 있는 곳으로 달려왔고, 나는 형의 부축을 받아 인근 국숫집에서 국수 한 그릇 먹은 뒤 겨우 약간의 기력을 찾아 곧장 형 집으로 택시 타고 들어갔다. 컴컴한 밤에 내 잠자리가 거기 마련되어 있었다. 한 이틀 형 집에 머무는 희한한 이 피정 끝에 난 이 가톨릭 집안이 풍기던 보편적 환대의 기운에 적잖이 감화받은 것으로 기억한다.

이후 형은 한동안 실종되었다 돌아오더니 '장가는 가야겠다'는 말과 함께 사제의 길을 접고 졸업 후 동경대에 유학한 뒤 이후 27년간 소식이 감감했다. 며칠 전 내가 "가톨릭과의 추억+단상"이란 글을 써 페이스북에 올린 뒤 한 번 더 야간 산보하다가 뭔가 미흡한 듯싶었는데, 그것이 바로 형에 대한 기억이었다. 부랴부랴 인터넷을 검색하여 찾아보니 형은 유학에서 돌아와 국가기록원에서 일하면서 우리나라 최초로 국가 기록물의 보존 관리에 대한 굵직한 체계를 세우는 등 나랏일에 혁혁한 공을 세우셨다.

이후 형은 당신 말로 '운이 좋아' 명지대 기록학 대학원 교수가 되었고 그곳 대학원장으로 보직을 맡아 후학을 양성하는 동시에 참여연대 등과 함께 시민운동 분야의 각종 봉사활동을 통해 이웃을 섬겨오셨다. 27년 만에 이메일을 보냈더니 단숨에 형다운 유머러스한 필치로 답신이 왔다. 형이 '운'으로 돌린 것은 지당하게 하늘에서 떨어진 '복'이 아니었을까. 형이 적잖은 복을 받아 풍요한 삶을 누리고 계시다면 아마도 나를 비롯하여 주변의 많은 이들에게 베푼 환대의 은혜 덕이 아닌가 싶다. 나는 평소 기복주의 신앙을 맹렬히 비판하는 사람이지만, 이처럼 인지상정으로 인정하고 싶은 예외적인 경우란 것이 있는 법이다.

그때 북한산에서 나를 두고 아리랑 고개를 저 홀로 넘어간 개신교 새벽 기도 동지 박 아무개는 그 뒤로 회개하여 술 취한 친구들을 제 좁은 자취방으로 모시며 섬기는 등 열심히 나그네를 환대했다. 떨거지 같은 친구들을 잠재워주며 그렇게 성심으로 챙겨준 덕으로 그 역시 복을 많이 받았다. 지금은 고려대 교수로 봉직하는데, 세계만방을 두루 주유하며 중년에 늦둥이까지 두어 동기들 중 가장 안락한 삶을 누리고 있다. 굳이 '저 홀로' 만방을 주유하는 것은 그때 치다꺼리했던 술친구들의 지긋지긋한 기억이 적잖이 작용한 탓이 아닌가 싶다.

내가 이들에게 받은 잠재워주는 환대의 감화가 이후 내 삶의 귀한 기억과 함께 소중한 유산으로 정착되었다. 그래서 나도 이곳 전주에 50평 너른 아파트를 구입한 뒤 방 한 칸을 수시로 '게스트 룸'으로 설정하여, 전주에 날 찾아 방문하는 모든 이들을 웬만하면 내 집으로 모셔 재워주고 밥 사주는 걸 퍽 즐겼다. 나는 젊어서 진 사랑의 빚을 갚을 심사로 한술 더 떠 이런 방문객을 그 적성과 자질에 따라 여러 코스로 나누어 투어 가이드를 자청하여 구경시켜주는 부지런까지 떨고 있다.

여기서 얻은 아이디어에 언젠가 승주 조계산 송광사에서 일박하면서 받은 '신도증'의 영감까지 합세하여, 얼마 전 신학대학 총장, 교수들이 모인 전국신학대학교협의회 자리에서 전 교인들의 초교파적 코이노니아를 통해 쇠락하는 한국 교회를 활성화하자며 서로가 개별적으로 단체적으로 전국의 교회를 찾아 순례하고, 또 이들을 적극 환대하며 함께 교유하는 '교우증' 제도의 창안을 제시했지만, 아직 반응이 감감하다.

나그네를 양식과 숙소로 환대하는 전통의 증거는 구약성서에 수두룩하다. 예수 역시 지극히 작은 자를 환대하며 영접하는 기준을 자기 자신을 섬기는 중요한 잣대로 여겼다. 또한 같은 기준을 종말 심판에서 천당/지옥으로 갈리는 가장 확실한 증거로 삼았다. 요한3서에서는 환대의 유무가 디오드레베와 데메드리

오라는 두 교인을 형제와 적으로 가르는 결정적인 갈림길이 되었다.

　자기 집안의 프라이버시 한구석 조금 허물어 타자의 잠잘 공간을 여백으로 확보해두는 것이 그렇게 힘든 일일까. 더구나 그 타자가 거리에서 떠도는 나그네와 같은 존재라면? 막막한 우주 공간을 상상해보면 지구라는 별의 한구석에 몸을 누인 우리 역시 모두 나그네와 같은 존재 아닐까. 더 나은 본향을 향해 순례하는 나그네! 덧없는 몸을 달래며 한철 인생 그저 묵묵히 끌고 터벅터벅 메마른 광야를 걸어가는 낙타 같은 나그네 여정 아닌가.

특이한 날, 특별한 장소의 추억

대학시절 합창단이라고 하는 동아리(그때 말로는 "써클")를 했다. 난 시골뜨기답게 어리숙했지만, 80년대 초 툭하면 최루탄 터지던 삼엄한 시국상황에서 그나마 여기서 노래를 부른다는 것이 거의 유일한 숨구멍이었다. 노래하는 순간만은, 고은 시인 말마따나, 우리 모두가 꽃이 되는 예외적인 순수를 체험했다. 막걸리처럼 걸걸한 내 목소리는 무대포의 질러대기 실력을 인정받았음인지 정기공연에서 두 차례나 곡중 솔로를 하는 영광도 누렸다.

거기서 만나고 사귀었던 친구들이 10년 전쯤 '앙마보드'라는 인터넷 동아리 사이트에서 다시 모였었다. 그것이 시들해질 무렵, 페이스북과 카카오톡 채팅방을 통해 다시 결집하더니 어제는 내가 사는 전주에서 엠티를 한다며 동기 일곱 명이 내려왔다. 모두 오십을 코앞에 둔 중년의 82학번 합창단 선남선녀들이었다.

 진안 마이산의 화창한 가을 산길을 걸으면서 대학에 첫발을 들인 뒤 흐른 지난 30년의 세월이 단숨에 포월되는 희한한 경험을 했다. 동행 중에는 27년 만에 재회한 서귀포 친구도 있었다. 내가 자살여행으로 이름 붙이고 제주도로 거의 무전여행 하던 시절, 남루한 몸을 의탁했을 때 받아주었던 벗, 함께 과수농장에서 일하며 아름다운 서귀포 오솔길을 나란히 걸어주었던, 걸걸하며 맘씨 좋은 훈남이었다.

 모악산 언저리에 자리한 한 친구의 화실 앞마당에서 숯불을 피워놓고 고기를 구워 먹었다. 재잘재잘, 어린애들처럼, 혹은 이십 대 초 그 시절 파릇한 청춘들처럼 쉼 없이 구수하고 정겨운 얘기들이 이어졌다. 나는 드디어 거의 10년 만에 기타를 잡았다. 손가락이 풀리면서 메들리로 거의 100곡 가까이 불러댄 것 같다. 〈축제의 노래〉에서 시작하여 〈아침이슬〉로, 마침내 〈사랑해 당신을〉로 흐르던 전통적 관행이 서투른 대로 복원되었다. 밤이 깊어질수록, 별빛이 영롱해지는 틈새로, 틈틈이 아르페지오의 가녀린 기타 소리를 타고 친구들의 정담이 길게 이어졌다. 사이사이로, 동요와 가요, 가곡, 팝송, 오페라 아리아, 찬송가까지 흥얼거림에 가세했다. 가사는 끊어졌다 다시 이어지길 반복했다.

분위기가 점차 무르익어가면서 용산 사태와 쌍용차 사태의 슬픔이 한 친구의 목청을 타고 번져나갔다. 강남의 교회에서 대학부 회장까지 하다 교회를 떠난 지 20년 넘은 이 친구의 크레센도 음성에는 한국 교회의 무기력함과 참담함에 대해 격정 어린 토로가 깔렸다. 오스트랄로피테쿠스/네안데르탈인의 진화론과 아담/하와의 창조론 사이의 고민에 끼어 20년 냉담자로 살았다는 또 다른 친구는 신의 존재에 대한 근원적인 의문을 제기했다. 나는 고뇌와 의문을 넘어선 자리에서 한 가지 가능성을 희망의 단서로 삼아 자신의 운명을 던지는 결단의 중요성을 강조했다. 신앙의 본질이 가령 거룩한 성탄절 음악의 아우라를 타고 상승하는 '절대 의존의 감정'(슐라이어마허)에 있음을 들려주기도 했다.

자정이 넘어서 우리 집으로 자리를 옮긴 뒤 우리가 한 시절 함께 몸담았던 합창단의 내력을 여러 기억의 퍼즐조각을 모아 복원하기 시작했다. 잊혔던 이름이 되살아났다. 이 동아리의 문화사적 지형과 판도가 과감히 해부, 재구성되어 비평의 대상으로 씹혀지기도 했다. 그때나 지금이나 82동기들의 이빨 권능에는 퇴락이 없었다. 이에 비례하는 조촐한 우리들의 우정도 화려한 자랑거리 없이 훈훈하고 정겨웠다.

아, 통기타 하나 들고 거리에서 합창을 하던 시절, 우리 기쁜 젊은 날, 유일하게 낭만을 일상으로 체현하던 시절, 신림사거리 생맥줏집 '두줄'에서 새벽 네 시까지 시계 맡기고 난상잡담에 고개를 주억거리던 아름다운 화상들… 그 시절 불던 바람, 내린 비와 눈들은 다 어디로 사라졌는가.

  이제 콩나물국밥 먹으러 나가야 할 시각이다. 식욕이 돈다. 또다시 화끈하게 살아봐야겠다.

우정과 추억에 대하여

새벽녘 침대에 누워 꿈속의 잔상을 훑으면서 불현듯 '아, 이래서는 안 되는데…' 하는 생각이 스쳤다.

그 생각은 내가 오랫동안 견지해온 한국의 동창회 문화, 동문회 조직 등에 관한 것이었다. 내가 국내와 해외에서 다닌 대학교와 고등학교에서 툭하면 무슨 모임 하니까 나와 달라는 초청장이 왔는데, 한 번도 제대로 나갔던 기억이 없다. 언젠가 강준만 교수가 한국 사회의 정신적 근대화를 가로막는 주범이 여기 있음을 설파한 논지에 크게 공감한 이후 내 나름의 신념을 강화해온 것. 동창, 동문, 동향의 친구, 선후배, 지인들과 캐주얼하게 어울리며 추억을 나누는 것이 얼마나 훈훈한 미덕이랴. 그러나 그것이 조직으로 짜이고 돈을 걷어 동 조직의 후배들을 배타적으로 밀어주고, 정치적인 무슨 낌새를 풍기고…. 이런 꼴은 아무래도 좋은 꼴이 못되지 싶었던가 보다.

그런 생각의 꼬리를 물고 아이들 먹일 삼각 김밥을 사러 밖에 나갔다 들어왔는데, 찬바람을 쐬고 오니 생각이 다소 누그러졌다. 내가 너무 한쪽의 현상을 극단적으로 생각했을 수 있겠구나 싶어진 것. 어디 모든 동창, 동문, 동향 조직을 그렇게 까칠한 관점의 틀에 싸잡아 넣어 일반화시킬 수 있겠는가, 수많은 알갱이들이니 그 나름의 세밀한 골과 마루가 있으려니 여겨지더라는 것.

이처럼 매 사안에 생각의 탄력성과 융통성은 언제나 중요할 테다. 찬바람 쐬기 이전과 이후의 흔들거리는 생각은 때로 강고한 우리네 신념이 얼마나 자가당착의 응고물인지 깨우쳐주기도 한다. 외부로 드러내는 자신의 당당함은 연약함의 다른 얼굴이고 불굴의 담대함도 소심함의 뒷면 아니겠는가. 이럴 수도, 저럴 수도 있는 걸, 경색된 제 판단을 정당화하기 위하여, 결국 하나를 골라야 하는 제 선택의 노선을 합리화하기 위하여, 말과 행동으로 최대한 강성의 표현을 뽑아내는 것이리라. 제 말을 '예, 예', '아니오, 아니오'로 담백하고 간명하게 하라며, 거기서 불거지는 강성/강조의 어법이 맹세를 조장하는 심리적 욕동의 미혹으로 흐르는 문제를 설파한 예수 어록의 참뜻도 여기에 있을 듯싶다.

여하튼, 각설하고, 동문/동창/동향의 추억은 추억 자체로 되새김질되는 것이 좋다. 향수를 달래며 가끔 꺼내보는 옛 시절 찍은 사진첩처럼 말이다. 복잡한 이해관계에 얽혀 주로 사소한 것에 분노하는 현재의 제 모습을 이해관계 없이도 즐거웠던, 어설펐지만 순정했던 그 시절의 추억에 비추어 성찰하는 방향으로 말이다. 거기에 현재의 이해관계를 엮어 다시 결합하고 조직을 꾸미며 돈을 걷어 뭔가 끼리끼리의 일을 도모하고, 툭하면 모여 술판 벌이고 새 명함 돌리고, 제 그간의 성취와 업적을 자랑 삼아 떠벌리고, 외곬으로 강화된 신념에 들떠 목청을 높이고, 더러 자기 연민의 자장을 만들어 주접을 떨어대는 식의 후일담 나누기 장이 되어버리면 추억마저 변질된다. 자기 동일성의 폐쇄 회로에서 생산되는 쑥덕공론에 대항할 적수는 침묵 외에 아무 데도 아무것도 없다.

  물론 이런 수준의 이야기도 반대하는 사람들이 많겠고, 나 역시 찬바람을 한 번 더 쐬고 들어오면 이런 생각이 한 단계 더 연성화될지도 모르겠다. 그러나 지나가는 세상의 형적에 매이지 않고 최대한 자유롭게 살길 원하는 급진적인 종말론자의 관점에서, 또 이 나라 백성들이 정신적으로 좀 더 근대화되어 문화적 양식이 풍요해지길 바라는 입장에서 대강 그런 생각을 품고 산다.

'이기적 몸매'에서 이타적 공명으로

한 대학 후배가 페이스북에서 물었다. 연예인 관련 뉴스에 '이기적인 몸매'란 말이 왜 부정적인 함의를 띠고 유통되는지 궁금하다고. 이 선량한 남성 후배의 관점에서는 자기 몸매가 좋으면 제 건강에도 좋고 타인이 보기에도 좋은 걸 텐데 왜 '이기적'이라는 부정적인 형용사가 붙었는지 좀 납득이 안 된다는 것이었다. 한 여성 후배는 이 신조어가 다분히 여성의 심리를 대변하면서 여성이 만들어냈을 거라고 추정했다. 그 대변된 심리의 주종인즉 아무리 노력해도 그렇게 화려한 몸매를 만들 수 없으리라는 좌절감이나 잠정적인 낭패감의 발로 아니겠냐는 의견도 제시되었다.

내가 댓글에 붙인 답변은 이 후배의 인간론이 다분히 성선설에 긍정적인 입장으로 욕망의 복잡한 굴절에 대한 분석이 필요하지 않겠느냐는 논조였다. 빼어난 여성 몸매를 보고 하나님의 아름다움을 기리며 칭송하는 성자 같은 이도 있겠고, 도전을 받아 분발하려는 부류도 없지 않겠지만, 다수의 사람들은 그것을 보고 자기의 형편과 까마득히 먼 그 현실의 괴리에 시샘을 느끼며 '너 잘났다'라는 식의 심리적 반응을 보이지 않겠느냐는 생각이었다. 또 그것을 드러내는 당사자의 마음 한구석에는 그런 시샘을 미리 의식하여 제 몸매의 우월함을 배타적으로 뽐내보려는 이기적인 자기 현시욕이 개입한 게 아닐까 하는 추측도 가능하다. 그러니까 그 뛰어난 몸매 자체가 문제가 아니라 그것을 드러내고 감추는 방식에 개입하는 욕망의 다이내믹한 묘법이 문제시될 수 있다는 것이다.

어디 뛰어난 몸매뿐이겠는가. 한 개인의 똘똘함이나 특정 방면의 탁월한 재능이 한 공공 조직이나 이익 집단 내에서 지나치게 튀는 방식으로 돌출하여 주변의 평범한 이들을 압도할 경우 '너만 잘났다' 식의 비아냥거리는 시선이 쇄도하면서 '왕따'의 위기를 부르는 사태로 번지기도 한다. 그래서 자신의 뛰어난 장점을 드러내면서 숨기거나 또는 숨김으로써 드러내는 적절한 욕망 조율의 정치외교적 기술이야말로 그 우월한 재능이 꽃에서 열매로 진화하는 중요한 관건이 될 수 있다. 거기에는 분위기가 무르익고 절묘한 타이밍을 포착하는 시숙時熟의 감각이 절대적인 영향을 끼친다. 그것을 '절대적'이라고 과장하는 것은 욕망의 실존이 결코 간단치 않기 때문이다. 인간이 아무리 서로 닮아가고 사랑하며 포용하여 황지우 시인처럼 '나는 너다'라고 선언하고픈 열정의 생명체임에도 불구하고 우리는 종종 서로가 온전히 융합될 수 없는 모래알처럼 시종일관 겉도는 독립적인 개체임을 통렬하게 깨닫곤 한다. 뜨거운 연애에 빠진 연인과 운명적 동반의 배에 동승한 부부, 혈통 가족, 목숨까지 건넬 수 있는 극진한 우정적 관계 등 예외가 있겠지만, 그조차 감정이 극대화되는 특정한 계기적 순간 아니면 어금지금한 개체의 실존을 벗어나기 어렵다.

나는 이기적인 몸매에 대한 짧은 질문으로 불거진 이 에피소드의 연장선상에서 다소 엉뚱하게 사도 바울의 로마서 한 구절이 연상되었다. "즐거워하는 자들과 함께 즐거워하고 우는 자들과 함께 울라"(롬 12:15). 인생살이에 즐거워하는 자들과 우는 자들은 늘 함께 공존하기 마련이다. 우리 자신이 종종 그 당사자가 되기도 한다. 즐거워하는 기쁨과 우는 슬픔의 심도가 다양한 수위로 산포되겠지만, 더러 상대방의 즐거움이 나의 슬픔이 되기도 하고, 그 반대의 경우가 사실로 드러날 때도 있다. 그런데 각기 상이한 개체의 몸을 지닌 인간이 자신의 감정 상태와 무관하게 타인의 즐거움이나 슬픔에 동참하여 그것을 함께 '공유'한다는 것이 실질적으로 가능할까. 우리가 '축하' 또는 '위로'라는 통상적 어휘로 표현하는 숱한 그 동참과 공유의 행태는 기실 외교적 인습이나 수사적 제스처에 불과한 것이 아닐까.

  바울이 이러한 현대인의 복잡한 욕망의 구조를 몰랐을 수도 있다. 그러나 저 간단한 어록이 무가치하지 않은 것은 인간이 욕망의 존재인 동시에 또한 의지의 생명이기 때문이다. 기실 신약성서 희랍어의 '텔레마 *thelēma*'는 '희원'과 함께 '의지'의 뜻을 두루 포괄하고 있다. 전혀 낯선 타자와의 거리는 오로지 한 발짝 가까이 근접할 때 좁혀지고 그만큼 내면풍경도 좀 더 자세히 보이게 마련이다. 마침내 코앞에 다가서서 그의 등허리에 손을 얹거나 그의 외로운 손을 잡아주거나 가슴을 맞대고 포옹할 때 상대방의 즐거움이든, 슬픔이든, 찌릿한 순간의 감각과 함께 제 속내의 현실로 전이되기도 한다. 인간의 감정 중 특히 슬픔의 감정이 가히 우주적이라서 서로 간에 민감하게 전이될 뿐 아니라 무한대로 증폭되는 성질을 품고 있다. 이러한 구체적인 접근 동작과 전이의 흐름이 이기적인 몸매의 자기 현시욕에 갇히기 쉬운 육체적 욕망의 존재를 마침내 이타적 공명을 추구하는 우주적 영혼의 형이상학으로 인도하는 지렛대이다.

  이런 이타적 공명의 코드는 아무런 노력 없이 선천적인 유전자로 개봉되지 않는다. 한나 아렌트의 통찰대로 타인의 고통이란 오로지 힘쓰고 애써 노력해서야 조금씩 배울 수 있는 무엇이다. 아무리 용산 참사의 비극과 쌍용차 해고 노동자의 비애를 뉴스거리로 올려도 그들의 아픈 삶에 한 발짝 다가서려는 구체적인 노력이 없다면 막연한 감상 속에 자맥질하는 그들의 고통과 슬픔은 내 삶의 일상과 아무런 상관이 없는 울리는 꽹과리와 헛된 소문에 불과할 뿐이다. 그러나 바울은 그리스도의 남은 고난을(마치 그리스도의 십자가 사건에 아직 미흡한 여백이 있다는 듯이) 제 몸에 채우겠다는 결의로써 '고통의 코이노니아 *koinōnia tōn pathematōn*'를 매개로 제 삶을 뒤집은 그리스도와 함께 운명적 연대와 결속을 이룰 수 있었다. 그의 이방인 선교는 오로지 그 절박한 노력을 통해 유대인인 자신과 다른 이방인 타자들을 품기 위한 이타적인 공명의 개방성에 이르는 지난한 실험이자 각고의 도전이었다.

누구나 비슷한 경험이 있겠지만 나 역시 학창 시절 내가 좋아하는 누군가가 나를 좋아하지 않는다는 어긋난 감정으로 인해 어느 날 오후 봉천동 자취방에 틀어박혀 기도하던 중 한없이 운 적이 있었다. 처음에는 내 사적인 감정이 빌미가 되어 울음보가 터진 것이었는데 한두 시간이 지나면서 내 슬픔의 정서는 한민족의 비애와 당대의 세속 현실로까지 전이되면서 막판에 범우주적인 차원으로 확산되는 경험을 하였다. 내 몸속에 그렇게 많은 액체가 있다는 사실에 적잖이 놀랐고 내 슬픔이 그렇게 무한

경계로 확장될 수 있다는 현상에 사뭇 뜨악한 심경에 처했던 기억이 난다.

그렇게 한없이 퍼져나가는 감정의 파문 가운데 빼어난 제 몸매를 과시하려는 이기적 욕망이나 타인의 슬픔과 즐거움에 쾌히 공명하려는 이타적 의지가 모두 인간의 보편적 실존이란 동일한 샘물로부터 발원하는 '텔레마'의 뿌리임을 본다. 그러나 일단 분출한 그 욕망과 의지의 에너지가 전혀 다른 인간의 척도를 드러내는 만큼 전자에서 후자로 나가는 그 발걸음이 그리 수월하지만은 않다. 거기에도 지불되어야 할 비용이 만만치 않기 때문이리라. 모두가 제 잘난 맛, 제 이기적인 욕망의 멋에 취해 살아가는 이 세태 속에 애써 타인의 고통과 슬픔을 배우려는 타자의 윤리에 눈뜨는 일은 기적적인 제3의 탄생이다. 거룩한 낭비에 값할 그 비용을 지불하면서 이타적 공명의 세계로 꾸준히 나아갈 자 누구인가. 이른바 '하나님의 선교 missio Dei'는 그 모든 세세한 이해 과정, 그 모든 실천 공정을 압축하여 이르는 말이다. 예수의 가르침대로 우리 신앙의 본령이 하나님을 닮아 온 전해지는 것에 있다면, 그 하나님의 선교에 우격다짐으로라도 동참하는 것 말고 그를 닮아갈 요령이 따로 없어 보인다.

불우한 정치, 왜곡된 기억

1980년대 그 살벌하던 군부독재 치하에서 대학을 다니면서 4년간 온갖 오욕의 세월을 겪어낸 뒤에도 여전히 거기에 뿌리를 둔 정당을 지지하고 그곳이 배출한 후보를 대통령으로 밀어준다는 사람들이 난 참 이해하기 어렵다. 사람의 욕망과 그 변덕이야 워낙 요물 같은 것이긴 해도 멀쩡한 정신을 가지고 그렇게 판단하고 선택할 수 있다는 게 참 기묘하게 느껴진다. 당시 앞장서서 데모한 운동권 투사가 아니었다고 해도, 인간의 상식적 감각으로 그 개망나니 현실을 눈앞에서 절절이 느끼고 손톱 밑의 때만큼이라도 고뇌한 적이 있다면 어떻게 그런 산법이 가능할까 싶은 것이다.

물론 그 뒤로 정당도, 그 정당의 구성원들도 적잖이 물갈이되고 변했을 것이다. 이른바 민주 투사로 일컬어지는 위인들이 그 투쟁의 별을 달고 콩밥 먹은 이력을 우려내어 한 감투 차지한 뒤에 어떻게 독재자와 닮아가면서 타락했는지 모르지 않는다. (나는 이 대목에서 1984년 언제쯤 대학 아크로폴리스 광장에서 총학생회장으로 출마하여 '압제를 불살라라!' 하고 사자후를 토한 뒤 한 세월 지나 국회의원이 되고 또 희한하게 굴절된 영욕의 생을 수놓아간 82학번 김민석이 떠오른다.)

　그러나, 그러나 말이다. 역사가 관념이 아니라면, 거기에 서린 생령들의 혼이 있다면, 뿌리를 마냥 무시할 수 없는 노릇이다. 그 열매로 나무를 안다는 예수의 어록이 간명한 사람살이의 이치를 드러내준다면, 그 서슬 퍼런 군부독재의 태반에서 키워낸 나무와 그 열매의 실상이 어떻게 나타났는지 신문 잡지만 몇 개 비교하면서 꾸준히 살펴도 금세 알아차릴 것이다.

　나는 이들의 (내 보기에) 둔한 분별심과 선택이 보수적 이념에 투철한 것인지 잘 모르겠다. 또 그들이 추구하는 보수적 가치가 현재 그것을 대변한다는 정당의 보수적 미덕과 정확하게 어느 지점에서 상통하고 일치하는지도 불투명하다. 이념이란 게 이 땅의 정치판에서 한시적인 장식품이란 것도 대강 판명되지 않았던가.

　그래도 차라리 그러한 이념적 기치라도 확고한 토대 위에서 피차 통하는 게 확실하다면 납득할 수 있겠다. 아니면 자신의 계급적 이해관계를 그 정당이 대변해주는 것이 지지의 명백한 근거라면 그것도 합리적인 걸로 존중받아 마땅하다. 이 땅의 정치판이 어서 속히 계급 투표의 판이라도 만들어 정직하게 제 이익을 내세우고 그것이 반영되도록 제각각 정당한 캠페인을 벌여야 할 것이다.

그러나 우리 현실 정치판이 거기까지 진화하지도 못한 마당에 1980년대 학번 세대가 당시의 그 구질구질한 꼴을 다 보고 나서도 허술한 이념도 아니고, 일시적인 감정의 변덕도 아닌 기준으로, 그 뿌리 위에 자라난 정당의 지지자로 표를 던지거나 그 앞잡이 운동원으로 캠페인을 선도하는 꼴은 참 자존심 상하는 일이다.

거기에 한 가닥 더 얹어 제 지역 출신과 대학 출신이 그 정당 후보와 같다거나 고향에 이런저런 혜택을 기대한다는 이유로 지지한다면 그가 왜 굳이 대학을 다녔는지 모를 정도로 의아해진다.

더구나 이도저도 아닌 상태에서 제 집안 분위기나 주변의 정서에 편승하여 인습적인 구태의 결과로 그런 판단을 한다면 그것은 심히 부끄러운 일이다. 이와 같이 수상한 정치의 풍속도에 마치 근사한 신랑감을 차지하기 위해 대학을 다니고 명문대학에 들어가려고 기를 쓰는 젊은 처자들과 그 가족의 슬픈 초상이 겹쳐져 떠오르는 것은 왜일까.

복원된 책상에 대한 명상

1

두 달이나 지저분하게 어질러졌던 내 공부방을 오늘 대강 정리했다. 여기저기서 보내 온 잡지와 책들이 산만하게 흩어져 있었다. 각종 유인물 조각들도 먼지 쌓인 골골로 널브러져 있었다. 책상에는 컴퓨터 두 대가 제 기능도 못한 채 방치되어 있었고, 새 컴퓨터는 방바닥에 뒹굴고 있었다. 손님이 꾸준히 찾아왔고, 청탁 원고와 연재 원고도 기본이 서너 개 이상 밀려 있었다. 공부방의 구실을 못하는 터라 그동안 아내의 책상을 도둑질하여 찔끔찔끔 사용해왔다. 이제 혼란의 과포화 상태에 도달하여 뭔가 대청소를 하지 않으면 안 되는 시점이 도래했다. 어설프게나마 공부방의 꼴을 되찾았다. 새 컴퓨터가 잘 장착되어 기분 좋다.

수많은 잡동사니 잡지와 책들을 내다버리고 용도 폐기된 유인물. 지난 학기 페이퍼들을 재활용 폐지통에 쑤셔 넣으면서 이 쓰레기 종이를 위해 제 몸을 희생한 나무들을 기억하며 잠시 묵념. 과연 값어치 있는 희생이었을까.

2
어제 서울의 모 교회에서 열린 동서신학포럼 주최 제1회 신학 콘서트에서 전체 행사 진행하는 사회자 노릇과 함께 신약성서의 주제 발표를 맡아 1인 2역을 했다. 시간이 모자라서 패널들이 하고픈 이야기들을 충분히 못하고 청중들의 질문을 제대로 소화하지 못한 아쉬움이 남는다. 1부 순서로 창립 예배가 있었다. 이 자리에 교단별 세계 최대 교회 목사님들이 두 분이나 왕림하셨고, 교단 신학대학 총장님도 두 분이나 격려차 와주셨는데, 제 몫의 발언만 하고 다들 가버리셨다. 분주한 선약이 있었으리라.

그런데 왜 이런 분들은 대체로 자기 말만 하고 남들이 하는 말은 진중히 끝까지 자리 지키며 들어주지 못하는 걸까. 그것이 오로지 스케줄만의 문제가 아니라면 자기 말만 하기 식의 그 체질과 버릇의 뿌리는 무엇일까. 그것은 마치 대중 광팬을 많이 거느린 페이스북의 명사들이 제 말만 주로 하고 남의 글에 응하여 '좋아요'를 누르고 댓글을 달거나 제 글의 댓글에 평범하게 반응하는 일에 지극히 인색한 것과 흡사한 심리구조로 보인다. 하나님이 주신 시간은 누구에게나 하루 24시간이고 대개 다 바쁘게 사는 것도 비슷한데 말이다. 바쁜 것도 질적인 등급이 있거나 제 얼굴값하며 권력의지를 발동하느라 타인을 섬세하게 배려하지 못하는 탓일지도 모르겠다.

대화를 해야 한다는 말, 소통이 중요하다는 말이 공허한 것은 기실 그 말조차 자폐적 욕망의 회로 안에 맴도는 혼잣말이 되기 십상이기 때문이다.

3

오늘 은퇴를 앞둔 총장님과 점심에 이어 저녁식사까지 함께하며 두 차례 만나 대화를 나누었다. 그는 자신이 젊은 시절 사둔 책들을 책꽂이에서 빼면서 짐 정리를 하는데 무척 깊은 회한이 스쳤다고 고백했다. 나는 그래서 학자로 끝까지 애착을 포기하기 힘든 책들도 조금씩 빼다 제자들에게 나눠주는 습성을 미리 키우는 것이 중요하다고 대꾸했다. 갑자기 죽으라고 하면 힘들어져도 조금씩 죽어가는 것은 어느 정도 내성을 키워주기에 견딜 만하다. 매년 유서를 작성하고 또 그걸 갱신하는 습관도 종말론적 삶의 내성을 키우는 데 도움이 된다.

4

정리된 방에서 중심을 잡으니 공부할 의욕이 돋는다. 읽을 논문과 책도 몇 권 뽑아두니 독서의 관심이 동한다. 환경이 중요하다. 버리고 정리하는 훈련은 마음을 닦는 방편이 된다. 닦고 또 닦아도 먼지 쌓이며 지저분해지듯이, 마음 역시 자꾸 닦아도 또 때가 묻는다. 세속의 진토는 고요한 자태로 완강하다.

5

골방에 침잠하니 시곗바늘 소리가 크게 들린다. PC방에서 게임을 하고 있을 아들을 생각한다. 엄마 없이 헤매며 떠돌 지구촌의 고아들을 떠올려본다. 이제 곧 추운 계절이 오리라. 시간이 무의미하게 형해화될 종말의 때가 속히 도래하리라. 어둔 밤 쉬 내리듯, 벼락처럼 오리라. 지난 삶의 모든 자취를 화폭 속의 물상처럼 사무치게 그리워하게 될 마지막 시점이!

3부
겹의 사유

경계를 지우는 물상

한 2년 전쯤 대화문화아카데미(전, 크리스챤아카데미)의 종교분과 기획위원으로 참여하면서 '삶의 신학 콜로키움'이란 프로그램을 만들어 운영한 적이 있다. 전공 영역별로 우리나라를 (부분적으로) 대표할 만한 신학자들이 대화의 자리에 모여 자신의 삶과 신학의 어우러짐을 풀어내보자는 취지였다. 나는 소속 교단이나 보수/진보의 이념과 전혀 무관한 기준으로 내가 읽어본 글들의 질적 성취에 근거하여 가장 똘똘하고 희망적이라 여겨지는 네 명의 학자를 추천했다. 마침내 전공별로 구색을 갖추어 10여 명의 신학자가 한 달에 한 번 북한산 기슭의 아카데미 장소에 모여 한 사람씩 발표하며 토론하는 시간을 가졌다.

1년 반 가까이 진행된 이 프로그램에서 건진 배움의 이삭들이 지금은 많이 희미해졌지만, 오늘 아침 한 가지 명징한 기억으로 떠오른 이미지가 있었다. 그것은 가장 나이 어린 김학철 교수(연세대 학부대학)가 발표한 글의 제목에 담긴 이미지로, 현재의 기억에 의지하여 산문으로 풀어보면 "뒷간 지붕에 덮인 눈의 은혜로 산다"는 내용이었다.

현대식 수세식 화장실도 아닌 시골의 마을에 집과 좀 떨어진 후미진 데 위치한 '뒷간'이라니…. 그 재래식 변소의 더러움과 결합된 그 지붕에 쌓인 백설의 이미지는 부조화의 정서적 충격을 주기에 충분했다. 순결의 상징인 흰 눈이 인간의 배설물을 관리하는, 그 이름도 남루한 '뒷간'과 만나 내 상상력 속에 신선한 이미지의 충돌을 야기한 것이었다. 백설의 차가움과 막 배설된 배설물의 더운 온기가 충돌했고, 순결한 아름다움의 표상인 흰 눈과 더러움의 대명사 같은 걸쭉한 대소변이 껄끄럽게 그 문장 가운데 조우했던 것.

예수는 제자들에게 닮아야 할 궁극적인 존재로 하나님을 설정하면서 산상수훈에서 "하늘에 계신 너희 아버지의 온전하심과 같이 너희도 온전하라"(마 5:48)고 가르쳤다. 여기서 온전함 *teleios*은 종종 '성숙함'으로 번역되어 우리의 부담을 덜어주지만 인간이 하나님의 온전함을 닮아야 할 목표로 설정한 것만으로도 충분히 충격적이고 도전적이다. 그런데 그 온전함의 내막을 면밀히 살펴보면 이는 '존재론적 완벽함ontological perfection'이라기보다 '목적론적 완주teleological completion'임을 깨닫게 된다. 유한한 피조물인 인생이 어떻게 불멸하시는 하나님의 신적인 완벽함에 다다를 수 있겠는가. 다다르기는커녕 흉내조차 낼 수 없을 것이다. 예수께서 헛된 과장법으로 제자들을 기망한 것이 아니라면, 저 위대한 어록의 속뜻은 우리의 선입견과 달리 영 다른 데 있었던 셈이다.

그렇다면 완주해야 할 목적/목표 *telos*란 무엇일까. 예수는 그걸 저 어록의 직전에 죄다 친절하게 설명해놓으셨다. 그것은 자신의 생래적 선천적 울타리를 넘어 타자를 무한대로 포용하는 경계 없는 하나님의 동선을 모방하라는 것이다. 가령, 악인과 선인에게 두루 해를 비춰주시고 의로운 자와 불의한 자를 가리지 않고 비를 내려주시는 보편적 은총이 그 적절한 예다. 마찬가지로 우리 역시 자기편의 형제에게만 문안하지 말고 그 배타적 경계를 넘어 타자를 향해, 원수까지도 아우르며 관계를 맺고 대화와 소통을 시도하며, 영접과 환대의 자세로 이타적인 행보를 취하라는 것이다.

우리가 좋아하는 자연의 물상들은 대체로 경계 없이 이 하나님의 온전하심을 모사한다. 바다가 그렇고 하늘이 그러하며, 물과 바람이 경계 없이 넘나든다. 문명의 이기를 내세워 그것에 경계를 만들고 '너'와 '나'를 가르며 뚜렷한 논리적 근거도 없이 끼리끼리의 진영을 만들어 배타하는 자들로서 지상의 인간 오른편에 설 피조물이 없다. 그러다 보니 선/악, 의/불의, 미/추의 경계마저 너무 자폐적이고 완고하여 기실 하나님을 내세워 자신의 의를 이루거나 제 사적인 취향과 습벽에 속박된 기준으로 물질과 정신세계에 각종 자폐적 장벽의 사슬을 만들어 거기에 스스로 묶여 산다. 그것이 '정체성'이란 말로 정당화될 때가 많지만 그조차 자신과 다른 이들을 타매하는 흉기로 돌변하여 남들까지 묶고자 할 때는 더 많고 잦다.

경계를 지우며 넘어가는 또 다른 물상으로 '눈snow'이란 것도 빼놓지 말자. 우리 문학사에서 남북의 분단된 경계를 지우며 그 하나 됨을 그려 보이되 바로 이 '눈'의 이미지를 통해 감동적으로 형상화한 대표적인 작품은 임철우의 단편 〈아버지의 땅〉이다. 역사가 만든 모든 원한의 찌끼, 회한, 좌절과 분노마저 남북의 들판에 차별 없이 내리는 이 눈의 이미지를 눈부시게 조형함으로써 극복하고자 하였다. 그것은 신학적으로 이 땅에 인위적으로 설정된 모든 경계를 지우며 자연스럽게 하나님의 온전하심을 닮고자 하는 열망의 한 분기점이었다.

오늘도 부득불 온갖 경계의 장벽에 부대끼며 치여 살게 될 우리 소시민들…. 시인을 고대하며 예언자를 꿈꾸는 상상력의 틈새로 이 아침 불현듯 첫눈이 기다려지는 걸 보니 내게도 하나님을 닮고자 하는 작은 불씨가 아직 꺼지지 않았던가 보다. 그러나 말이야 바른 말이지 예수 신학의 궁극적 지평 위에서 우리 신앙의 본령이란 게 기실 '하나님 닮기 imitatio Dei' 이외에 무슨 다른 신통한 것이 있단 말인가. 예수를 믿는다는 것이 그의 삶과 가르침을 따르는 것과 별도로 겉돌 수는 없는 노릇이다. 만약 예수의 삶과 가르침과 무관하게 그의 대속적 죽음의 의미만을 표나게 내세우는 것이 복음주의라면 그 자폐적 복음은 차라리 폐기되는 것이 낫다. 그 과격한 결단이 바로 아무것도 모방하지 않는 하나님을 모방한 예수의 신학적 지향이었다. 또한 그것이 하늘과 바람의 메시지, 모든 경계를 지우며 은총을 뿌리는 첫눈의 순정한 예언이기도 하다.

 이즈음 점점 나무와 풀들이 몸을 움츠리는 동작을 보니 저 고산에서 시작된 첫눈의 소문이 낮은 지상으로 착지할 때가 가까워지는가 보다.

기독교 신앙인의 유형론

최근, 도시의 거리에서, 산길에서, 바람이 내게 이 시대의 기독교인들을 가르는 몇 가지 유형을 떠올려주었다. 왜 이런 유형들이 떠올랐는지 나도 잘 모르겠다. 하지만 이런 발상이 각기 상이한 유형들끼리 열린 대화와 소통을 촉진하고 상호 이해를 높이는 기틀이 될 수 있다는 생각에 대강 정리해본다.

 A는 기독교 신앙인답게 온전해지려 애쓴다. 길거리에 휴지 떨어진 것을 못 참고, 새벽녘 아무도 없는 거리에서도 빨간불 신호등을 만나면 반드시 멈춰 신호 대기해야 편하다. 예언자적 기백이 있어 사회적 정치적으로 부당한 일이라 판단되는 일에 기꺼이 분노하며 바른말을 겸손하게 내뱉길 잘한다. 사람들은 그의 기질을 완벽주의라 부르며 이를 가끔 도덕적 염결주의로 번역하거나 은근히 결벽증이란 말을 그 부정적 암시의 메시지와 함께 흘리곤 한다. 그렇다고 그를 딱히 율법주의의 틀에 가

두려는 것은 온당치 못해 보인다.

그는 자기 나름의 올곧은 기상을 내세워 매사 원리 원칙을 중시하면서도 관용의 미덕을 챙기며 평범한 다른 이들보다 소소한 차이에 대한 포용의 반경이 넓기 때문이다. 자비와 긍휼, 온유와 충성, 양선과 절제 등등 성서에서 강조되는 그리스도인의 덕목에 관해서도 그는 온전함의 최대치를 추구하면서 모범적인 언행으로 존경받는다.

그가 보수하려는 가치의 외연과 내포가 분명하지는 않다. 하지만 그는 개인적 탐욕을 경계하고 공동체의 의리를 중시하며 그것을 지키고 개혁하려는 사명감도 큰 편이다. 그러나 정치적인 목표의식을 가지고 집단행동을 벌이거나 노골적으로 특정 이념에 편향되는 것은 불편해하며 일정한 거리를 두고자 한다.

또 다른 사람 B 역시 기독교 신앙인을 자처하지만 이 땅의 도덕윤리 강상에 대해서는 비교적 헐렁한 편이다. 그는 이 세상이 워낙 썩어서 뱀처럼 교활할 정도로 영리하게 처신하지 못하면 서푼어치의 비둘기 같은 순결함도 지키기 어렵다고 본다. 깨끗한 부富라든가, 지고한 명분이란 것은 이 땅의 현실에 박치기하면 여지없이 깨져버리는 말뿐의 신념 또는 그림 속의 아름다움이라고 생각한다.

그는 어울리는 사람에 따라 진한 농담도 기탄없이 내뱉으며 절제보다 향유 지향적 욕망에 관대한 편이다. 술 담배에 자유로운 그의 경우 술자리에서 웬만한 사람들이 그의 입에 오르면 적당한 난도질의 안줏감으로 곧잘 씹히곤 한다. 소시민의 한계일망정 조직의 논리에 휘둘리지 않은 채 제 멋과 맛을 추구하며 자유롭게 사는 것이 성령의 계시라고 자의적으로 믿고 싶어 한다. 그러다 보니 쉽게 약속하고 쉽게 흐지부지하는 경향이 있다.

물론 그는 몰역사적인 인간들에 별로 매력을 느끼지 못한다. 자신의 자유와 함께 타인도 역사 속에서 넉넉한 자유를 누릴 권리가 있다는 그럴듯한 신념을 가지고 매사 전투적인 언행을 일삼는 경향이 있다. 그러나 제 밥그릇이 걸린 사안이거나 모호한 문제에 닥쳐서는 대체로 이중적인 플레이로 그물망을 빠져나가면서 그것을 정당화하는 기술에도 능숙하다. 꽤 오래전 읽은 소설가 김원우의 능글능글한 중편소설에 기대어(제목이 뭐였더라?) 나는 이 B형의 인간에게 '세속적 트임'의 달인이란 별명을 붙여 본다.

또 다른 그리스도인 C는 언어와 문자로 자신을 정당화하는 방법에 약하거나 둔하다. 그러나 그는 자신이 믿는 하나님의 말씀과 예수의 간단명료한 뜻을 날마다 마음에 새기며 배운 대로 믿고 믿는 대로 순종하며 살려고 순진할 정도로 노력한다. 교회에 수많은 문제가 있다고 듣지만 그걸 오래 귀담아두지 않고 체제의 보존과 관리에 주력한다. 혹여 자신이 다른 분야에 최고의 전문가적 식견과 안목이 있을지라도 교회 공동체의 일에 관해서는 거의 초등학생 수준의 비평적 감각으로 최고 지도자의 인도에 순종하는 편이다.

밖에서 지식인들이 볼 때는 율법주의 신앙처럼 보이지만 그는 그러한 틀에 괘념치 않고 열심히 제 할 일을 반복하여 감당할 뿐이다. 교회와 그 연장선상에서 맡은 봉사의 일에 착실하게 충성하면서 그것을 제 천직으로 알고 살아간다. 물론 제 신앙적 감각으로 느끼는 삶의 부족함과 연약함이 많아 이로 인해 죄책감을 자주 느끼며 기도할 때마다 탄식과 회개의 마음이 깊어진다.

늘 '내 탓이오'를 외치면서도 별로 개선되지 않는 체제와 구조의 현실 속에서 그는 절망할 겨를조차 없다. 그저 자신이 몸담아온 공동체를 죽이 되든, 밥이 되든, 견디며 함께 어울리고 소박하게 안주하듯 자족할 뿐이다. 여기에 나는 좀 과도한 감이 있긴 하지만 이청준의 소설 《당신들의 천국》에서 배운 거대 어휘를 빌려 '자생적 운명'의 공동체적 인간이라고 불러본다.

'유형*typos*'은 그저 유형일 뿐, 그 틀 속에 모든 사람들이 갈무리될 수 없다. 유형은 전형을 바라보지만 실제로는 쉼 없이 경계를 지우며 위치를 바꾸는 일종의 유형流形이다. 대부분의 사람들은 특정 유형들의 사이 어디쯤 위치하여 끊임없이 자리매김 하며 자리바꿈을 할 것이다. 내가 가끔 근심하는 것은 이렇게 틀 지어진 유형의 왜곡이고 과잉이다.

가령, A의 유형이 경직되면 그 완벽주의는 특정한 교리적인 강령을 매개로 엄숙주의로 고착되어 그런 위상에 미치지 못하는 타인에게 억압적인 기능을 수행하게 된다. 물론 제 내면을 향한 억압도 그에 비례하여 깊어지면서 태연을 가장한 위선의 위험도 커진다. 간단히 말해 신앙적 소견이나 언행의 온전함을 추구하는 자세가 목적론적 특수성을 넘어 존재론적 보편성으로 강화될 때 그 완벽주의는 쟁쟁한 쇳소리를 내며 인간의 실존과 내접한 헐렁한 가슴을 점점 잃어갈 우려가 있다.

B의 유형이 과잉으로 흐르면 제 자신의 자유가 방종과의 경계선을 허물어 제 눈의 들보를 보지 못하면서 남의 눈의 티에 과민반응을 보인다. 시도 때도 없이 흥분하는 일상의 열병이 이러한 태반에서 생겨난다. 이 세상의 모든 현상과 현실을 대체로 분노의 시선으로 바라보며 이 세상의 층층 면면에 담긴 모호함의 여백을 침묵으로 잘 견디지 못하는 병통도 깊어진다. 인생의 구조가 여러 겹으로 짜여 있다는 명료한 진실조차 과잉 단순화되어 성급하게 판단하는 버릇도 심해질 우려가 있다.

무엇보다 B 유형의 타락에 수반되는 가장 명확한 징조는 제 자신의 자유로운 삶에 지나치게 관대해지는 것에 반해 남의 삶에 과도하게 참견하길 좋아한다는 것이다. 매사 호사가의 품평 취향이 지나쳐 제가 놓은 덫에 제가 빠지는 줄도 모른 채 열심히 사냥질에 힘쓴다. 한마디로 이 유형이 미끄러지면 객관적 정당성을 자기 정당화의 요란한 기술로 뒤바꾸어 눈 가리고 아웅 하는 꼴을 자주 보여준다.

C 유형이 외곬으로 심해지면 대체로 어리석어진다. 특정한 카리스마를 뿜어내는 개인의 선동에 북 치고 장구 치는 집단 우민화의 우려가 여기에서 파생되기 쉽다. 너무 쉽게 맹종하는 버릇은 신앙적 열심의 에너지를 헛된 일관성과 소모적 충실성으로 낭비하는 폐단으로 흐른다. 적절한 지식에 따른 계몽의 힘을 과소평가하여 상황의 특수한 맥락을 짚어내는 내공이 약화되다 보면 자생적 운명의 지향점조차 삿된 타성 가운데 쇄말화되기 십상이다. 그렇게 수동적으로 끌려다니다 보면 그는 조직을 자신도 모르게 악마화시키는 태연자약한 오류의 떡밥이 되기 일쑤이다.

이 중에 어느 유형의 나무가 더 바람직하고 더 아름다운지 쉽게 단정할 수 없다. 그 유형들 사이에 어느 포지션이 더 합리적인 이 시대의 대안인지도 명확하게 꼬집어 말하기 어렵다. 또 그 유형의 왜곡이나 타락의 어떤 점들을 어떻게 극복할 수 있는

지에 대해서도 유일한 해법이 있는 게 아니다. 다만 우리는 각자가 그 하나의 유형에 얼마나 가깝고 얼마나 먼지 가늠하는 인식론적 통찰과 함께 다양한 유형들 사이를 조율하는 분별의 감각을 키울 수는 있다. 그것을 키우면 키울수록 굳이 바꿀 수 없는 서로 간의 유형론적 차이를 애써 절대적 차별의 조건으로 삼아 쓸데없는 다툼을 벌일 일은 줄어들 것이다.

하여 이런 다채로운 유형이 하나님의 창조세계를 수놓는 또 다른 은총의 모략이라면, 그 세세한 유형의 풍경 앞에 트집 잡기보다 모른 척하는 것이 어떨까. 하나님의 웅숭깊은 다양성의 전략 앞에 우리도 부러 당혹스러움을 감추고 그 스타일의 차이를 그냥 있는 그대로 수락하여 제 삶의 무늬에 애쓰는 게 어떨까. 당신이 당신 되게 하는 조건이 '나'를 나 되게 하는 조건과 다르지 않다면, 우리는 신앙의 유형에서도 지금보다 훨씬 너그럽게 과격한 차이조차 축제의 대상으로 삼을 수 있을 것이다. 그것이 하나님을 하나님 되게 하는 또 다른, 어쩌면 궁극적인 지향점이려니 한다.

정공법의 출정

조금씩 늘어지기 시작하면 길게 늘어지는 법이다. 며칠 전 늘어진 일상의 잡무를 하루에 처리하느라 번호를 매겨 우선순위를 정하고 처리한 뒤 펜으로 그 항목을 하나씩 지워나가는 방식으로 13개의 일과를 마무리했다. 이런 방식의 일 처리에 나는 '정공법'이란 이름을 붙여본다. 시간의 리듬을 바투잡고 촘촘한 에너지로 과녁에 집중하여 각개격파 해나가는 방식이다. 그렇게 하루의 에너지를 소진한 날 다음에는 또다시 길게 늘어진다. 수축과 이완, 집중과 해체, 인력과 척력의 리듬이 순환하면서 내 몸의 상태를 조율해나간다.

그동안 글쓰기 노동에 밀려 공부를 너무 게을리하고 있다는 반성이 들어 이틀 전 조르조 아감벤의 책, 《예외상태》와 《목적 없는 수단》 두 권을 읽었다. 이 특유한 혼합형 사상가가 창의적으로 조형하거나 변용한 '호모 사케르'와 '예외상태'의 개념을 확실히 파악해두었다. 춤과 포르노와 팬터마임의 비유를 통해 조명한 목적과 수단의 역동적인 관계에 대한 설명도 흥미로웠다. 발터 베냐민이 상세한 설명 없이 툭 던진 '예외상태'와 '순수한 폭력'의 개념에 그가 찰진 지성의 콘텐츠로 살을 채우며 심오하게 해석해주고 있다는 생각이 들었다. 그의 해석적 창조 행위에서 '정치'라는 말이 차지하는 비중과 그 함의는 엄청나다. 21세기는 바야흐로 정치의 일상적 감각이 경계를 허물면서 생활 세계는 물론 우리의 몸과 몸 사이 구석구석으로 급팽창하며 파급되는 시대인가 보다.

어제는 늘어진 리듬이 과했는지 큰 실수를 했다. 호서대학교 채플에 설교하러 가면서 자동차 연료 상태를 점검하지 않은 것이다. 논산-천안고속도로를 타던 중 가솔린 계측기 옆으로 노란 경고 사인이 떴다. 이인휴게소에 차를 대고 주유하려는 순간, 아뿔싸, 주머니에 지갑이 없었다. 급하게 서두르느라 그것을 빠트린 줄도 모르고 달려온 것이다. 지갑을 챙기든, 기름을 미리 채워 넣든, 두 가지 중 하나만 잘 갈무리했어도 이런 낭패를 보지 않는 건데…. 난생처음 고된 사투(?)를 해야 했다. 우편 비상 대기선으로 차를 빼어 양쪽 깜빡이를 켜고 위태로운 곡예 운전을 했다. 남천안 진출로로 차를 뺐을 땐 이미 연료가 거의 고갈되었는지 차체가 덜덜거리는 증상이 느껴졌다. 거기서 주유소를 찾아 사정을 얘기했는데 마음씨 좋은 할아버지가 내 제안을 수락해주신 덕분에 구사일생으로 위기를 모면했다. 일단 기름을 채운 뒤 아내가 인터넷뱅킹으로 이 주유소 주인의 계좌로 입금해주는 방식이었다. 할아버지는 내 전화번호만 받고 내가 이체했다는 말을 믿어주었고 내가 목적지에 도착하고 나서 입금 확인했다는 전화통화로 서로 감사의 인사를 주고받았다.

간밤 꿈엔 친하게 교유하던 철학자의 집에 무심코 발길이 닿아 전화로 연락했다. 집 앞에서 건 전화였는데도 자기 학생이 방문해 있음을 변명 삼아 그는 얼굴도 내밀지 않았다. 이렇게 그분 특유의 냉랭한 반응을 접하는 다소 섭섭한 일을 아무 이유 없이 겪었고 그중 몇몇 장면이 샤워한 뒤 뒤늦게 떠올랐다. 그 꿈속 경험의 이유를 모르듯이, 왜 몇몇 장면이 샤워한 뒤 떠올랐는지 그 우발성의 사연도 도무지 알 수 없다.

오늘은 다시 정공법으로 일상의 갈무리 패턴을 되돌려 정각 일곱 시에 기상하여 아이들 깨우고 커튼 열며 하나씩 차곡차곡 처리해나간다. 내 생활이 꼭 쓰레기 처리하듯 '처리'해야 하는 건가 회의가 들면 속도를 줄이고 천천히 감싸면서 애무하듯 쓰다듬어나간다. 출근하는 아내, 등교하는 아이들, 머리 위에 손을 얹어 종말론적 애틋함으로 축복한 뒤 마찬가지의 극진한 정성으로 식사 나눈 테이블을 정돈하고 닦아낸다. 샤워한 뒤 옷을 정갈하게 바꿔 입고 침대 이불을 원상태로 되돌린다. 어제 사은회 때 선물로 받은 새 양말로 내 천덕꾸러기 발을 달래며 덮어 준다. 잡동사니 재활용 물건들은 깨끗하게 정리하여 박스 안에 집어넣고, 긴 한숨을 뱉어낸 뒤 책상에 앉는다. 간밤 꿈을 정리하며 모니터를 열고 일기를 쓴다. 어제 고속도로에서 겪은 일도 반성한다. 오늘 주재해야 할 회의의 안건도 정리해본다. 써야 할 글의 목록도 뽑아본다.

받은 책을 정리해보니 〈기독교사상〉, 〈복음과상황〉, 〈목회와신학〉 세 월간지의 12월호에 내 글이 실렸다. "성서의 사회복지 사상과 그 현대적 적용"이란 기획 에세이 한 편, "간증에 대한 비평적 간증"이란 또 다른 비평 에세이, 김세윤 박사의 책에 대한 리뷰 에세이 "그 사람의 아들로 미로를 뚫다"가 각각 이 잡지들에 실렸다. 새해에는 〈빛과소금〉, 〈복음과상황〉, 〈현대종교〉 이 세 군데 잡지에 연재를 해야 한다. 그중에 한 편은 벌써 마감일이 하루 지났다. 또 공저를 낸다며 늦은 원고를 보내달라는 독촉 이메일에도 나 몰라라 하기 어려울 듯하다. 갈 길은 멀고 몸은 쉽게 늘어지니 정공법의 신속 타격과 각개격파 방식으로 에너지를 모으지 않으면 마음은 정처 없이 먼 곳을 떠돌 것이다.

그러나 정공법의 기동력을 살려 몸을 움직일 때 그 이음줄로 미끄러지는 순간의 시간들 틈새로 얼마나 풍성한 여유와 여백이 느껴지는지…. 그래서 카이로스의 시간은 결핍과 고갈을 모르는 가 보다. 정공법으로 하루를 시작하는 전략은 물리적 구획으로서의 시간을 영원으로 팽창시키는 가장 요긴한 방법이다. 오늘도 나는 이 모호한 시간의 늪을 가로지르며 얼마나 싱싱한 영원을 발견하며 그 맛을 누릴 수 있으려나. 이제 다시 시작이다.

하나님을 놓아드리자

몇 년 전 우리 교회에 사경회 강사로 오셨던 김동수 목사님(평택대 교수)이 들려주었던 예화가 기억난다. 하나님을 용왕신 정도로 이해하고 섬기는 신자들이 꽤 있다는 얘기였다. 용왕신은 뱃사람들이 뭔가 대단한 제물을 바치면 물결을 잔잔하게 해주고 바치는 게 없거나 시원찮으면 풍랑을 거세게 일으켜 배를 뒤집는 심술을 부린다는 것이다. 그래서 착한 처녀 심청이까지 공양미 삼백 석에 사다가 바닷속에 던져주었던 것인데 뱃사람들은 그래야 용왕신이 흡족하여 출어하는 배의 안전이 보장될 거라고 굳게 믿었기 때문이다.

그런데 하나님을 만유의 신으로 고백하면서도 이렇게 우리가 뭔가 성의를 표해야 하나님이 우리를 호의로 대하고 성의가 부족하면 냉대할 것이라 두려워하는 원시적인 종교심이 과학의 시대라는 21세기에도 여전히 신자들의 신앙 의식 저변을 장악하고 있는 듯 보인다. 용왕 신앙의 후유증이 그 알맹이만 바꾸어 구조적으로 기독교 신앙에도 이식되어 나타나는 셈이다.

이에 따르면 화산활동이나 태풍으로 피해를 입은 동네 사람들은 뭔가 신을 노엽게 한 것이 된다. 성서의 일각에서도 이런 흔적을 엿볼 수 있다. 성서가 기술되고 전승된 고대의 세계관이 워낙 이런 종교적 공포심을 배경으로 형성된 측면을 무시할 수 없기 때문이다.

확실히 증명하기 불가능한 신의 노여움을 달래주고 하나님을 기쁘게 한다는 명목 아래 사람들이 용을 쓰듯 벌이는 예배의 열심이란 게 있다. 실제로 많은 경건한 신자들의 노골적인 의식 또는 희미한 무의식 가운데는 개인의 사적인 경건 차원이 아니라 그럴듯한 건물에 그럴듯한 상징적인 분위기를 갖추고 가급적 많은 인원이 회집하여 반듯한 형식을 구비한 채 드리는 예배가 많을수록 그리고 잦을수록 신의 호의와 축복을 견인할 수 있다는 확신이 자리 잡고 있다.

예배 중에서도 새벽 예배가 응답의 약발이 세고 신령한 기쁨의 강도도 가중되는 듯한 인식이 종교적 인습처럼 대중의 저변에 확산되어왔다. 시편의 다윗이 '내가 새벽을 깨우리로다'라고 한마디 노래한 것과 예수께서 새벽 미명에 기도했다는 복음서의 두어 군데 기록이 그 성서적 근거의 전부이다. 열심히 헌금을 바치고 교회의 이런저런 행사에 충성되게 참여하고 봉사하는 것도 하나님의 호의를 최대한 이끌어내기 위한 적절한 마중물처럼 인식되곤 한다. 행여 이런 쪽으로 미흡하거나 부실하면 하나님의 노여움을 사서 징계라도 받지 않을까 은근히 불안한 분위기가 조장되기도 한다. 이 모두 용왕신의 잔재와 무관치 않다.

이런 용왕 신앙의 후유증은 하나님을 인정 투쟁의 볼모로 잡아두고 마치 뭔가 부족하여 인간들의 섬김을 강요하는 포악하고 인색한 신의 이미지를 걸치고 있다. 좀 더 점잖게 변론하는 분들은 하나님이 성육하여 이 땅에 자신을 낮췄다고 우리까지 낮추면 어떻게 하느냐며 우회적으로 하나님의 비위를 맞추며 특별한 호의의 은총이라도 기대하듯 다소 분방한 언행들에 핀잔을 준다. 하나님이 '괜찮다'고 말씀하시는 대목에서 우리는 기를 쓰고 '안 괜찮다'며 자꾸 자책하고 자학한다. 그걸 무마하느라 관성적으로 멋들어진 말들을 꾸며 하나님을 칭송하고 온갖 화려한 수사를 동원하여 그의 존엄함을 찬양하기 바쁘다.

하나님은 자족적인 존재로서 우리의 이런 요란한 호들갑에 아무런 영향을 받지 않는 만유의 주님이신데도 우리는 끊임없이 기도로 하나님께 정보를 제공하며 고자질하고 온갖 예쁜 짓을 도맡아 하느라 여념이 없다. 하나님은 자신에게 뭘 자꾸 가져다 바치는 건 그만하고 이 땅에 공의를 강물처럼 흐르게 하길

원하시는데, 우리는 하나님께 그 공의의 책임을 떠넘기면서 여전히 그 앞에 아부 아닌 아부를 늘어놓고 아양 아닌 아양을 떨면서 그럴싸한 신학적 담론과 신앙 고백의 말로 점잖게 분칠하기 바쁘다.

성육하신 예수는 너희가 구하기 전에 아버지께서 다 아신다고 말씀하셨고, 그의 나라와 의를 구하라고 가르쳐주셨는데, 우리는 하나님의 그 주권적 통치와 의가 뭔지 여전히 헷갈려 하면서 '구하라, 찾으라, 문을 두드리라'는 어록을 문자적으로 내세워 세세하고 오밀조밀하게 간구하는 일에 열중한다.

하나님이 씨족 공동체 시대에 살던 사람들과 소통하실 적에 그들의 씨족 신처럼 운신하며 그들의 언어 반경과 인식의 한계 내에서 자신을 드러내셨고, 그 사람들은 그들의 당대 언어로 그런 신을 경험하며 고백했다. 야곱은 제 고향을 떠나 먼 나그네 여정에 들었을 때 낯선 곳에 잠자고 깨어난 뒤에야 자신이 의지하던 그 신이 제 고향을 수호하는 씨족 신의 지경을 넘어 외지의 낯선 땅까지 관장하는 하나님이란 걸 깨달았다.

그 하나님은 인간의 신학적 인식의 진화 과정과 맞물려 꾸준히 자신의 모습을 드러내시면서 더러 예스러운 전통을 다시 끄집어내기도 하지만, 제의법을 넘어 도덕법으로, 자국민 선민주의를 넘어 이방인까지 포용하는 개방주의로, 특수한 경험을 넘어 보편적 인식으로, 만유의 세계로 진보의 궤적을 개척해나가셨다. '전사warrior'로 대적들과 앞서 싸우시고 다른 신들과의 비교나 경쟁에서 '질투하시는 여호와'의 이미지는 만민을 구원하시는 우주적 하나님의 '열정'으로 재편되어나갔다. (헬라어 zelos에는 '질투'와 '열정'이 한 덩어리의 개념으로 엉켜 있다.)

바벨론 포로기를 전후한 역사 경험과 시편의 탄식 시, 욥기와 전도서 등을 통해 그 하나님을 극적으로 만난 많은 신자는 공동체의 연좌제적 틀을 깨고 제 존재의 운명에 대해 심각하게 회의하고 하나님 앞에 치열하게 탄식하며 항의하는 당돌한 주체로서 자신의 삶에 개입하는 앎의 반경을 확장했다. 예수는 탐구자와 구도자로서의 제자도를 '구하라, 찾으라, 문을 두드리라'는 세 마디에 압축시켜 따르는 이들을 향해 기존의 질문을 넘어선 질문, 기존의 해답을 넘어선 해답을 기대하셨다.

이제 하나님은 만물을 새롭게 하시는 만유의 주님으로 그분을 섬기는 우리의 자발적 열심에 고요한 미소로 화답하신다. 소박한 우리의 경배와 은밀한 간구에도 고요한 미소로 화답하며 네 생명 속에 뭣이든 수행할 만한 역량도 제공했고 격려할 만큼 했으니 이제 네가 모험하고 개척하며 스스로 감당해보라고 권고하시는 듯하다. 그동안 많이 받아먹는 시늉을 해주었으니 이제 그만 가져다 바치고 제 재량껏 선한 일에, 그 나라와 의를 이루어내는 좋은 사업에 흔쾌히 투자하고 증여하라고 속삭이시는 듯하다. 무엇보다 생명을 북돋우고 살리는 일에 사랑의 에너지를 발현하여 협력하고, 피곤한 사람들 자꾸 새벽에 깨워 시끄럽게 울부짖게 하다가 일터나 학교에 나가 닭처럼 조는 우스꽝스러운 짓은 그만했으면 좋겠다고 제안하시는 듯하다.

하나님이 그동안 역사를 통해, 자연을 통해, 성경을 통해, 그만큼 가르치고 보여주고 암시했으면 이제 그만 당신을 놓아주고 스스로 어른이 되어 그렇게 배우고 깨닫고 발견한 진리를 열심히 실천하며 서로 다투지 말고 즐겁게 잘 살라고 권면하시는 것 같다. 웬만한 재롱은 가끔 재미있게 봐줄 만한데 그것을 제 인정 욕구와 성취 동기에 짬뽕시켜 당신을 인정 투쟁의 볼모로 삼는 것은 좀 심하다고 역시 희미하게 미소 지으며 우리의 신앙적 엄숙주의에 퉁을 놓고 농담 한마디 건네실 기세다. 이제 고대와 중세와 근대의 하나님을 놓아드리면 어떨까.

그 하나님과의 오래된 추억을 소중히 여기고 가끔 재생시키는 건 좋아도 그런 주관적인 취향을 자랑 삼아 설교의 위엄을 부리며 폼 잡고 하나님을 더 웃기게 하는 일은 조금씩 절제했으면 좋겠다. 그 여유 있으신 하나님은 잠잠히 말씀하신다. 그동안 나는 많이 먹었으니 이제 너 먹으라고. 내가 아주 멀리 떠나도 너와 함께 있을 테니, 이제 내 이름 그만 부르고 나 좀 놓아주라고. 내 이름 없는 곳에서 나를 좀 참신하게 다시 탐구하고 발견해보라고. 이제 걷지만 말고 좀 날아보라고. 그만 학대하고 향유해보라고. 너희들의 요란한 고백과 춤과 노래와 충성과 헌납이 없이도 나는 애당초부터 스스로 만족하는 충만의 존재였노라고.

'삶'이라는 이데아, '성경'이라는 우상

1

존경받는 어느 원로 목사님이 한국 교회에는 삶이 없다고 비판했다. 진리가 예배와 말과 신학에만 머물고 삶 속에 살아나지 않는 게 위기라고 지적했다. 멋진 말과 글, 좋은 생각은 좋은 삶과 무관하고 오히려 그 반대의 경우가 많다고 탄식했다. 열심히 예수를 믿기만 하면 천국이 올 줄 알았는데, 제자훈련을 철저히 하면 성공할 줄 알았는데, 열심과 지식은 늘어났을망정 삶이 빠져 그것도 실패였다고 성찰했다. 그에게 이 모든 비판과 지적과 탄식과 성찰의 유일한 대안은 '삶', '바른 삶'이다.

물론 내가 그 목사님의 메시지에 담긴 선한 뜻과 의로운 심정을 모르지는 않는다. 야고보서의 '행함 없는 믿음이 죽은 것'이라는 메시지나 갈라디아서의 '사랑으로 역사하는 믿음'이라는 교훈이 그 바른 삶의 요청과 통하는 것일 테다.

그런데 이런 방향으로 '삶'을 강조하면 할수록 나는 그 삶이 추상화된 만병통치약처럼 느껴진다. 그것은 전지전능한 유일한 교리처럼, 삶을 이루는 구체적인 세목들을 빨아들이는 블랙홀처럼 보이고, 또 이 세상에서는 만져질 수 없는 이데아처럼, 내 삶의 질감과 동떨어진 어색한 손님처럼 연상되는 것이다.

'바른 삶'이 뭔지 따지기에 앞서 '삶' 자체를 표 나게 내세우면서 그것을 다른 진리의 항목들과 대립시키다 보면 그런 항목들이 삶과 대척적인 관계를 이루면서 삶의 범주에서 밀려나거나 사소한 삼류 가치처럼 소외당하는 억압적인 분위기가 조장된다. 진리를 선포하고 드러내는 현장으로서의 예배, 그것을 표현하는 말, 그것을 체계화한 신학은 우리의 신앙적 삶을 구성하는 소중한 부분들 아닌가. 멋진 말과 훌륭한 글은 저절로 만들어지는가. 밥을 먹고 책을 읽고 공부를 하고 깊은 사색과 연구를 거쳐 웅숭깊게 그 모든 것이 우러날 때 그것이 좋은 생각도 되고 멋진 말도 되며 훌륭한 글도 되는 것 아닌가. 나아가 밥과 책과 공부, 사색과 연구, 생각과 말과 글 따위는 우리 삶의 부분집합들이 아니면 도대체 무엇인가. 그것들은 삶의 바깥에 있지 않고 (아무리 부실한 것일지라도) 그 안에 있다.

이런 것이 얼마나 진정성 있게 결실되느냐가 진리를 추구하는 삶과 삶에 대한 진리의 가치를 평가하는 기준이 되는 것이 아닐까. 연구 현장에서 열심히 이론으로 실천하는 사람에게는 그게 삶의 주된 부분이고 보다 감각적인 방식으로 절박한 현장의 구제 사역과 선교 사역에 연루되어 일하는 사람에게는 그것이 또 삶의 주된 항목일 뿐, 이 모든 구석구석에서 삶이 아닌 것이 없고 바른 삶의 가능태가 아닌 것도 없다. 따라서 '삶'을 배타적 클리셰로 만들어 자신만이 독점한 객관적 실체인 양 내걸 때 그것은 우리를 각성시키는 선동적 구호가 될 수 있을지언정 삶이라는 이름으로 우리 삶을 오히려 빈곤하게 만들고 헐벗은 몰골로 내칠 우려가 있다.

2

혹자는 오늘날의 혼란한 현실을 떨치고 문제를 해결할 수 있는 유일하고 궁극적인 해답이 '성경'으로 돌아가는 것이라고 역설한다. '말씀'만이 이 시대의 난국을 타개할 절대적인 열쇠라고 부르대기도 한다. 인간적 생각과 지식, 무슨 개혁 운동 따위로 발버둥 친들 별무소용이고 오로지 말씀의 순정함을 회복하여 거기에 복종하는 것만이 해법이라는 것이다. 이 '성경'이나 '말씀'의 자리에 어떤 이는 '기도'라는 어휘를 대입시켜 기도야말로 모든 불행의 버릇을 타개하고 행복을 가져오는 비법인 양 선전하기도 한다.

여기에 수사적 과장법의 의도가 있다는 걸 그들도 모르지 않을 것이다. 그러나 이러한 구호로써 더 많은 오해와 수상한 의혹이 생긴다는 것도 알면서 그런 과장을 했으면 좋겠다. 단순화의 오류는 늘 오류처럼 보이지 않는 터라 이런 틀을 쳐놓으면 주인공된 화자가 마치 하나님이라도 되는 것처럼 기세등등한 목소리의 강도가 느껴진다.

그러나 성경이란 무엇인가. 수천 년의 기간을 통틀어 인간이 다양한 시대와 역사적 배경, 복잡한 상황과 맥락 속에서 하나님을 경험하면서 던진 수많은 질문들과 나름의 가능한 해답을 찾기 위해 고투한 과정의 축적물 아니던가. 그것이 계시가 되고 신성한 말씀으로 권위를 얻기까지 그 속에 얼마나 다양한 사상과 문학과 교리와 신학들이 섞여 들어왔던가. 또 더러 상반되는 교훈과 모순된 노선은 어떠하고 정치적 이데올로기, 원시적 인습과 특정한 종교전통은 얼마나 되며, 게다가 인간의 다채로운 욕망과 희망은 그 속에서 또 어떤 풍경으로 펼쳐지던가.

성경을 가지고 극단적으로 보수적인 처세술을 정당화할 수 있고 그 말씀의 권위로 극단적으로 자유스럽고 진보적인 이념을 합리화할 수 있음을 왜 외면하는가. 왜 성경이 공산주의와 자본주의, 허무주의와 쾌락주의, 현세적 기복주의와 급진적 종말 신앙의 동시적인 출전이 될 수 있음을 무시하는가. 결국 나름의 해석학적 전제와 신학적 지향을 가지고, 어떤 핵심 개념(가령, 언약, 구원, 사죄, 영생, 천국, 믿음, 사랑 등)을 주축으로 삼아, 그것의 엑기스를 응집시키고 신학화한 전통을 다시 선포하고 '말씀'의 권위로 전승해온 것이 아니던가.

신앙적인 언설이 그저 우리의 특정한 변덕이나 욕망을 순간적인 감흥이나 주관에 치우쳐 과장하는 수단일 뿐이라면 그것은 좀 더 신중해져야 할 필요가 있다. 성경이 마치 도깨비방망이 같은 우상으로 전락하여 그 안에 출현하는 모든 것을 아름답고 선한 것으로 도배하는 것이라면 우리는 성경의 권위를 입에 담으면서 좀 더 현명해질 수 있어야 한다.

그것이 우리의 신앙에 표준을 제시하고 규범을 제공하는 권위 있는 고전적 전통이라는 사실을 누가 부인하랴. 그러나 성경의 권위는 그것을 해석해온 이천 년 이상의 역사와 함께 거론되면서 세세한 맥락을 제시하고 오늘날 적용되는 구체적인 삶의 자리를 전제해야 그나마 씨라도 먹힐 수 있는 것이다. 성경의 인용이 주술이나 주문처럼 복창되고, 부적이나 자기 봉사적 구호 또는 자기 억압적 방망이 수준에서 운위된다면 성경과 우상의 거리는 그리 멀지 않다.

3

우리는 '진리'를 따지기에 앞서 오늘날 내 삶의 '일리'를 살피면서 좀 더 차분하고 현명해지는 게 좋겠다. 일상의 욕망을 긍정하고 그 복잡한 지형 속에서 헤매는 자신과 이웃의 실존적 처지를 좀 더 신중하게 준별하면서 한두 가지 구호로 삶의 다양한 입자들을 잡아먹는 하마나 공룡의 처신은 삼가는 게 바람직해 보인다. 우리는 신도 아니고 블랙홀이 아니듯, 삶을 저 천공의 이데아로 붙들어 맬 수 없는 생활인이면서 그 삶의 현실적 지평을 벗어나고파 초월의 꿈을 품은 고상한 생명들이기 때문이다.

우리 삶의 30퍼센트가 잠과 꿈으로 구성되어 있음을 잊지 말자. 먹고사는 일들로 분요하게 움직이고 있고 우리의 노동 에너지를 생산과 재생산 공정에 정신없이 투입하면서 우리의 하루하루가 굴러가고 있음을 명심하자. 멋진 말과 글에 속지 마라. 그러나 동시에 멋진 말과 글에 속지 말라는 사람의 선동적 구호에도 속지 마라. 툭하면 '진리'와 '삶'을 주워섬기고 '구원'과 '행복'을 선전하는 이들을 조심하라! 수백 년 뒤진 근대적 계몽의 한 구멍이 여기에 있다.

전공 자폐주의와 신앙적 영향사

지난 6년간 두 학회의 학술지에 투고된 논문들을 실무적으로 총괄하는 편집위원장과 편집주간을 맡아 두어 번씩 읽어주고 교정해준 논문들이 대강 계산해보니 1,000편이 넘는 것 같다. 그 밖에 4개 이상 타 학술지의 편집위원을 맡아 심사해준 논문까지 합산하면 수백 편은 더 추가될 것 같다. 그것들을 정성껏 읽고 고쳐주면서 많이 배웠다. 덤으로 이 작업을 통해 한국의 대다수 신학자들을 알게 된 것은 정말 큰 수확이었다.

  그런데 오늘 아침 그 논문들 가운데 깊은 인상을 주거나 감동이 된 것이 얼마나 되나 되짚어보니 떠오르는 제목이나 주제가 별로 없었다. 가장 강렬하게 남아 있는 기억은 대체로 자신이 학위 논문을 쓰거나 그 이후의 독서를 통해 공부한 것들을 종합 정리한 식의 논문들이 다수였다는 사실이다. 제 전공을 횡단하면서 그 공부의 바깥을 살피며 고뇌한 이론적 성찰이나 우리의 신학적 지형과 신앙 현장을 원근으로 조망하면서 그 분석과 함께 획기적인 대안을 제시한 논문의 기억은 너무 희박하다. 물론 이천 년간 서구 신학의 잔여물이 다수였고 자생적인 태반 위에 창조한 연구물은 고작 군더더기의 들러리 격으로 그 틈새를 가끔 장식할 뿐이었다.

내가 남의 논문을 공들여 읽어주는 특이한 반복의 경험으로 깨우친 것은 전공 자폐주의의 박학함이 남기는 역설적인 무식함의 극치이다. 그 글들이 남긴 여운을 아무리 음미해도, 그 글을 쓴 학자들과의 진중한 대화와 토론을 아무리 시도해도, 자신이 구사하는 언어의 바깥을 향해 담대하게 상상하지 못하는 둔탁함이 거의 갑갑증으로 반향되더라는 것이다. 내가 도달한 결론은, 심오한 하나님의 안목으로 인간을 다루고 복잡한 인간의 심연에서 하나님을 발견한다는 전문가들의 전공 공부 속에는 인간을 다루는 인문 계통의 기초적인 독서의 흔적이 절대적으로 결여되어 있다는 점이었다.

문학이나 역사, 철학, 예술 분야의 제반 지식을 공급하는 인문학 계통의 대표적인 잡지들에 문외한이 꽤 많았다. 소싯적 했던 자신의 영적 체험으로 퇴행하여 제 신학적 공부의 연단을 '배설물'처럼 간편히 취급하는 이들이 적지 않았다. 심지어 자신은 이 세상사의 골치 아픈 것들에 휘말리기 싫어서 신문을 아예 안 본다는 신학자도 있었다. 그런데 정작 이 '배설물' 레토릭의 원조 사도 바울은 그 배설물을 버리는 척하면서 철저히 제 지적 자양분으로 취하여 제 체험조차 신학화하려는 열정으로 뜨거웠던 신학적 계몽주의자 아니었던가.

밥 먹는 입에서 배설기관까지의 긴 영양화 과정을 생략한 채 뎅그러니 떨어지는 배설물의 더럽고 무가치한 결과만을 살피고 거기에 무익함의 딱지를 붙이는 태도는 지적으로 명민한 태도가 아니다. 배설물이 배설물 되기까지의 긴 공정이 배설물 고백의 알짬이었다는 걸 놓치고 그 초월의 고상한 폼을 강조하는 것이 신학자의 도리가 아닐 텐데 배설물과 함께 영양화 과정을 '신실하게'(!) 무효로 만들어버리는 신학자들과 목사들이 이 땅에 꽤 많다. 그러다 나이깨나 들면 달관의 포즈로 '세상이 다 그런 거여', '진리는 단순한 거지, 아무렴' 수준의 강아지 하품하는 자조적 영역에 제 앎의 추억을 갈무리하곤 한다.

한편, 내가 신학이란 전공 바깥에서 만난 지식인들의 전공 자폐주의는 또 다른 신앙적 영향사의 풍경을 보여주었다. 내가 만나서 경험한 이 범주의 사람들은 인문사회과학이든, 자연과학이든, 실용학문이든, 제 분야에서 나름의 '일가견'을 확립하여 대학을 중심으로 학자와 교수/교사 역할을 담당하는 이들이 대부분이었다. 그중에 상당수가 기독교인이었는데, 그들이 한국

사회와 한국 교회에 대해 보여주는 안목의 수준은 때로 '아연실색'의 반응을 일으킬 만한 황당한 경우들이 잦았다. 자기 전공 분야의 화제에 대해서는 침을 튀기면서 열변을 토해도 교회 내의 신앙생활이나 우리 사회의 제반 쟁점과 관련해서는 맹한 태도를 취하며 엉거주춤하거나 결국 '인습'이란 큰 테두리에서 말하고 행동하더라는 것이다.

시쳇말로 담임목사의 권위에 순종/충성하고 모범적인 신앙생활의 패턴에 잘 순치되어 '할렐루야, 아멘'의 단순 무지한 즐거움의 코드로 퇴거하는 사례들이 드물잖게 탐지된다. 또 다른 일각에서는 몇몇 복음주의 교리의 인큐베이터 속에 자족하는 수준에서 신앙을 제 존재의 정체성을 강화하는 방향으로 전략화하기도 한다. 그 어느 쪽이든 제 전공 분야에서 토해내던 웅숭깊은 통찰이나 예리한 분석의 감각은 이 신앙의 동네로 건너오면 희한하게 실종되어버리더라는 것이다.

물론 일반화의 오류는 피해 가야 한다. 그나마 한국 교회의 평신도 운동에 활력을 불어넣고 한국 사회의 개혁에 헌신적인 참여로 한몫하고 있는 이들 가운데 기독교인들이거나 기독교 신앙의 세례를 받은 적이 있는 분들이 적지 않다. 그중에는 시대를 선도하는 발군의 선구자라는 명패를 붙여줘도 아깝지 않은 인재들이 많다. 기독교 신앙으로 의식이 깨여 하나님나라의 가치를 교회 안팎으로 선포하면서 성심을 다하는 지식인들이 곳곳에 박혀 꼼지락거리고 있는 덕분에 우리 사회와 교회가 이만큼이라도 유지되고 있는 게 아닐까 싶다. 그러나 그 외로운 창조적 소수의 '예언자적 비관주의'가 돋보일수록 그 사이의 허공으로 다수의 전공 자폐주의는 더 넓어지고 깊어지는 듯하다.

우리 사회도 그렇고, 한국 교회는 더 말할 것도 없고 몇 명의 헌신적인 영웅들의 선동과 희생으로 쌈박하게 새날이 오는 시대는 지난 것 같다. 더러 뛰어난 지도자가 상징적인 얼굴마담 역할을 해준다 할지라도 그 밑에서 그 상징 권력을 뒷받침하는 실세들은 따로 있다. 특히 내 전공 영역인 신학의 이름으로, 또 그것으로 부양하는 신앙의 권능으로 이 땅에 선한 영향을 끼치고 뭔가 상큼한 체제 변혁의 엔진이 가동되기를 갈망하는 것은 내남 없이 공통된 염원일 터이다. 그 와중에 나는 신학과 다른 여러 학문 분야에서 고등교육을 받거나 학자로 성장한 이들이 숨어 들어가는 전공 자폐주의의 구멍이 자주 갑갑하다. 우물 안 개구리는 깊이 내려가 지하수원과 만나기라도 할 수 있을 텐데, 이 구멍에는 도저히 출구가 없다. 이렇듯 안과 바깥의 교류와 소통은 여전히 지난한 과제이다.

우리는 '전공'이란 이름으로 개인적 사인성私人性이란 자기 정당화의 논리 속에 왜 자꾸 웅크려 들면서 내부에 집착하는가. 반대로 또 다른 우리는 그 부실한 내부를 감추면서 왜 자꾸 바깥으로 떠돌면서 그 케케묵은 예언자적 비관주의를 되풀이하고 있는가. 자신의 전공 또는 친숙한 내부와 그 생경한 바깥을 오락가락하면서 제 앎과 느낌을 내파하거나 탈주하는 것이 그토록 어려운 일일까. 그러나 어려운 과제이기 때문에 역설적으로 매력적인 도전이 되기도 하리라.

가라타니 고진의 통찰대로 이질적인 것들의 절합과 횡단을 추구하면서, 대양이나 사막처럼 안과 밖이 끊임없이 교차하면서, 거래하고 번역하고 대화하며 소통하는 그 배움의 호혜적 '교통 공간'을 회복하는 일이 절박하다. 이는 오늘날 기독교 신앙의 근본적 거듭남을 위해서도 요긴한 목표이다. 세계 종교의 원시 공간에 활성화된 이 특질은 그 종교의 제도화 과정에서 탈락되어 끼리끼리 어울리며 동종 교배하는 퇴락한 공동체를 번성시켰다. 까놓고 말해, 그게 오늘날 우리 교회 공동체의 실상이다. 공동체의 허상은 그 무익한 명분과 함께 처처에 무성하다. 생활 속에 일상적으로 체감되는 그 실질이 감감할 뿐이다.

이처럼 저 혼자 맡은 일을 자신이 가장 잘 알고 가장 잘할 줄 아는 전공의 장기로 감당하려는 노력의 결과는 신통치 않다. 더구나 그것이 이 땅의 주류 기독교인들에게 신앙의 생태 환경을 조정하는 데 적잖은 영향을 끼쳤다고 본다면 전공 자폐주의의 반성은 너무 늦은 감이 있다.

새것 콤플렉스에 대하여

근래 언론의 열띤 반응을 불러일으킨 '예수 부인 복음서'의 발견과 하버드 대학 신학부 킹 교수의 논문에 대한 국내의 수용 방식은 잃어버렸던 문구 하나를 내게 다시 상기시켜주었다. 이른바 새것 콤플렉스!

  예수에 대해 가장 풍부한 정보를 제공하는 정경 복음서가 1세기의 산물로 신약 성서에 있건만, 사람들은 그것만으로 성이 차지 않는 모양이다. 예수의 일생에 담긴, 그러나 알려지지 않는 기묘한 비밀이 있어 그것이 새로운 예수의 모습을 재생시켜주길 은근히 기대하는 심리가 있기 때문이다. 그래서 소설 《다빈치 코드》가 선풍을 일으키고 후대의 야사와 외경 문헌에 나오는 예수의 색다른 면모에 구미가 당기기도 한다. 혹시 자신의 지식과 믿음에 역사의 기만과 우발성의 장난에 연유한 측면은 없었는지 의심하면서 말이다.

그것이 학문적인 의욕으로 승화될 때 새로운 탐구의 에너지로 수렴될 수 있다. 꾸준한 탐구(구하라, 찾으라)야말로 예수께서 가르친 구도자적 삶의 방향과 합치되는 바이기도 하다.

그러나 그것이 그저 말초신경을 자극하면서 뭔가 새로운 것을 갈망하는 군중의 즉흥적인 호기심과 새것 콤플렉스의 소산이라면 문제는 달라진다. 거기에는 자신의 현존을 지탱하지 못하는 연약한 주체의 방황과 '앎'을 진지하게 대접하지 못하는 변덕스런 욕망의 허방을 외계에서 온 기발한 새것something new으로 채우며 달래려는 병적인 충동이 자리하고 있기 때문이다. 그런 병리적 부조리도 정도껏 소화하면 권태감의 해소에 유익하다. 그러나 심각한 지경으로 번지는 경우 '해 아래 새것이 없다'는 전도서의 교훈이 그 처방전으로 적절할 것이다.

근대화 이후 한국의 지식사회와 대중문화를 특징짓는 성향에 내가 진중하게 탐독한 문학 비평가 김현은 일찍이 '새것 콤플렉스'라는 꼬리표를 붙여주었다. 특히 근대화가 서구화 일변도로 고착되어온 졸속과 편향의 증상은 수십 년이 더 흐른 지금에도 가실 줄을 모른다. 이론이 그렇고 신학이 또 그러하며, 각종 문화의 영역 역시 '새것'을 찾아 부유하는 각종 '신드롬'으로 창궐한다. 혹자는 문제의식까지 베껴오는 지경이라고 탄식할 정도이다.

아무리 'K팝'과 〈강남스타일〉을 자랑 삼고 '한류'를 내세워 방어하려 해도, 외화外華로 내실을 대체할 수 없는 노릇이다. 더구나 그 흥행의 저변을 살피고 뿌리를 파보면 화들짝 달구어졌다가 금세 냉랭해지는 냄비근성은 여전하다.

'새것'은 어디서 오는가. 급조된 세계화의 무대도 아니고 선동적 흥행의 묘판도 아니다. 기발한 내용을 담은 파피루스 한 조각으로 연출된 일시적 호들갑이 우리의 일상을 성숙하게 구제하지 못한다.

또다시 선거철이 돌아와 후보들을 중심으로 세력이 분할되고 대중적 메시아주의의 열기가 뜨거워져도, 변하지 않는 것은 변하지 않고 변할 수 있는 것만 변한다. 이번 선거판의 혁명이 우리의 국가 지도자 얼굴을 교체해도, 그 리더십의 정치적 상징성이 우리의 의분을 달래주고 달라진 정책 방향이 구조의 큰 흐름에 신기원을 열어나간다고 해도, 그것이 얼마나 내 삶의 일상에 문화적 향유와 더불어 질적인 내실을 살뜰히 챙겨줄 수 있을지 미지수이다. 새것은 오로지 그처럼 역동하는 바깥의 운동에 조응하는 제 삶의 주파수가 새것 콤플렉스를 벗어나 꾸준히 습속의 갱신과 '버릇'의 진보에 맞추어져 힘들게, 조금씩, 체감되는 것이기 때문이다.

예수 부인의 존재 여부가 왜 우리 신앙과 삶에 충격을 주며 당혹스럽게 만드는가. 탄탄히 역사 속에 축적된 지식의 층이 엷고 자생적인 문화의 감각이 취약한 그 인프라 탓이 클 것이다. 그러나 무엇보다 자신의 내면에서 고여 있는 삶을 내파하며 충격을 줄 건더기가 없이 공허하기 때문이 아닌가. 심심파적의 권태는 창조적 잡념의 연료가 되기도 하지만, 새것 콤플렉스의 갈증을 부채질하기도 한다.

낡은 것, 감추어져 있던 것의 부활이 새것의 결핍을 채워주며 흥분의 도가니를 만들어가는 시대에 제 속내의 새것을 간과하는 자는 불행하다. 새것의 제국에 눌려 일상의 소국이 낭비되고, 그 가운데 덤덤한 관계들이 참신하게 거듭나길 거부하면서 남들이 차려놓은 잔칫상에 호들갑스러워 하는 백성들은 여전히 식민 근성에 찌든 새것 콤플렉스의 노예가 아닐까.

(보론) 문득 떠오른 생각의 조각

'예수 부인 복음서'와 관련하여 쓴 글을 반성하면서, 고대의 문화적 환경에서 오래된 문서일수록 역사적 사실성과 정확성이 더 높은가, 하는 의문이 생겼다. 그건 꼭 그렇지 않다. 《일리아드》와 《오디세이아》가 고대 그리스의 고전이고, 헤로도토스와

투키디데스의 역사 역시 신약 성서보다 수백 년이나 더 오래된 역사서인데, 그 오래된 값어치로 무조건 더 정확하다고 인정받지 않는다.

대신 고대의 역사관에 비추어 그곳에는 역사적 사실과 그것의 굴절이나 과장, 신화적 상상력과 전설 등의 잡다한 요소들이 다 섞여 있다. 성서 사본 비평의 검증 기준 중 하나도 '어색하거나 거친 텍스트', '당혹감을 주는 이물스런 요소들'이 원전의 기록과 보다 일치할 가능성이 높다는 것은 상식이다.

역사의 개념이 '있었던 그대로의 사실성wie es eigentlich gewesen'을 추구하게 된 전환점은 근대 역사학의 아버지 랑케Friedrich von Lanke 이후였다. 물론 19세기 이후 역사주의의 반성과 함께 이러한 이념이 정초한 객관주의 역사관도 많이 수정, 보완되고 역사가의 해석적 주관이 중시되는 풍조가 득세하기도 했다. 지금은 이 두 축 사이에서 역사 이해의 진자pendulum가 흔들리고 있는 형국이다.

요컨대, 고대 문헌의 역사적 해석학과 관련한 이러한 상식은 신구약 성서라고 예외적 특권을 허락해서는 안 된다는 것이다. 이 책을 계시의 말씀으로 사랑한다면 더욱 맹렬한 비평적 관점이 요구된다. 200년 넘는 비평의 엄정한 손길을 거친 뒤에도 더욱 견고하게 살아남은 책이 성경이다. 그것을 거부하는 이슬람의 코란은 더욱 의혹의 대상으로 눈총을 받고 있지 않는가?

오래된 것이라고 역사의 우위를 무조건 선점할 수 없다. 교회 오래 다녔다고, 관록과 경륜이 높은 목사라고, 거기서 나오는 신앙과 권위가 무조건 더 순결하지 않듯이 말이다. 정경과 외경의 긴장관계는 누구 짬밥 이력이 더 오래되었냐는 식이 아니라, 그 문헌의 내적인 성격과 외적인 배경 등을 통틀어 매우 세밀하게 연구하고 조사함으로써 학문적으로 해소할 수 있다. 물론 더딘 과정이다. 거기서 우리는 가끔 우리의 전통과 신념을 넘어가는 하나님의 계시적 에누리를 발굴하면서 제 무지를 성찰하는 계몽적 효과도 거둘 수 있다.

최선의 개연성을 추구하는 학문의 세계, 특히 역사비평학의 세계에서 가설은 정할 수 있지만 이미 선결된 강고한 신념이나 이념으로 검증된 사실을 대체할 수는 없다. 화석화된 도그마가 진리를 구제할 수 없는 것과 마찬가지이다. 또 한 가지, 하나님은 성경보다 크시다. 성경이 쓰이기 이전에도, 성경이 규범적인 텍스트로 완성된 이후에도, 나아가 그 이전과 이후, 이편과 저편의 까마득한 무한과 영원을 향해, 하나님의 창조 계시와 역사 계시는 무궁하기 때문이다. 때로 성서비평학과 성서해석학은 이러한 우주적인 무한의 상상력을 합리적인 미덕으로 요구한다.

예수와 공부법

어제 박사과정에 새로 입학한 제자가 공부법을 물었다. 나는 잠시 생각을 공글리다가 예수의 경우에 빗대어 두어 가지 일러주었다. 하루가 지나고 내 생각의 틈새가 보이기 시작할 무렵, 새벽녘의 영감을 다독여 이제 내가 말한 것과 말하지 않은 것(또는 못한 것)을 간추려 정리해본다.

  예수는 자신의 몸을 끌고 움직이며 부리는 동선을 통해 그리고 바깥 사물과 현상에 대한 일상적 관찰을 통해 가르쳤다. 또한 묵시의 하늘과 지혜의 땅을 두루 조망하는 전체에 대한 원근법적 통찰로 그 공부가 전체를 지향하면서 앎의 지경을 확대하고 심화해나가는 개안의 경험임을 깨우쳐주었다. 이를 위해서 그는 주로 비유와 어록의 형식을 통해 암시와 압축의 교수법에 바람직한 공부법의 실례들을 담아내었다.

  무엇보다 예수는 길 위의 존재였다. 아니, 그분의 존재being

는 길 위에서 생성becoming의 과정을 밟았다. 그분은 길 위에서 부단히 움직이며 사람을 만났고 그들과 관계를 맺으며 그들의 필요에 부응하여 적극 도와주었다. 가버나움에서 시작된 갈릴리 사역은 예루살렘과의 대척점이라는 결핍된 지리적 변두리를 하나님나라라는 내밀한 화두로써 풍성한 교육의 장으로 둔갑시켰다. 사방으로 그 발걸음의 동선을 확대해나간 그분의 선교 여정은 곧 몸으로 겪어내며 보는 만큼 알고 깨치는 공부의 신체적 차원을 역설한다. 자신의 몸을 끌고 길의 여정을 탄주하는 그분의 동선 끝에서 자신이 개척한 길의 정점을 찍은 뒤 마침내 '그 길the Way'로 승화되었다.

예수의 눈은 명민한 관찰의 미덕을 지녔다. 가깝게는 땅의 백합화를 주시하고 멀리는 하늘을 나는 새를 응시하면서 그분은 원근법의 시선으로 사물을 관찰하고 피조세계를 여유 있게 관조함으로써 그 틈새에 서린 하나님의 섭리와 그윽한 생명의 아름다움을 포용할 줄 알았다. 그 시선의 관찰을 통한 공부길의 언저리에는 무궁한 자유를 통해 다다르는 평화가 있었고 평화로써 누리는 생명의 향유가 움트고 있었다.

그분은 천지의 조화를 향해 묵시적 비전을 간직하면서도 그것이 공허한 이상으로 겉돌지 않도록 이 땅의 사람살이에 대한 현실적인 지혜에 충실하였다. 카이로스의 번득이는 순간에 임하는 우주적인 천국/하나님나라의 이념형을 설파한 예수가 '망대의 비유'와 '불의한 청지기의 비유'를 베푼 그 예수와 동일인물인지 간혹 의아할 때가 있을 정도이다. 그만큼 그분은 이것을 붙잡고 저것을 놓지 않는, 또는 저것을 품으면서 이것을 팽개치지 않는, 전체에 대한 통찰의 공부법을 견지했다.

예수의 교수법 한가운데에는 제자의 상상력을 증폭시키는 평이하면서도 경이로운 비유의 세계와 기지 넘치는 촌철살인의 아포리즘들이 자리하고 있었다. 그것은 생활현장의 일상적 체험에 터하여 그것을 소박하게 서사화하고 다시 한 번 뒤집어 그 서사의 다채로운 이면을 깊이 성찰하는 데 공부의 맥점脈點이 있음을 암시한 증거였다. 이로써 그분은 공부가 경청과 숙고, 묵상과 성찰, 해석과 적용이란 과정을 거친다는 점도 드러내셨다. 이 세상의 주류 가치를 향한 집착과 그로 인한 상투적 인습이 공부의 가장 버거운 장벽이라는 경고도 그 가운데 은근히 깔려 있었다. 그것을 뒤집어 정신의 헐거운 통풍구가 조성될 때 비로소 공부의 에너지가 자생하는 이치도 그 틈서리에 꼬물거리고 있었다.

예수의 공부법은 또 과격한 사랑법으로 이어졌다. 그것은 오래 묵은 전통을 품되 그것을 과감하게 재해석하는 방식, 곧 다중이 듣고 소문으로 전하여 고착된 습관을 넘어서는 자리에서 빛을 발했다. 산상수훈의 발화 방식이 절묘하게 드러내듯, 그분에게 '전통'이라는 권위적 매개로 강요된 수동적 청종의 텍스트("너희들은 이와 같이 들었다")는 예수가 용감하게 개척한 주체적 해석의 콘텍스트("그러나 나는 이렇게 말한다")를 거쳐 마침내 반역과 전복의 지평으로 그 의미를 갱신해나갈 수 있었다. 그렇게 갱신된 의미의 지평 위에 가난한 심령들을 더 많이 아우르고 사랑할 수 있는 태반이 조성되었음은 물론이다.

예수에게 공부는 곧 태초의 감각을 염두에 둔 신명 나는 삶의 퍼포먼스에 다름 아니었다. 그분의 짧은 공생애와 이야기에 식사와 잔치 모티프가 자주 등장하는 것은 공부의 결실이 삶의 향유와 긴밀히 연동되어 있었음을 암시한다. 삶이 그렇듯, 배움 역시 축적하고 소유하는 것보다 좋아하여 즐기고 누리는 것이 상전이었던 셈이다. 예수가 당대 최고 권위의 전당이자 거룩함의 표상이었던 예루살렘 성전에서 자기 목숨을 담보로, 이전의 자신과 같지 않은 폭력적인 언행 속에 극렬한 퍼포먼스를 벌인 예는 그분의 몸 공부가 자발적 의욕을 부리며 역사를 의식한 증거로 볼 수 있다.

그 예언자적 상징 행위는 자신의 공부가 한 시대의 '뜨거운 상징'이길 지향한 선택이었지만, 동시에 그는 자신의 몸과 피를 떡과 포도주의 상징에 담아 제자들에게 공여하는 방식으로 죽을 때까지 몸에 의한, 몸을 통한, 몸의 공부에 충실했다. 종말도 구원도 사랑도 우리의 식도를 타고 흐르는 그런 물질의 감각처럼 구체적으로 체감되는 자리에 제자들을 위한 공부의 열정이 육화되고 있었던 것이다.

그런 이타적 방식과 별도로 그는 한 무명 여인의 머리털과 입술에 실려 감촉되는 값비싼 나드 향유의 서비스를 통해 역설적으로 거룩한 낭비와 사치의 생산성을 전수하는 여유를 보여주었다. 이처럼 향유香油를 통해 삶의 마지막을 향유享有하는 순간 속에 죽어 바스러질 몸의 생명을 달래며 예의를 갖춰 위로하는 것도 공부의 윗길에 있었다.

마지막으로 예수는 죽어가면서도 가르쳤다. 또 그것이 가장 중요한 운명의 공부임을 예감했다. 겟세마네는 죽음을 통과하는 배고픈 소크라테스의 길과 배부른 돼지의 길 사이에 제3의 미학적 대안을 제시한 공부의 또 다른 현장이다. 그분은 냉엄하고 초연하게 죽음을 가뿐히 넘어가지 않으셨다. 자신의 죽음을 예감하면서 충분히 고뇌하고 슬퍼하셨다. 또 죽음을 두려워하는 인간적 실존의 인지상정을 깊이 공감하셨다. 그렇다고 그분이 돼지 멱따는 소리 하면서 동물적인 생존본능의 노예가 된 것도 아니었다. 예수는 그 실존의 극점에서 자신의 뜻을 아버지의 뜻에 맡김으로써 지극히 인간적인 죽음이 인간 이하로 추해지지 않는 선에서 절묘한 미학적 긴장을 유지하셨다. 살아생전 분요한 가운데서도 여유롭고 고요한 평정을 유지해오던 그분은 죽어가면서 가장 아름다워지는 포즈로써 공부의 모범을 보여주신 것이다.

  오늘날 공부하는 이들은 종종 좁게 파다가 넓이를 놓치고 넓게 파다가 깊이를 잃어버린다. 그런가 하면 현미경의 시선으로 공부하다가 망원경의 존재를 망각하거나 그 반대의 선택으로 전체에 대한 통찰을 포기한다. 또 어떤 이는 장황한 지식의 대양을 유영하다가 압축과 요약의 묘미를 얻지 못한 채 익사하기도 한다. 어떤 때는 배부르게 채우고 쌓는 데 혈안이 되어 서늘하게 존재하는 법을 배우지 못한다. 대학 잘 가라는 지청구에 떠내려가는 이들의 공부길에 전복적 상상력과 과감한 해석은 언감생심이고 용감하게 존재하려는 결기가 생길 리도 만무하다.

  생활의 현장에서는 뱀처럼 교활한 정도로 영리해져야 할 이들의 공부 목표가 비둘기처럼 순진한 구석으로 맴돌기 십상이고, 세속에 닳아빠지고 너무 영악해져서 비둘기의 순결한 자세를 다져야 할 이들은 도리어 지나치게 교활한 꾀에 자주 휘둘려 제 함정을 스스로 파기도 한다. 공부의 수많은 재료들이 난무하는 이 현대에 지혜를 살려 독을 약처럼 쓰며 공부하는 현명한 이들이 있는가 하면, 맥락을 살려 쓸 만한 양약조차 불신하여 독으로 내치는 우매한 자들도 적지 않다.

  내 공부길을 되짚어보니 나 역시 어리석은 길에서 혼미하게 헤매고 시간 낭비한 적이 적지 않았다. 고개를 돌려 앞을 보니 읽을 책이 산더미 같고 공부하여 깨치고도 망각한 진리의 숲을 대하자니 민망한 근심이 가득 차오른다. 내 천학비재를 통렬하게 자각하고 탄식하는 순간은 곧 내가 다시 새롭게 공부해야 할 이유를 제공한다. 내 부실한 삶의 열매와 빈곤한 공부의 결실을 반성하는 새벽녘 고요한 시각, 내 다급한 기도제목은 예수와 더불어 공부하여 그의 공부법에 신입생으로 다시 입문하는 것이다.

  공부의 위기는 공부의 새로운 기미다. 다시 참신한 탐구자가 되라고, 결기 충만한 구도자로 우뚝 공부길 위에 서보라고 예수의 영이 지친 내 등을 떠밀고 있다.

종강과 여유

지난 화요일 이번 학기 종강을 했다. 긴 한숨을 내쉬어본다. 어제 마지막 행사로 신학부 종강파티 겸 회의를 했다. 그 자리에서 환갑 넘으신 원로 교수님들께 선물을 증정했다. 아직 성적처리, 퇴수회, 신입생 모집 등 방학 내내 이어질 과제들이 남아있지만, 그래도 매주 되풀이되는 리듬이 해체되고 새로운 분위기가 조성되는 것이 그나마 위안이다.

교수 생활 16년간 유일한 낙은 종강과 방학이었다. 자유 시간의 여유가 제도적으로 보장된다는 사실이 늘 고마웠다. 그래서 이즈음 교수 사회가 빡빡해지고 숨통을 조인다는 한숨과 푸념에도 불구하고 이 직종은 여전히 특권층 같다. 물론 그 여유를 활용하는 방식이 교수 개인마다 천양지차다. 학교 행정의 보직을 맡아 그 권세를 앞세워 기염을 토하는 '리틀 폴리페서 little polifessor'가 흔하고, 각종 사회봉사, 언론활동을 통해 얻은 유명

세에 나라와 민족의 미래에 대단한 비전과 언사를 보태 출세를 도모하는 '빅 폴리페서big polifessor'도 있다. 그나마 제 좋아하는 공부에 몰두하여 학기 중이든, 방학 중이든, 도서관과 실험실에서 불을 밝히는 학구파 교수도 있지만 항간의 속설에 의하면 이 범주에 해당되는 이들은 전체의 20퍼센트가 채 안 된단다. 나머지는 여기저기 기웃거리는 어중간한 부류거나, '레저'를 탐하며 각종 취미활동에 소요하는 한량 같은 이들도 꽤 많아 보인다.

종강의 한숨과 함께 깃드는 이 '레저leisure'는 호화 요트에 골프, 스키 등과 함께 떠오르는 말이지만, 이 말은 그 뿌리에서 오염된 원죄로 인해 많이 오용되는 경향이 있다. 나는 그 세태가 짐짓 못마땅하다. 이 말의 희랍어 어원은 '스콜레scholē'로 오늘날 학자scholar와 학문scholarship을 뜻하는 말의 기저를 이루고 있다. 바울이 에베소에 머물며 제자들을 양육하던 '두란노 서원'의 그 '서원'에 해당되는 어휘가 바로 이 '스콜레'이다. 성서에 그 용례가 희소한 만큼 중요한 이 어휘는 아쉽게도 국내의 한 출판사가 그 표현을 통째로 독점함으로써 그 형이상학적 함의를 논할 틈새도 없이 쉽게 녹슬어버렸다.

'스콜레'라는 말로써 '여유'와 '학문'이 맺어진 어원론적 인연의 내력을 풀어보면 적잖이 심오하다. 학문의 장에서 이루어지는 모든 활동, 이를테면 배움, 공부, 토론, 독서, 글쓰기 등은 예외 없이 여유의 산물이다. 먹고사느라 빠듯한 현실 속에서 저런 활동의 범주는 다수 민중들에게 사치이거나 특권이다.

그럼에도 나는 여유 예찬론자에 가깝다. 여유라는 게 객관적 삶의 조건, 특히 한 사람의 사회경제적 조건에 의해 크게 영향 받는 것이 사실이지만 그와 함께, 아니 어쩌면 그 이전에 그 사람이 추구하는 가치의 지향점과 밀접히 연관된 것 같다. 말을 바꾸면 여유가 다분히 제 삶을 주체적으로 조율하려는 의지의 문제이고 제 몸을 체계의 수동적 부속품으로 전락시키지 않으려는 모진 결단의 산물이라는 것이다.

오늘날 대다수 사람들은 여유를 갈망하면서도 좀처럼 그 여유를 제 것으로 누리지 못한다. 마찬가지로 오늘날 꽤 많은 학자들은 종강과 방학의 객관적 호조건에도 불구하고 '스콜레'를 제 몫의 향유로 챙기지 못한 채 헛된 바람으로 메말라가거나 시름시름 앓는다. 정치의 소용돌이에 쉽게 휘말려 줄서기에 익숙한 학자, 목사, 글쟁이들이 얼마나 많은지, 오죽하면 이 땅에서 가장 반개혁적인 골수 집단이 대학과 종교, 언론이라고 하겠는가.

함께하는 학문도 있겠지만, 공부하고 독서하고 글 쓰는 일로 짜이는 이 분야는 대체로 혼자서 고독하게 감당한다. '스콜레'라는 여유의 세계가 마냥 흥청대는 세속적 '레저'의 천국이 아닌 것이다. 도마복음에 예수가 고독한 자가 되라고 말한 내력이

'스콜레'의 이러한 특징을 암시한 건 아닌지 모르겠다.

겨울 산에 오르니 나무들이 고독하게 떨고 있다. 그 야윈 가지의 사이로 '스콜레'의 여유도 풍만하게 느껴진다. 겨울나무에서 기도와 명상의 포즈를 읽어내고 구도자의 기상을 통찰하는 것은 시인의 영감일 테다. 그러나 그것을 제 일상의 향유 조건으로 숙지하고 살아내는 것은 빼곡한 업무를 비집고 헐렁한 바람구멍을 내고자 하는 이들 각자가 누릴 만한 고유한 권리이다.

신학적 자전기

1

당신은 왜 신학을 공부하게 되었냐고, 어떻게 목사가 되는 길을 걷게 되었냐고 사람들이 물어 올 때마다 나는 적잖이 당혹스러워지곤 한다. 나름대로 준비된 모범 답안이 없는 건 아니지만 그 답변 이후에도 수상한 질문은 질문대로 고스란히 남기 때문이다. '과연 그런가' 하는 성찰의 촉수가 깊이 내 자의식을 건드리면서 말이다.

대학 3학년 내내 나는 열심히 맹자 강독을 하면서 한문 실력을 키워갔다. 국사학과 대학원 진학을 위해 이러한 준비가 필수적이라는 선배들의 권고가 나를 압박하던 터였다. 그러다가 삐딱한 옆길로 새는 계기가 찾아온 것은 4학년 1학기 때였다. 1982년 봄, 시국이 어수선하던 때 입학하여 3년 내내 방황의 세월을 보낸 뒤 졸업 후 진로를 모색하던 나는 거의 코너로 몰려

별 선택의 여지 없이 다급해진 상태였었다. 그때 나는 마지막 두 학기를 남겨두고 종교학과의 과목을 두어 개 수강하게 되었는데 그것이 변고였다. 내 인생의 진로가 그 강의실에서 보낸 한두 학기로 뒤틀리게 될지 당시에는 나도 전혀 예상할 수 없는 노릇이었다.

첫 번째 과목은 나학진 교수님이 가르치시던 현대신학사상이란 과목이었다. 슐라이어마허 이후 근현대 신학의 대표적인 인물들의 주요 사상과 핵심 개념을 중심으로 통시적으로 개괄해주던 강좌였다. 그들 가운데 유난히 본회퍼가 내 뇌리를 자극했다. 아니, 내 심장을 타격했다고 표현하는 게 더 적절할 것이다. 이후 그의 저작들을 모두 구해서 탐독한 것을 보면 내가 본회퍼의 신학사상에 꽤 매료되었던 모양이다. 실제로 그는 내가 국사학과 대학원 진로를 접고 방향을 틀어 신학 공부에 입문하는 데 결정적인 공헌을 한 '신학적 영웅'이었다.

학교에서 하루 일과를 마치고 저녁에 봉천동의 자취방으로 돌아오면 그 침침한 공간은 짙은 외로움으로 가득 차 있었다. 밤중에 잠들 때 간간이 가위눌림이 찾아오면 나는 외마디 절규 속에서 '하나님'을 부르곤 했다. 푸석거리던 얼굴과 함께 몸이 허약해질수록 이상스레 삶의 무게는 더 무거워졌다. 내 남루한 실존적 자의식은 이와 같은 고독을 질료 삼아 내 영혼의 가난함에 눈뜨게 해주었고, 이즈음 뭔가 역사와 함께 역사를 초월하는 세계 속으로 막연한 동경을 심어주었던 것 같다. 그것이 막다른 골목에서 허우적거리던 내게 희미한 불씨가 되었고 본회퍼 독서는 그 불씨에 투여된 연료와 같았다.

지금도 그의 옥중서신에서 만난 '종교 없는 기독교'의 논제는 내 신학과 신앙의 중요한 실천적 과제로 남아 있다. 유학 시절 박사과정에 있을 때 독일 출신이었던 내 지도교수(Hans Dieter Betz)는 그의 연구실에서 긴 시간을 나와 대화하면서 더러 논쟁하길 즐겨했다. 한번은 내가 어쭙잖은 지적인 이력을 공개하면서 본회퍼의 바로 저 개념을 옹호하듯 발언했더니 그는 이견을 제시했다. 그것은 본회퍼가 처한 특수한 격랑의 상황에서 돌출한 생각의 편린이었다는 것이다. 그리고 평범한 삶의 질서와 일상의 리듬이 반복되는 자리에서 종교를 배제한 기독교가 현실적으로 가능하냐고 반문했다.

그렇지만 21세기에 접어들면서 본회퍼의 저 발상이 외려 제도권 기독교의 대안으로 더 절박해지고 있는 게 아닌가 하는 의문을 품게 된다. 지난 기독교 역사를 통틀어 이천 년 동안 두터워진 종교의 장벽이 점차 무기력한 장식품처럼 인식되고, 종종 하나님의 진경眞景을 가리는 역기능을 하는 게 아닌가 싶은 것이다. 기독교를 종교로 만들어주는 온갖 의례와 교리적 체계는 물론이려니와 심지어 종교적인 상투어로 습관적으로 남발되는 말들조차 하나님을 더 가까이 붙들어두기 위한 인간의 고육지책으로 비쳐 안타까워질 때 그런 의혹은 더 깊어진다. 특히 종교가 아수라의 혼탁한 지형을 형성해온 현재 한국 교회의 현장에서 본회퍼의 저 사상적 편린은 나를 극단의 질문 앞에 불러 세우곤 한다.

너는 하나님을 말하지 않고 하나님을 드러낼 수 있는가. 제 정체성을 변증하는 온갖 종교적 전통과 제의적 실천을 통해 자신의 경건한 종교성을 드러내지 않고서 예수 그리스도의 복음과 하나님나라를 네 평범한 삶의 자리에서 우려낼 수 있는가. 종교라는 제도와 교회라는 빤한 울타리 없이 너는 어떻게 영성의 전위적 기관으로 숨겨진 하나님의 은밀한 비의를 발견하고 전파하는 매개로 살 수 있는가. 하나님을 지시하는 온갖 종교적 기표와 실천적 관행을 포기한 채 이 세상의 드넓은 삶의 층층켜켜 속에서 하나님의 깊은 심연에 다다르는 것이 비약적으로 가능한가.

본회퍼에 연원을 둔 이 질문들은 다시 신학적 주체로서 내가 역사적 예수를 만나면서 '종교 이전의 기독교' 내지 '종교 이후의 기독교'를 탐문하는 역사적 상상력 가운데 더욱 광활하게 번져나갔다. 예수가 기독교라는 종교를 세우려고 이 땅에 오신 것이 아니지 않은가. 이 단호한 외마디 질문 앞에서 본회퍼는 '종교 없는 기독교'의 화두를 품고 20세기적으로 부활했던 것이다.

2

이제 먼 세월이 흘렀지만 당시 내 가슴을 뜨겁게 달군 본회퍼 공부는 한동안 내게 흥미로운 일과였다. 지금 다소 냉각된 상태에서 그때의 감회를 되새겨보니 본회퍼 신학의 매력은 무엇보다 당시의 민감한 역사적 현실을 외면하지 않고 진지하게 부대끼면서 신앙과 삶을 최대한 일치시키려고 애쓴 그의 치열한 대결의식에서 풍겨났던 것 같다. 나치의 독재체제가 가속화되고 전쟁의 광기가 기승을 부리던 압제의 그늘에서 그는 그 현실의 변두리가 아니라 한가운데 서고자 하였다. 목숨을 걸고 그 압제의 현실과 싸우고자 한 그의 도전적 의욕은 오로지 신앙적 용기에서 발원한 것이었다. 그에게 신앙은 무엇보다 불의를 향해 투신한 용기의 모험이었고, 그의 신학은 그 모험의 결과를 사색적으로 반추하면서 후대로 갈수록 점점 더 현장의 싸움에 터하여 전위적으로 심화되어갔다.

본회퍼 신학의 또 다른 매력은 그 미완성의 체계에 있다. 그의 신학은 아예 특정한 체계의 포박을 거부하는 미완성의 실험을 추구해나간 과정이었다고 볼 수 있다. 동시대 카를 바르트의 신학에 비해, 그의 공생애 중기 이후 아카데미아의 안정된 학문 활동을 떠난 그의 신학은 어지러운 투쟁의 상황에서 부실하게 취합된 짧은 원고 속에 파편적인 단상의 형태로 표출되었다. 멀리 토마스 아퀴나스의 《신학대전》에서 모범을 보였고, 칼뱅의 《기독교강요》에서 다시금 빛을 보았다가 카를 바르트의 《교의학》을 통해 정점에 다다른 체계의 신학에 대해, 그 신학사적 성과와 무관하게 나는 그때나 지금이나 별 매력을 느끼지 못한다. 그것은 단순히 그 책들의 위압적인 분량 때문은 아니다. 그 이유의 한 구석에는 본회퍼의 신학적 미완성으로 소급되는 미학적 유산이 자리하고 있다.

  미완성은 곧 결핍이다. 그것은 어쩌면 체계와의 의도적 불화일는지 모른다. 모든 것을 질서정연하게 체계화하여 하나님의 모든 세계를 일목요연한 범주와 유형으로 마름질하려는 시도는 어쩐지 하나님의 자유와 어긋나고 인간의 역동적인 존재 양식을 배반하는 것처럼 보인다. 이러한 취지에서 당시 나는 모자라게 보이는 결핍의 생이 외려 역설적으로 하나님의 충만을 담보할 수 있는 자유의 여백이라고 믿었던 것 같다. 마찬가지로 신학의 풍경 역시 종국적으로 결핍으로 말미암는 미완성의 여운이 도리어 그 학문의 본질적 성격에 더 어울리지 않을까 싶었던 모양이다.

나는 대학 4학년 기간의 불안한 정서적 방랑을 애써 즐기면서 한동안 슈베르트의 〈미완성 교향곡〉을 늘 귀에 꽂은 채 들으며 산보할 정도로 그 음악적 정조에 깊이 침윤되어 있었다. 이 작품은 완성되었다면 망쳤을 곡처럼 느껴졌다. 그 미완성이 그것의 결핍과 함께 이 음악을 완성품으로 만든 것이었다. 본회퍼의 신학적 진화 과정 역시 슈베르트의 〈미완성 교향곡〉이 비극적 삶의 징조 가운데 스러져간 불우한 예술가의 안타까운 결핍을 미학적 여운으로 승화시킨 것과 유사한 내면적 진정성을 잉태한 것처럼 내겐 보였다. 본회퍼의 신학적 여정을 탐사하는 가운데 항상 내 독서의 배음처럼 깔려 있었던 슈베르트의 또 다른 명작 〈겨울나그네〉도 잊을 수 없다. 그의 음악이 아무리 서사적 완성을 지향하더라도 나그네를 주인공으로 호명하는 한, 본회퍼의 신학도, 내 독서도, 불완전한 떨림과 서늘한 울림을 동반한 결핍의 산물일 수밖에 없었다.

나학진 교수님의 강의를 통해 서구신학자 몇 명의 이름을 겨우 알게 되고 그들 모두를 간략히 개관한 얇은 영문원서를 떠듬거리며 읽어나간 그때의 강의실과 도서관을 기억한다. 거기서 관통한 희미한 계몽의 빛도 기억한다. 물론 그렇게 진행된 내 초보적 공부는 신학이란 영역에 입문한 수준도 못되었다. 그때까지 나의 인생에 신학은 전혀 존재하지 않았다. 그렇다고 내 신앙적 이력이 화려한 것도 아니었다. 내 신앙의 기원은 허다한 장삼이사들처럼 모태신앙도 아니었고, 감동적인 아무개들처럼 극적인 회심을 거친 뒤 불타는 사명감으로 이글거리는 충량한 복음주의자와도 거리가 멀었다. 그저 엉거주춤한 포즈로 나는 우울한 낭만의 겨드랑이를 긁적이며 신학이란 낯선 세계를 엿보고자 두리번거리던 변두리의 이방인에 불과했다.

***

결국 나는 태평양까지 건너 신학 공부의 여정에 올랐다. 또 다른 방황의 골짜기가 거기 기다리고 있었다. 그러나 시카고에서 보낸 꽤 장구한 세월은 상당히 생산적인 방황이어서 열매가 없지 않았다. 풍성하게 축적된 신학서적들이 지적인 호기심에 민감하고 앎에 굶주린 영혼을 유혹하기에 충분했다. 아무런 제약 없이 독서하고 교리적 선입견과 교단적 장벽을 괘념치 않고 자유롭게 하나님을 상상하고 신학적으로 사색하는 연습이 꽤 쏠쏠한 재미를 선사했다. 무엇보다 성서를 원어로 읽는 훈련이 즐거웠다. 그 행간의 감추어진 의미를 탐정처럼 찾아내며 증폭시키는 '해석'의 작업도 흥미로웠다. 물론 공부가 하나님의 존재와 내 신앙을 대체할 수는 없는 노릇이었다. 교실과 기숙사와 도서관의 공간을 이동하는 주중의 삼각 지형이 교회와 부모님 아파트 인근과 길거리를 왕래하는 주말의 또 다른 삼각 지형과 얽히고설키길 어언 10년 만에 나는 석사학위, 박사학위를 받아 성서학자와 신학자, 목사의 명패를 얻게 되었다. 예수의 천연적인 영력이나 자연산 매력을 내세워 제도권 공부를 냉소적으로 방기하는 것도 일리의 관점을 제공하지만 시카고에서 보낸 학문의 집중적 훈련 기간이 없었더라면 나는 지금보다 훨씬 부실한 인간이 되었을 것이다. 그래서 무슨 허탄한 심사가 되어 제도권 공부의 이력을 냉소하는 순간에도 나는 그것의 진가를 무시하지는 않는다. 결국 읽고 생각하고 쓰고 모방하여 말해온 만큼, 그것으로 제 논리와 사색의 공장을 지어온 공정만큼 그 내면의 정신세계도 풍요로워졌던 셈이다. 이렇게 온축된 공부의 경험과 학문의 이력이 신앙의 성숙과 정확하게 비례하는지 자신하기 어렵다. 서로 길항하면서 버걱대는 경우도 적잖이 목도했기 때문이다. 그러나 그것이 어설프게 반비례한다면 학문의 외양은 갖추었지만 제 몸으로 닦는 주체적 공부를 시원찮게 했다고 볼 수밖에 없을 듯하다.

  귀국한 뒤 나는 시골의 조그만 신학교에서 교편을 잡았다. 사제 간의 인연과 선후배 간의 연고적 관계로 작동하는 '아론의 혈통'이 번성한 이 땅에서 나는 내 분야에 정신적 아비나 어미는 물론 변변한 선후배 없는 '멜기세덱의 반차'에 속해야 했다. 좌충우돌하면서 죽어라 책을 써댔다. 같은 직장의 웅숭깊은 철학자가 내게 해준 조언대로 '많이 쓰는 것도 전략'이려니 싶어 틈나는 대로 손가락을 자판에 올렸다. 고립을 자초할 필요는 없어도 독립해야 한다는 절박함이 내 글의 무늬와 리듬에 신경을 쓰게 했다. 상처받은 짐승처럼 웅크린 채 골방에 갇혀 글을 쓰고 책을 내면서 이후 17년가량의 세월이 또 흘렀다.

  이제 나는 내가 누구인지 잊는 연습에 가끔 골몰한다. 익숙한 지리와 지식을 팽개친 채 황홀하게 실종되는 꿈을 꾸기도 한다. 성서학자나 신학자의 명패도, 심지어 목사나 그리스도인의 신앙적 정체도 가끔 모른 척하면서 한눈팔며 산다. 나이 오십이 다 되어 여전히 모험하며 방랑하는 것, 지천명의 부름을 애써 외면하며 여전히 낯선 표정으로 내 속의 수상한 것들을 탐문하고 처음처럼 다시 시작하려는 결기를 부리는 일, 그게 둔탁해진 일상을 깨우는 요즘 내 일상이다.

작은 정의, 작은 종교

나는 아무래도 죽을 때까지 서푼어치의 촌스런 '정의감'을 떨쳐 버리기 어려울 것 같은 예감이 든다. '정의'를 '심는' 과업을 아주 뿌리치기가 쉽지 않은 게 천품인지 기질인지, 아니면 내 이름자(正植)에 박힌 운명인지 알 수 없다. 내 모친께서 툭하면 어딜 가도 사람들 앞에서 바른말 너무 심하게 하지 말고, 설교할 때도 바른말 할 게 있으면 에둘러 하라고 충고해오셨는데 이 나이 되니까 그 말의 은근한 속내도 대강 헤아릴 수 있겠다.

중년의 반 고비 생을 넘어가면서 정의의 감각이 달라지는 걸 실감한다. 구호나 거대담론으로서의 정의가 멀리 느껴지더라는 것이다. 그것보다 실생활에서 경험하는 다양한 인간관계의 지형에서 구체적으로 다가오는 작은 정의에 민감해지게 된다. 또 그것이 정의의 실현이란 차원에서 중요하다는 판단도 생긴다.

가령, 내가 섬세하게 추구하는 작은 정의의 목록은 약속을 잘 지키는 것이다. 천재지변의 사안이 아니면 이해관계와 무관하게 선약을 중시하는 것이다. 관계의 충실성과 극진한 일관성을 견지하면서 상대방이 시간과 신체의 이동을 통해 보이는 정성에 의로운 기준으로 화답하는 것이다. 물론 인간이 연약하고 불완전하여 실수로 약속을 못 지키는 경우도 있다. 그럴 때는 부득이한 사정을 미리 전달하여 예의를 갖춰 사전에 충분히 해명하고 최선을 다해 뒷수습을 하는 것이다.

또 한 가지, 일을 시켰으면 정확하게 노동의 대가를 계산하여 품삯을 주는 것이다. 예를 들어 말이나 글로 먹고사는 이들에게 말과 글의 노동을 청탁했으면 강사료, 원고료를 정확하게 지급하는 것이다. 공짜 강연이나 원고를 기대하고 그 노동의 결과로 발생한 수익으로 조직의 구성원이 월급을 받아먹으면서 그 수익의 창출자에게 아무런 예우를 하지 않는 것은 좀 심하게 말해 파렴치한 일이다.

시킨 일에 대한 예우는 최대한 관대하게 하면서 작은 차이를 최대한 정밀하게 계산하는 것이 내 작은 정의의 기준이다. 가령, 내가 주도하는 일과 관련하여 초청받은 사람들에게 주는 사례금은 어디서 오느냐에 따라 달라진다. 서울이나 부산에서 전주까지 오는 시간과 소요되는 교통비 등을 고려하여 인근에서 오는 사람들과 10만 원 정도 차등해서 사례한다. 그런데 서울에서 이런 유사한 일로 사람을 불러 일을 시킬 경우 이런 세밀한 차이에 대한 작은 정의가 작동하는 조직은 국가기관 외에 아직 보지 못했다. 물론 나의 경우 여기에도 플러스 요소가 고려된다. 공공의 의로운 일에 종사하며 헌신하는 분들에게는 통상적인 경우와 달리 주관적인 기준으로 소정의 격려금이 보태지기 때문이다.

아울러, 손님을 대접할 때도 변변한 직업이 있고 웬만큼 잘 사는 사람의 경우는 오천 원짜리 칼국수나 콩나물국밥으로 메뉴를 짜고, 거친 노동에 찌들려 살거나 순정한 열정으로 헌신하는 삶을 업으로 삼는 이들한테는 10만 원짜리 한정식으로 대접한다. 아울러, 내가 은혜를 입은 적이 있어 한층 더 극진한 예의가 필요한 경우에는 예외적인 사치를 남발할 때도 있다. 굳이 범박한 예를 들자면 그렇다는 것이다. 더 사소한 예를 한 가지 추가하자면 잡된 페이스북 글에 댓글로 칭찬, 공감, 격려해주는 성의 어린 말들을 공대하면서 한두 마디 답글로라도 반응을 보이는 것도 내 작은 정의의 목록에 속한다.

이런 게 사소한 취향인 건 분명하다. 하지만 이런 사소한 정의의 감각이 마이클 샌델의 《정의란 무엇인가》가 유행시킨 공리주의적 정의의 이상이나 그것을 변용하여 이 땅의 더 가난하고 불우한 자들에 대해 일부러 치우친 균형감각을 환기시킨 《무엇이 정의인가?》의 구조적 정의의 기치보다 뭇 생활인들에게 더 실팍하고 살뜰한 감각으로 정의를 경험하는 사례가 아닐까 싶다. 정의가 개인의 생래적 욕망과 만나지 못한 채 목표로서만 부유한다면 그것은 그림 속의 떡에 불과하기 때문이다. 또한 정의는 지극히 가난하거나 소외된 특정 부류의 사람들뿐 아니라 모든 생명 있는 존재들에게 두루 필요한 미덕이기 때문이다.

이런 쪽으로 머리를 굴리다 보니까 종교적 신앙의 경우도 대형집회나 공공의 예배보다 사적이고 은밀한 자리, 사소한 경험을 통해 경건의 참뜻을 새길 때가 많다. 가령, 차 한잔 마시면서 고요히 묵상하는 일이나, 홀로 조용히 뒷동산을 산보하거나 한두 명의 벗들과 어울려 소박하게 담소하는 자리, 시선이 머문 그림 속으로 아득한 상상의 여행을 하거나 어쩌다 진한 감성이 꽂혀 반복해 듣게 되는 음악 한 곡에 극진한 몰입과 함께 신성의 임재를 느끼게 되더라는 것이다. 한 지인은 이런 걸 일러 '작은 종교'라 이름 붙인 적이 있는데, 그것을 달리 새겨보자면 일상화된 신앙의 담담한 경지 같은 게 아닐까.

어제도 모처럼 소담한 눈이 온종일 내려 주변의 산들이 온통 하얀 치장을 한 것을 모른 척하기 어려웠다. 오후 늦게 기린봉을 찾아 오르는데, 수없이 많이 오른 곳인데도 좌우로 생경한 풍경이 다가왔다. 족히 이백 년은 넘을 것 같던 오동나무가 뿌리째 뽑혀 쓰러져 있었고, 계류는 어느 때보다도 신선하게 감촉되었다. 무엇보다 나무와 메마른 덤불을 덮은 백설이 차가운 기운을 마구 뿜어대면서 실내의 온실에 순치된 내 의식을 두드려 야생의 감각을 되살려주었다. 순간 나는 시베리아의 설산을 표류하는 호랑이라도 된 것처럼 씩씩거리며 허연 입김을 토해냈다.

그러다 한바탕 설풍이라도 몰아쳐 불어오면 난 오싹해지는 몸을 더 웅크린 포즈로 내 발자국을 따라온 하나님의 숨결이 날개를 단 것처럼 비상하는 자태에 가느다란 눈길을 던지곤 했다. 그 현빈지곡의 겨울 골짜기에 작은 종교, 세밀한 신앙적 열망의 촉수가 눈밭에 고개 내민 복수초처럼 피어오르는 순간이 그 무명의 공간에 가물거리고 있었다. 이렇게 익명의 시간, 무명의 공간에서 작은 종교의 경험은 섬세한 장소감과 함께 거대한 조직에 순치된 신체의 종교성을 털어버리고 거듭나는 것이다.

큰 것도 작은 것들이 뭉쳐서 이루어진다는 상식을 헤아리면 정의나 종교 역시 그 구현의 맥락이 크다고 폼 잡으며 허세 부릴 게 아니고, 작다고 주눅들 것도 없다. 오히려 물량주의의 거대함으로 빚는 거품의 후유증으로 생명들이 쉬 지치는 풍조를 반성하다 보면 작은 종교, 작은 정의의 효용성과 가치도 무시할 게 못 된다. 손에 닿지 않는 거창한 이념이나 막연한 갈망에 적잖이 시달리는 세태 속에서 이런 자잘한 것이라도 재발견하면서 소박하게라도 실천하는 일상의 꾸준한 연습이 필요하지 않겠나 싶다.

오미자차

이틀째 집에서 혼자 빈둥거리고 있다. 아침에 애들 챙겨 학교 보내고 아내 출근길에 차창에 얼어붙은 성에를 긁어주었다. 집에 들어와 식은 빵과 계란프라이 하나 먹고 페이스북 타임라인을 훑어본 뒤 더운 물로 샤워를 한다. 샤워를 하기까지는 영 하루가 시작된 것 같지 않다. 이건 마치 제의의식처럼 치러진다. 샤워는 아무런 겉치레 없이 내 몸을 생명의 씨알이 기원한 물속의 태초 감각으로 회귀시켜주면서 덤으로 의식의 각성과 무의식의 위무 효과를 유발한다.

 젖은 몸을 닦고 옷을 걸치고 양말까지 신으면 무슨 일이라도 해야 할 것처럼 약간 조바심을 내는 마음의 충동을 느낀다. 나도 모르는 사이 일중독증에 조금씩 감염되었던 걸까. 거실에서 두리번거리면서 이 막막한 무료함의 기원을 헤아려본다. 써야 할 책 두 권도 아직 미완성이고, 성적 처리 준비도 해야 할 텐데…. 그러나 의무적인 염려를 부러 밀어내고 그냥 오늘까지 이틀간 나 혼자 조용히 놀기로 한다. 밝고 따스한 햇볕에 몸을 맡긴 채 게으름을 부려본다. 계간지 〈문학과사회〉 겨울호를 자세히 읽는다. 〈창작과비평〉 겨울호와 함께 대담과 시, 서평 등을 대강 훑어보다 어제부터 차근차근 느린 리듬으로 소설을 정독하는 중이다. 어제는 최윤의 〈동행〉을 읽었고 오늘은 최수철의 〈광인일기〉로 옮겨 간다. 이 두 사람 모두 내가 이삼십 대부터 흥분하며 탐독해온 작가들인데 그들 소설을 공들여 읽은 건 참 오랜만이다.

두 작품 모두 메마른 이 시대의 가장 고통스런 현실의 한구석을 끌어안고 절절한 마음으로 견디고 있는 작가의 초상 같다. 〈동행〉의 화자는 어느 날 불가해한 이유와 사정 속에 '퍽' 하는 소리와 함께 집 베란다에서 떨어져 죽은 십 대 아들의 고통스런 기억을 삭이며 '간신히' 버티고 있다. 남편과 마시는 차 한잔과 동창 친구가 맡겨놓고 떠나버린 십 대 딸과의 5개월 동거 그리고 〈화요초대석〉의 마술 프로그램을 시청하면서 그녀는 달리 달랠 길 없는 그 마음을 피치 못해 견딘다. 〈광인일기〉의 화자 '나'는 할아버지-아버지로부터 유래된 몽유병자 종족의 후예로서 죽을 사람을 점지하는 저승사자를 보는 독특한 강박증이 광증으로 전이되면서 그 황망한 내면의 실존을 대책 없이 견딜 뿐이다. 육친을 잃은 고통과 유전적으로 계승된 특이한 강박증을 호들갑스럽게 티 내지 않고 조용히 응시하며 관찰하는 화자의 시선에서 나는 지난 수십 년간 글을 쓰면서 단련된 이들의 성숙한 작가의식을 엿본다.

메마른 인간의 한구석을 찬찬히 음미하다 보니까 목이 잠긴다. 물을 끓여 어제 얻은 오미자 엑기스로 차 한 잔을 만든다. 진홍빛 오미자차가 뜨끈한 감촉으로 목구멍을 넘어간다. 혀에 남은 맛을 다시니 오만 가지 삶의 뒷맛이 농축된 것처럼 느껴진다. 단맛과 신맛이 강하고 쓴맛과 짠맛, 매운맛은 희미하다. 장수군 천천면의 삼고교회와 후원 관계를 맺으면서 1년에 한 번씩 방문하게 된 것이 벌써 4-5년쯤 된 것 같다. 이 교회를 담임하는 제자 이제순 목사를 통해 나는 매년 그 마을에서 지은 오미자를 몇 킬로그램씩 구입했다. 가을에 사서 설탕에 두어 달 재워두면 이맘때 엑기스를 떠 조금씩 물에 타서 마실 수 있다. 오미자는 나처럼 목을 자주 쓰는 사람들한테 좋단다. 오늘 아침 늘어지는 몸으로 오미자차 한 잔과 마주한 채 활자를 더듬어가는 내 시선이 무료한 만큼 담담하다가도 쨍하니 둔탁한 의식을 깨우는 문장을 만날 때면 더러 창밖의 지붕에 덮인 흰 눈처럼 서늘하게 빛난다.

혓바닥으로 감별된 오미자차의 맛과 지면의 공간으로 내 눈이 더듬어가는 까만 활자들이 만나 참 다채로운 심상을 내 속에 주입한다. 이내 달콤새콤한 맛이 가시고 쌉쓸하고 떫은맛이 전지적 시선으로 무료의 틈바구니에 숨어 무섭게 도사리고 있는 삶의 허방을 쏘아본다. 사람들이 흘리는 희멀건 미소와 태연한 몸짓에 감추어진 불안의 코드를 읽어낸다. 광증으로 떠돌며 살았던 아버지 캐릭터와 묵시주의의 세계관으로 불안하게 그 아버지를 견뎌내었던 어머니 캐릭터가 내 독서의 뒷맛처럼 남아 충돌한다. 불규칙하게 흩어져 있는 주변의 사물들이 갑자기 들고일어날 기세다. 책상과 책, 온풍기, 물에 녹은 오미자…. 그들이 숨 쉬는 생명이었을 제 활기찬 청춘의 때를 기억하냐고 내게 퉁명스레 묻는다. 이제 이렇게 딱딱하고 물렁한 사물이 된 것에 그리 안심이 되냐고 내 빈틈을 치고 들어온다. 너 역시 저 지붕의 눈이 녹아 물로 내리듯 머잖아 종말을 맞지 않겠냐고 은근히 경고한다.

 무엇보다 내 마지막 순간의 그 미래 완료형이 떠올라 은근히 불안감을 부추긴다. 남겨질 자식들의 측은한 표정이 묵직하게 결린 옆구리를 찍어 누른다. 다시 오미자차의 매운맛이 혀끝에서 그 망상을 달래며 오늘 바깥에서 할 일을 떠올려준다. 그 바깥이 있어 숨구멍이 잠시 트인다. 갑자기 창문을 환하게 수놓으며 틈입하여 내 눈을 부시게 하는 햇살, 잠깐 숨었다가 다시 얼굴 내민 그 바깥의 전령이 일단 고맙다. 잔에 남겨진 오미자차 한 모금도 잠시 안도하며 내 몸을 통과한 뒤 펼쳐질 또 다른 바깥의 꿈으로 간신히 설레는 표정이다. 오미자차 한 잔이 바닥을 드러내고 있다.

인정 욕구와 질투를 넘어서

사람의 가장 고등한 욕구가 자아실현에 있다고 하니 그렇게 자아를 실현하여 인정받고자 하는 것은 인지상정 아닌가 싶다. 인정해준다는 것은 상대방을 그만큼 존중해준다는 것이니 이 얼마나 귀한 가치랴. 그런데 이해관계 없이 순수한 마음으로 명예를 부여하고 그것을 인정해주는 것, 나아가 그렇게 인정해줄 만큼 미덕이 있다는 정평을 얻기까지 사심 없이 애쓰고 수고하는 것과 그 대상자가 자신의 공적에 대한 인정을 구걸하거나 이를 위해 경쟁 상대와 극렬히 투쟁하는 것은 차원이 다르다. 전자가 자연스럽고 갸륵하다면 후자는 구차하고 더러 역겹기까지 하다.

헤겔이 인정 욕구를 역사의 동력으로까지 소급하여 평가한 것은 그의 인간 이해가 인간 내부에 잠재된 지독한 이기적 욕망의 심줄을 간파했다는 증거이다. 더구나 인정 투쟁의 면면한 시대적 흐름 가운데 그 욕망이 수놓아간 빛과 그림자의 심리적 저변을 역사라는 무대로 견인하여 평가한 통찰은 정말 위대할 정도다.

그 인정 투쟁에서 패배하거나 밀린 자들이 드러내는 정서는 한가지로 질투나 시기 같은 것들이다. 사소한 시샘에서 극렬한 투기에 이르기까지 그 심리적 욕동은 인정 욕구의 다른 얼굴에 불과하다. 인정 욕구와 질투는 뫼비우스의 띠처럼 피차 꼬여 있는 것이다. 우열을 다투는 자아실현의 무대에서 인간은 인정 욕구와 질투로 그 심리적 얼굴을 채색해가면서 크고 작은 시련을 자초한다. 그 시련 가운데 시험에 빠지기도 하며 연단을 받기도 한다. 극단의 경우 그 시험은 사소한 유혹의 빌미가 되어 자신의 인격과 신앙을 송두리째 저당 잡혀야 하는 경우도 있다. 이런 경우에 빠지면 마귀의 소굴처럼 위험하다.

이런 위험한 함정을 견제하기 위해 노자는 '공성이불거功成而不居'라는 자세로 대응했다. 공을 세우지만 그 안에 머물지 않는다는 뜻이다. 무위자연을 주창한 노자답게 자연의 섭리대로 인간이 자신의 공적을 내세워 티 내지 않고 마치 바람처럼 흔적을 남기지 않으려는 정신적 자유의 이상을 추구한 것이다. 내가 노자보다 좀 더 아는 예수의 경우는 섬기는 종의 도리를 강조함으로써 저 인정 욕구와 질투의 족쇄를 넘어서려 하셨다. 자신을 비워 종의 자리에 내려갈 때 인간은 하나님과 사람 앞에 겸손하게 살 수 있다는 교훈이다. 그것은 빌립보서에서 예수의 삶과 죽음을 요약하여 정초한 '비움의 기독론kenotic christology'에 이르러 정점을 이룬다. 바울 신학에 '충만의 구원론'과 함께 '비움의 기독론'이 있다는 것은 그의 신학에 내재된 변증법적 특질을 잘 보여준다.

또 비교적 후대의 신학이 반영된 요한복음에서 예수는 성령으로 거듭난 자가 바람과 같다는 가르침을 통해 임의로 부는 바람의 속성처럼 매여 살지 않는 자유자재의 삶을 강조하셨다. 바람이든 성령이든, 희랍어 '프뉴마pneuma'에 농축된 이 중의적 은유어는 내가 매우 좋아하는 말이다. 양희은이 불러 유행시킨 노래 〈한계령〉도 이처럼 이 세파에 휩쓸리지 않고 바람같이 자유스럽게 살고 싶어 하는 이 시대 인간의 갈망을 대변해준다.

그러나 이 땅에 발붙이고 사는 동안 인간의 가장 집요한 욕망이자 심리적 충동인 인정 욕구와 질투에서 완전히 자유로울 수 있는 존재는 아무도 없다. 나는 성자연하는 사람도 좋아하지 않지만 만민이 숭앙하는 성자의 거룩한 행실도 늘 의혹의 시선으로 바라본다. 그 거룩한 삶이나 죽음을 대가로 노리는 거룩한 상징, 가령 동상이나 다른 상징 권력으로 왜곡된 채 분출하는 명예라는 인정 욕구가 노회하게 표출되는 욕망의 무의식적 자리가 늘 수상하기 때문이다.

오늘 오전 '명예'라는 감투가 붙은 한 조직의 퇴임 수장을 예우하는 문제로 장시간 쟁론하면서 나는 다시금 인정 욕구와 질투의 심리적 역학관계에 민감해졌다. 특히 교회의 원로목사 대우 문제로 시끄럽게 소란을 일으키는 경우와 대동소이한 이 맥락에서 나는 인정 욕구가 없는 것처럼 숨기는 포장보다 더 나은 길을 구상해본다. 인정 투쟁에 밀려 품어온 질투가 없는 것처럼 대인 같은 자세로 자신을 과장하는 제스처보다 더 합리적인 대안을 모색해본다.

순수한 명예는 명예라는 감투가 없어도 족할 것이다. 그러나 그처럼 바람같이, 성령으로 거듭난 존재로서 살 만큼 자족감이 없는 이들, 존재의 결핍감이 두려운 자들에게는 적당한 감투로써 예우하는 것이 좋겠다. 그 감투의 2등급 순수로도 모자라면 어느 정도 금전적 보상을 통해 명예를 물질화하는 시도도 필요하다. 그러나 그것은 그 조직에 부담을 주지 않고, 그 조직의 구성원들에게 내뱉어온 그간의 말들이 무색하거나 너무 무참해지지 않는 범위 내에서 앞가림을 할 수 있을 정도로 인간적인 처우를 하면 족할 터이다.

나는 자신이 인정 욕구가 없는 자처럼 행동하고 말하는 자가 어쩐지 불안하다. 자신만은 질투로부터 초연한 것처럼 대인 같은 풍모를 자주 내비치는 인사는 은근히 수상하게 보인다. 그 성자 같은 위대함과 초연한 거룩함을 빌미로 막판에 어떤 조건의 거래를 기획할지 연약한 그 인간의 미래가 도저히 신뢰할 수 없기 때문이다. 내가 다른 별도의 글에서 제시한 작은 정의, 작은 종교의 소소한 담론이 그 실천적 지혜의 대안이 될 수 있다고 생각한다. 그러나 이런 걸 끄집어내 토론하고 합리적인 규칙을 만드는 일에 이 땅의 식자층은 자주 껄끄러워한다. 그러면서 뒤로는 끊임없이 수군거리고 호박씨 까거나 자신의 덧난 상처를 비벼대며 씩씩거리기도 한다.

나는 그 자가당착의 가면이 종종 측은하다. 그런 걸 내놓고 담담히 의논하면서 공과를 정확하게 계산하고 평가하려는 과학적 인간학의 부재가 못내 아쉽다. 아직도 우리 사회의 많은 현장들이 여전히 계몽주의 이전 시대의 관행과 습속에 매여 있다고 생각되기 때문이다.

겹의 사유

오늘 아침 얼마 전 절필한 고종석의 트윗글을 읽으면서 내가 그의 어떤 부분을 좋아하고 끌렸는지 알 수 있었다. 그는 간결하고 과녁을 정확하게 겨냥하는 명료한 문장으로 자신의 호불호를 분명하게 밝힌다. 자신의 욕망에 충실한 일관된 입장이고 주변의 눈치를 보지 않는 단호한 태도다. 그는 특정 사안을 분석하거나 인물을 평가할 때도 이른바 '대세'의 흐름에 구애받지 않고 그 틈새를 공략하는 세밀한 안목을 살릴 줄 아는 글쟁이다. 애써 자신의 틈새 관점을 개척하여 그것이 패배할 줄 알면서도 견결하게 밀어붙이며 제 독창적 생각의 색깔을 낼 줄 아는 역량은 글쟁이로서 매우 칭송받을 만한 장점이다. 그의 이러한 취향과 사유 패턴은 대범한 객관주의보다 깊은 주관주의를 지향하는 것처럼 보인다.

이런 그의 장기가 바깥을 향해 정치적 당파성으로 표출될 때 그의 소신과 주관은 약자와 타자를 향한 넉살 좋은 포용과 간살 맞은 방어의 논조로 펼쳐진다. 내가 봐도 그렇고 자신이 평가해도 그런 그의 우파적 자유주의 기질과 성향에도 불구하고, 그는 지면을 통해 일관되게 연약한 좌파인 민주노동당(통합진보당), 진보신당을 치켜세워왔고 지금도 그렇다. 남들이 통합진보당 사태의 주범으로 경기동부연합과 그 얼굴마담 이정희 의원을 지목하여 '죽일 년'처럼 매도해댈 때 그는 유시민의 분열주의 근성과 이 사태에 대한 그의 정치적 책임의 지분을 추궁해왔다.

  그는 박근혜라는 최악의 결말을 방어할 유일한 대안으로 안철수를 적극 지지한 이래 단일화가 문재인으로 귀결되었을 때 '필패'의 사태를 예언해왔지만 최악을 막기 위한 차악의 선택으로 문재인을 찍을 수밖에 없는 자신의 불쌍한 처지를 자주 탄식한다. 그는 자칭 '전라디언'(전라도주의자)으로, 문재인과 친노 일당들이 호남의 독점적 표를 업고 정권을 누릴 때 '부산 정권' 운운하며 호가호위해왔으면서 전라도를 찬밥 신세로 방치하고 천대한 이력, 아직까지도 여전히 '부산의 아들' 운운하며 패권적 지역주의의 볼모가 된 그 구린 업보를 집요하게 상기시키며 사냥개처럼 끈덕지게 물고 늘어지고 있다. 이러한 입장이 공인으로서 그에게 어떤 이미지 손상을 입히고 얼마나 심각한 정치적 타격이 될 줄 빤히 알면서도 말이다. 이 점에서 그는 정치를 문학적으로 이해하고 표현하는 문학주의자 또는 인문주의자이다.

오늘 올린 트윗글에서 그의 문학주의/인문주의가 빛을 발하는데, 바로 내가 '겹의 사유'라고 부르고 싶은 대목이다. 그는 한 인물을 좋아하거나 싫어하면서도 그 좋아하는 마음속에서 싫어하는 마음을 정직하게 표현하고 그 싫어하는 마음속에서도 좋아하는 마음을 고백하며 그 근거를 명료하게 제시할 줄 아는 사람이다. 최근 김지하의 정치적 발언과 선택에 뭇매가 쏟아지는 저간의 현실을 역류하면서 그는 이러한 겹의 사유에 철저하다. 그는 먼저 김지하의 정치적 발언 이면에서 '무당적 기질'을 읽어낸다. 또 김지하의 '잡초' 근성과 '딴따라' 성향을 근래 그의 글에서 추악한 쑥부쟁이에 비유되어 난타당한 백낙청의 '온실 속 화초'와 '먹물' 성향에 대비시키면서 이 두 사람의 차별화된 문학사적 위상을 가늠하는 데까지 나간다.

마찬가지 논법으로 그는 김지하의 훼절을 매도하는 젊은 세대를 향해 '절개'를 아느냐고 타박한다. 연이어 그는 언제부턴가 김지하가 시적인 긴장이 풀렸다고 지적한 문재인 선거캠프의 안도현 시인을 지목하여 "몇 편의 광고카피 같은 대중시로 이름을 얻은 까마득한 후배"의 가소로운 논평을 단박에 패대기쳐버린다.

그렇지만 그가 김지하를 마냥 옹호하는 것은 아니다. 그는 김지하의 이번 정치적 선택이 자기를 포함한 뭇 사람들의 등짝에 비수를 꽂은 망가진 마음의 행태로 인정하고, 그의 사상에 깃든 '사이비 예언자적 태도'를 꼬집으며 그 '허풍'을 조롱할 줄도 안다. 행갈이를 하자마자 그의 글은 즉각 옹호와 변명에서 조롱과 비판으로 배반의 각을 세운다. 겹의 사유가 이처럼 각진 배반의 논리를 타면서 인간에 대한 연민을 감싸는 동시에 그 허방을 치고 나가는 것이다.

우리에게 익숙한 정서적 습속은 같은 편끼리 관대하게 묵인해주는 것이다. 우리는 학교 동창과 동문, 같은 교회 출신의 교우 관계에 터한 우의, 소싯적 추억의 공유자들, 또는 자신이 지지하는 선거 후보자 등에 대한 포용과 방어의 자세에 익숙하다. 그것은 어느 정도껏 인지상정일 수 있고 미덕의 차원에서 용인될 수 있지만, 거기에 인문 지향적 겹의 사유를 들이밀어 틈새의 빛과 그림자를 섬세하게 변별하여 표현하기란 쉽지 않다. 또 마음 한구석으로 열나게 지지하거나 칭찬해대면서 동시에 그 대상의 추악한 자가당착을 모질게 지적해대는 것도 쉽지 않다. 그는 한국 사회의 특이한 지형에서 '정의'의 반의어가 '의리'라는 걸 뒤집어 치열하게 보여준 정직한 지식인이다.

그가 여전히 안철수의 낙마 이후 박근혜의 필승을 공공연히 예언하며 문재인을 매우 인색하게 밀어주는 듯한 레토릭을 반복하는 걸 보면 대중 선동적 정치공학의 기술을 모르는 것 같지 않다. 이즈음에는 유일한 기적의 가능성이 '투표율'에 있음을 종종 공언하면서 빠져나갈 구멍을 모색하는 미세한 변화의 '개드립'으로 키득거리는 웃음을 자아낼 줄도 안다.

내가 그를 좋아하면서 애써 싫어하기 위한 배반의 논리로 나를 비롯한 뭇 인간의 몸에 나 있는 무수한 구멍들을 상상해본다. 그 구멍 이편과 저편의 세계를 안과 밖을 교차해나가는 뫼비우스의 띠로 구조화시켜놓은 창조주의 신묘한 섭리를 묵상해본다. 또 보이지 않는 욕망의 결이 얼마나 다채로운 겹으로 층층 면면의 심연을 아우르고 있는지도 재차 궁리해본다. 결연한 홑의 사유에 순치된 사람들이 다수인 현실 가운데 배반의 껄끄러움을 무릅쓸 줄 아는 '겹의 사유'가 지닌 희망의 가능성을 타진해본다.

여전히 바깥은 흐리고, 내면은 울울하다.

불화와 자업자득의 방정식

불행의 원인은 다양하다. 천재지변의 참화나 예기치 않은 사고, 평생 모범생으로 부처님 가운데 토막처럼 착하게 살아온 사람의 급작스런 비명횡사 등으로 겪는 개인적 불행이란 게 분명 존재한다. 이와 같이 불가피하고 해명하기 어려운 불행의 미궁을 설명하는 하나의 간편한 장치는 운명이나 팔자다. 그렇게 타고났다는 것이다. 또는 불교의 논리대로 전생의 업보를 치르고 있다는 식이다. 기독교는 하나님의 뜻을 가져다붙이는 선택이 가능하고 이슬람교도 '인샬라'라는 편리한 레토릭이 만능으로 통한다.

이와 별도로 우리 인생의 불행은 더 많은 경우 인간관계의 불화에서 비롯되는 듯하다. 저 홀로 불행해지는 경우는 참 드물다. 혼자 독처하다가 고독사하는 사람이 늘어난다고 하지만 그 죽음의 보편적 불행을 제거하면 생각하기에 따라 고독이란 삶의 방식 안에서 얼마든지 자족적일 수 있다.

　사람은 사람과 만나 부대끼면서 원하든 원치 않든 치이고 눌리고 불화의 대치 상황을 만든다. 수틀리면 헤어지는 지름길이 있긴 하다. 그러나 헤어지기에 너무 늦었거나 부적절한 형편 가운데는 헤어지기 때문에 더 불행해지는 경우도 있다. 그런데 많은 이들이 이러한 불화의 관계로 인한 갈등이 90 대 10, 심지어 99 대 1의 부조화로 인한 결과라고 생각하는 경향이 있다. 자신이 전적으로 피해자이며 상대방은 전적으로 가해자라고 간주하는 것이다.

　누가 봐도 명백하게 죽일 놈/년처럼 보이는 상대방이 있을 수 있다. 그러나 애당초부터 죽일 놈/년의 팔자로 태어나는 사람은 거의 없다. 그 사람 역시 살다 보니 그렇게 죽일 놈/년처럼 꼬인 것이고, 그 과정에 피해자인 척하는 사람이 일정 부분 가해자로 그 불화의 방정식에 어떤 변수로든 연루된 것이다.

　내가 만나고 겪은 주변의 사람들에 대한 내 직관은, 모든 인간관계의 불화가 결국 51 대 49의 게임으로 사소한 비틀림과 기우뚱한 부조화의 긴장을 견뎌내지 못하거나 조율하는 데 실패한 결과라는 쪽으로 쏠린다. 근인을 따져보면 한쪽의 잘못이 훨씬 더 커 보이지만 원인으로 소급하여 찬찬히 그 관계의 굴절 과정을 살펴보면 결국 쌍방이 그 책임에서 자유롭지 못한 것이다.

한쪽이 꿀릴 경우 상대방이 그 꿀리는 부분을 보충하여 감싸고 포용하는 사랑의 능력이라도 발휘하여 관계의 수위를 조절하면 울퉁불퉁한 길을 기우뚱거리며 걷게 될망정 파탄에까지 이르지 않는다. 그러나 사람을 사랑하는 능력이란 게 하루아침에 저절로 생겨나는 것 같지 않다. 나이만 먹는다고, 신체적인 성인이 된다고, 저절로 사람을 깊이, 오래, 너그럽게 사랑할 줄 아는 게 아니라는 말이다. 어려서부터 사랑을 받는 데만 익숙해 온 사람들, 인생의 쓰린 고난을 겪어본 적도 없고 겪더라도 그 고난에서 존재의 비밀을 아무것도 신통하게 배우지 못한 이들은 어른이 돼서도 어수룩한 철부지로 겉돌며 '왕자/공주 콤플렉스'를 벗어나지 못한다. 결국 그 불화의 종합적 소인은 자업자득인 셈이다.

이런 상대를 만나 인생이 꼬인 이들은 자신을 가해자로 몰아붙이는 자를 반격할 적실한 꼬투리를 잡았다고 쾌재를 부르겠지만 사람 보는 자신의 안목이 너무 편중되어 충분히 현명하고 신중하지 못했던 것이니 이 또한 자업자득의 측면이 강하다. 피해의식이 강하면 자신의 그 피해 이면에 자신의 결핍과 무능력을 살필 겨를을 얻지 못하기 십상이다. 반대로 가해자로서의 죄책감이 강한 경우는 그 죄책의 무게를 탈피하기 위해 오히려 더 공격성을 드러내기도 한다. 물론 자신의 가해 사실에 무감각하거나 오히려 위악적 언행으로 파괴적인 모습을 보일 수도 있다.

불행의 밑바탕에 깔린 불화의 탈출구는 그것이 쌍방 관계의 자업자득에서 비롯된 부분이 크다는 걸 먼저 인정하는 것이다. 그리고 자신이 피해자이며 가해자이고 가해자인 동시에 피해자라는 관계의 세밀한 역학을 수용하는 것이다. 그래야 90 대 10으로 치우친 관계의 가파른 불화는 51 대 49의 아슬아슬한 긴장을 가로지르며 조율의 곡예를 성사시킬 수 있다.

햇살이 아직 남아 있는 늦은 오후, 천변을 걷는데 쑥 캐는 아낙이 눈에 띈다. 한 움큼 뜯어 올린 쑥의 향기가 콧잔등을 스칠 듯하다. 겨우내 차갑고 딱딱한 얼음 땅속에서 견디며 피워 올린 새싹을 나오자마자 냉큼 잘라 가는 것이 어쩐지 야박한 짓처럼 느껴졌다. 그러나 다시 햇살의 은총을 받아 곰곰이 재고해보니 쑥의 뜯김이 자발적 공여의 성격이 강하지 않을까 싶었다.

이 식물성의 천진한 공여는 자신의 욕망에 집착하여 피해의 식을 드러냄도 없고 자신을 지키려는 가해적인 저항도 없다. 쑥과 아낙의 칼이 만나는 방식은 49 대 51의 팽팽한 긴장 속에서 기꺼이 자신의 플러스 1을 마이너스 1에게 할애하는 텅 빈 은혜의 채널에 의존한다. 아낙은 명랑한 표정으로 그 애잔한 식물의 몸을 거두고, 쑥의 표정을 살피자니 좀 더 버티고 몸집을 키워 봄 한철을 보내다가 결국 메말라 스러지는 운명을 조금 일찍 흔쾌히 마감한다고 여기는 태연한 자세 아닌가. 아무리 냉정하게 살펴도 그 자리에 쑥과 아낙의 불화는 보이지 않았다. 자업자득의 쓴맛도 물론 예감되지 않았다.

비스듬한 저녁 햇살의 각도가 정수리를 겨냥하는 정오의 빛보다 더 너그럽다. 거기에는 갖은 풍상을 겪어낸 인간이 제 측근 인간에 대한 긍휼을 머금고 떠는 애잔한 삶의 풍경이 있다. 타자에 대한, 타자의 고통을 향한 가난한 떨림과 웅숭깊은 울림의 메아리로 반향하지 못하는 온갖 불화의 저변에는 늘 제 변명의 자장 안으로 스러지는 자업자득의 불행한 그림자가 맴돈다.

내가 너무 잔인한 말을 하고 있는 것인가.

존재론적 겸손

1

대학 시절 학부생이 책을 내서 화제가 된 적이 있었다. 내 기억이 맞다면 저자가 나와 거의 같은 나이의 경영대 학생이었을 것이다. 역시 20년도 더 된 내 희미한 기억에 기대자면 제목은 《배우려는 자의 교만》이었던 것 같다. 교내 서점에서 대강 들춰본 그의 책 내용은 여벌이었지만 내가 끌린 건 순전히 그 제목의 도발적인 인상이었다. 아, 교만이 이러한 수사적 맥락에서는 근사할 수도 있겠다는 느낌이 들었던 것.

전통 기독교의 분위기에서 훈육받아온 내가 가끔 그 기독교의 최고 미덕인 겸손에 대해 비판적인 성찰의 목소리를 접하기 시작한 것은 그 이후였다. 성자 아우구스티누스가 첫째도 겸손, 둘째도, 셋째도 겸손이라고 삶의 지표를 제시했다는 얘기의 틈새로 그 비판은 늘 일리의 매력을 동반했다. 요컨대, 겸손이라는 게 대체로 인간관계의 부드러운 타협과 능란한 처세술, 상황의 조율을 위한 외교적인 제스처로 전락한 나머지 '교만한 겸손'을 양산한다는 지적이었다. 남들 앞에서 무조건 굽실거리고 겸양한 표정과 어투와 몸짓으로 대하는 것이 기실 겸손이 아니라 비굴이라는 질타도 곧잘 들려왔다. 위장된 겸손은 겸손이 아니라는 메시지였을 것이다.

물론 반론이 전혀 없을 수 없었다. 인간이 사회적 정치적 동물의 실존적 한계상황에서 자신의 겉과 속이 동일하고서는 도무지 정상적인 일상생활을 영위할 수 없다는 것이었다. 프로이트의 통찰대로 쾌락 원칙에 따라 살고자 하는 내면의 정직한 욕망이 현실 원칙의 규제를 받지 않으면 이 세상은 폭력과 혼란이 창궐한 아수라가 될 게 뻔하기 때문이다. 시인 정현종이 어느 작품에서 자기는 겉과 속이 같은 척하는 사람보다 겉과 속이 다른 사람에게 매력을 느낀다는 투로 말한 것도 위장된 겸손이라는 외교적 수사의 필연성과 유용함을 측면 지원하는 원군이 되었다.

이처럼 겸손과 교만의 이항대립 속에 파열음을 내오던 내 생의 족적이 교만한 겸손과 도저한 교만의 양극에서 파동 치면서 한동안 오락가락과 갈팡질팡의 행보를 내비치지 않았나 싶다. 한편으로는 자연스런 생태적 욕구의 한 변용으로서의 교만, 또는 구태와 인습을 타파하고 새로운 지경을 향해 탐구하려는 자의 도전적인 몸부림의 한 양태로서의 교만을 퍽 그럴듯하게 미화한 적이 있었던 것 같다. 그러나 다른 한편으로 청정한 삶의 심연에 다다르고자 하나님과 그의 나라를 향해 순명의 자세를 다하는 서늘한 겸손의 아름다움을 마구 외면하기란 어려웠다.

2

그러던 어느 시점에서 내가 다다른 겸손의 또 다른 층위가 바로 '존재론적 겸손'이다. 그것은 간단히 말하면 자신이 자처한 삶의 자리가 겸손해지지 않을 수 없는 지경에서 겸손이란 말의 수사적 외피를 벗고 진정성을 시위하는 종류의 자기 해체적 겸손이다. 이 세속의 기준대로라면 뻔히 실패할 줄 알면서도 굳이 고단한 좁은 길을 택하여 뜨거운 상징으로 사는 삶의 자세가 바로 그런 겸손의 방식이다. 내가 아는 아무개들은 그 출신배경이나 학벌, 이런저런 전문분야의 역량에 비추어 21세기 자본제의 현실을 폭넓게 아우르면서 출세하고 성공하여 잘 먹고 잘살 수 있는데도 불구하고 낮은 자리에 처하여 고난의 진창을 낮은 포복으로 빡빡 기고 있다. 일부러 즐기면서, 버거울 땐 묵묵히 감내하면서, 이들은 저임금과 고단한 노동을 자처하고 가난을 벗 삼아 묵묵히 제 갈 길을 간다. 기득권 세력과의 긴장과 대치가 불가피할 때는 몸싸움을 마다하지 않고 사회의 약자들과 연대하길 좋아한다.

별스런 권력을 누리지 못하고 사회적 존경이나 인정의 수준이 취약한데도 이런저런 시민단체와 각종 개혁 운동에 투신하여 100만 원 안팎의 월급으로 자원봉사 하듯 살아가는 이들이 그 부류이다. 시골 교회 교역자로 자원하여 최저생계에도 못 미치는 열악한 형편 가운데 자족하면서 노쇠하고 황량한 땅의 청지기로 꿋꿋이 버티는 이들도 있다. 먼 이역만리 오지로 들어가 온 가족이 선교현장에서 낯선 타인을 이웃으로 영접하고 섬기면서 이 세상이 감당치 못하는 결기와 사명감으로 목숨 바쳐 일하는 선교사들도 존재론적 겸손을 일상 속에 체화한 족속들로 보인다.

3

그러나 그렇게 자처한 장소와 위탁받은 타이틀은 존재론적 겸손의 출발점은 될망정 완성은 아니다. 그 시작과 끝 사이에 온갖 잡동사니 변수가 넘실거리는 만만찮은 과정이 도사리고 있기 때문이다. 실제로 선한 명분을 좇아 지독한 고난으로 점철된 삶의 여정이 자가당착의 엇박자로 귀결되는 경우가 있다. 소외된 사회적 약자와의 연대와 의로운 투쟁이, 개혁의 일선에 선

헌신적 희생이, 선교의 사명을 쫓아 탈주한 초월적 삶의 자리가 도리어 그 최초의 의도를 배반하는 '자기 의self-righteousness'의 함정이 되는 경우도 잦다.

가령, A는 민주화 운동 시절 지독한 옥고를 치르면서 험한 세월을 헤쳐온 분이다. 그 고난의 체험을 우려낸 그의 책 한 권은 스테디셀러로 많은 독자들의 사랑을 받아왔다. 그가 고난의 경험을 온축시켜 쌓아온 상징 권력은 그의 명성을 아는 처처의 대다수 독자들과 추종자들에게 삶의 귀감이 되어 상당한 영향을 미치고 있다. 그러나 그는 평범한 매체의 원고 청탁을 줄곧 거부해왔다. 내가 들은 원인인즉 그러한 매체들이 자기의 '급'에 맞지 않기 때문이란다. 사회적 명성이 유통되는 지형에서 지켜야 할 개인의 자존감과 사회적 섬김의 자리에서 발현되어야 할 겸손이 충돌하면서 기묘한 자가당착을 낳는 경우다. 내 보기에 그가 한 시절 추구해온 겸손한 고난의 삶과 그 뜨거운 상징은 진정성의 오리무중 상태에서 지금 그 자취조차 희미해져버렸다. 겸손이 존재의 심장을 벗어난 탓이려니 한다.

B 역시 민족과 민중을 향한 애정이 뜨거운 기독교 목사이다. 웬만한 정보력을 지닌 이 땅의 기독교인이라면 언론 매체에 자주 오르내리는 그의 이름 석 자에 익숙할 거다. 진보 지식인으로서의 활약상도 대단하고 고난받는 사회적 약자와의 연대의식

도 출중해 보인다. 그러나 내가 만나고 접한 그는 능글능글한 어투와 냉소가 체질화된 사람처럼 보였다. 공영방송에서 초청 패널에게 지켜야 할 인지상정의 예절은 온데간데없고 치기 어린 분노의 말을 토해낸 적도 있었다. '자기 의'와 '하나님의 의'가 등치된 노선에서 외줄을 타는 듯한 언행을 자주 드러낸다. 소박하고 빈한한 자리에 초청받는 경우, 시간 약속을 어기면서도 대수롭지 않게 여기는 그 뻔뻔함의 속내를 헤아리기란 참 쉽지 않다. 그가 자처한 존재론적 겸손의 자리와 삶의 지향점이 일상의 소소한 태도나 언행과 어긋나는 사례다.

  반면 C 역시 A와 B의 족적과 같은 방향에서 유사한 삶의 지향점을 가지고 고난의 현장에 동참하는 활동에 열심이었지만 막상 만나 대화해보니 투사답게 거칠고 당당하리라는 내 선입견과는 딴판이었다. 그는 상대방에 대한 배려에 극진한 온기가 넘쳤고 시종일관 소박하고 겸손한 말로 자신의 의사를 표현하였다. 자신의 성취와 성과를 보잘것없이 여기며 상대방을 자기보다 낫게 여기는, 흔히 봐온 겸양의 자세가 편하게 다가왔다. 이른바 '외교적 겸손'의 모범생으로 치부할 수도 있었지만 그의 일관된 삶의 지향점과 족적이 그 '외교'의 표피를 상쇄하고도 남을 무게로 느껴졌다.

4

존재론적 겸손을 지탱해주는 자처한 삶의 고난이 어떻게 펼쳐지느냐가 중요하다. 고난이 다 아름다운 결실로 귀착되는 게 아니라는 말이다. 고난의 여정에 '아픈 만큼 성숙해지고'의 길이 있다면 반대로 '아픈 만큼 망가지고'의 길도 있다. 이 갈림길의 교육적 배경은 멀리 플라톤과 스토아 사상으로 소급된다. 프로이트의 정신분석 이론도 그 사상의 지형 속에 한 가닥 걸쳐진다. 내가 헌신과 희생이란 말의 부정성을 발견하는 맥락은 바로 후자의 경우이다. 선한 명분에 입각하여 고난으로 점철된 삶을 살아왔는데 그 삶이 피워내는 일상 속의 꽃은 전혀 다를 수 있다는 것이다. 그리스도의 십자가 고난처럼 이타적 희생의 삶을 통해 지극한 존재론적 겸손의 자리로 내려왔는데, 그 고난의 아들이 괴물처럼 뒤틀리고 흉측한 모습으로 출몰하더라는 것이다.

이렇듯 존재론적 겸손의 길은 험하고 멀다. 그 종말의 꽃과 열매를 보기 전에 그 명분과 자리만으로 섣부르게 겸손을 논하고 재단하기 어려운 이유가 여기 있다. 차라리 욕망의 존재로서 인간이 그 체질상 도무지 겸손할 수 없다는 사실을 알아차릴 때 존재론적 겸손의 희망이 자랄 수 있지 않을까. 자신의 교만한 모습을 순간순간 투시하면서 그 언행 심사를 틈틈이 성찰의 풀무질과 회개의 담금질로 단련해나갈 때 이른바 '외교적 겸손'의 수사조차 겸손한 빌미가 되어 제 몸과 삶 속에 진정한 겸손의 알속을 키워나가며 그걸 조금씩 체질화해나갈 수 있는 게 아닐까.

겸손한 삶의 지향이 일상의 겸손한 마음의 풍경에 물들고 그 언어에 스며야, 마침내 겸손한 몸으로 성육할 수 있겠다. 제 앎과 사상, 이타적 헌신과 희생의 최대치를 하나님의 의를 향한 그저 그런 자기 의의 연습으로 되돌릴 만한 여유와 유머가 싹틀 때 우리는 대낮에 치열하게 투쟁한 연후 소박한 저녁을 맞을 수 있지 않을까. 그것이 바로 환한 대낮의 광명을 지어주신 뒤 캄캄하고 서늘한 밤의 시간을 허락하신 겸손한 하나님의 섭리이다. 그 섭리의 선순환이 우리의 생체 리듬 속으로 물꼬를 틀 때 존재론적 겸손은 덤덤한 일상 가운데 담담하게 자생하며 자라날 수 있다. 그 성장의 극점에서 이 대안적 겸손은 '존재론'의 수사적 외피조차 벗어던지고 장난기 짙은 수더분한 얼굴로 스리슬쩍 우리 가운데 출현하리라.